DOLLAR CRASHES

WHAT SHOULD WE DO

美元不安分，我们怎么办

杨卫隆◎著

CNS PUBLISHING & MEDIA 中南出版传媒
湖南文艺出版社 HUNAN LITERATURE AND ART PUBLISHING HOUSE
博集天卷 CS-BOOKY

图书在版编目（CIP）数据

美元不安分，我们怎么办/杨卫隆著. 一长沙：湖南文艺出版社，2012.1

ISBN 978-7-5404-5309-1

Ⅰ.①美…　Ⅱ.①杨…　Ⅲ.①美元汇率—研究 ②人民币汇率—研究　Ⅳ.① F837.126 ② F832.63

中国版本图书馆 CIP 数据核字（2011）第 269566 号

上架建议：经济理论

美元不安分，我们怎么办

作　　者：杨卫隆
出 版 人：刘清华
责任编辑：丁丽丹　刘诗哲
监　　制：伍　志
特约编辑：王　维
封面设计：柏拉图创意机构
出版发行：湖南文艺出版社
（长沙市雨花区东二环一段 508 号　邮编：410014）
网　　址：www.hnwy.net
印　　刷：三河市鑫金马印装有限公司
经　　销：新华书店
开　　本：787mm × 1092mm　1/16
字　　数：200 千字
印　　张：19.5
版　　次：2012 年 1 月第 1 版
印　　次：2012 年 1 月第 1 次印刷
书　　号：ISBN 978-7-5404-5309-1
定　　价：38.00 元
（若有质量问题，请致电质量监督电话：010-84409925）

序

《大国衰落II 美元归零》是2009年6月出版，当时的金价是每盎司约900美元。到了《美元归零II》修订版完成的时候，即2011年8月，金价曾经升值超过1,910美元一盎司。我执笔时金价仍然高于1,750美元一盎司。在这两年时间里，美元贬值约一半。

贵金属、农产品和商品价格上升的本质在于货币供应太多，而不是商品或农作物的生产跟不上需求。自从奥巴马担任美国总统之后，每年的平均美国联邦赤字高达14,000亿美元。国债突破美国国内生产总值。美国以发行国债和发行钞票的方式填补赤字，可以说是疯狂滥发钞票。这连美国政客也看不过去。2011年8月23日，正当市场憧憬联储局主席伯南克宣布第三轮量化宽松政策出台之际，共和党总统候选人里克·佩里公开表示，如果伯南克再滥发钞票就是叛国。最终，伯南克没有在8月

26日杰克森·霍尔的讲话中提及第三轮量化宽松，也没有提出8月初市场传言的联储局卖短债买长债计划。伯南克明确地说，美国现在的经济困境是政治斗争造成的。

美国联储局的宽松货币政策和超低利率令中国承受国际大宗商品价格高企带来的输入型通胀压力。2011年7月的中国居民消费价格指数(CPI)同比上涨6.5%，环比上涨0.5%，创下2008年7月份以来的新高。食品涨价仍然是中国通胀的主要原因。7月份中国食品价格上涨14.8%，其中肉、禽及其制品价格同比涨幅高达33.6%。自2010年10月开始，中国央行已经连续5次加息，并且几乎每月提高存款准备金率一次。但是，食品价格压力并未因为中国的货币紧缩政策而得到减轻，因为美国是全球重要的粮食出口国，推高粮食价格有利于美国经济复苏。美国大量使用玉米生产乙醇，将粮食烧掉导致玉米价格急升，也带动所有粮食价格急升。另一方面，美元贬值，农作物价格亦会上升。金融风暴的最初两年，即2007年和2008年，美国出口粮食的外贸顺差比2006年急升超过5倍。非常明显，美国希望以抬高粮价为手段，让外国人赔偿美国金融风暴带来的损失。

即使美元价值还未归零，两年时间跌掉一半，就可以说是美元一半归零。还记得笔者读小学的时候，那是1966年，香港发生暴动，起因是天星小轮（香港维多利亚港渡海交通工具）等收费增加5分钱。港英政府出动军警镇压，最后造成1人死亡，18人受伤，1,800多人被捕。

天星小轮只是头等舱加价5分钱就引发暴动，今天的香港人听起来，肯定觉得当时的人疯了。当时，主要货币都是黄金本位，存款利息很低，通胀根本不存在。很多人活了一辈子都不曾经历过涨价这回事，天星小轮涨价5分钱是当时很大的新闻。70年代开始，美元和各国货币脱离黄金本位，成为不能兑换货币。在各国滥发钞票和国债的情况下，货币持续贬值，物价上涨变成了家常便饭，因为涨价是理所应当的事情，涨价的东西太多，涨得太快，大家都不去想。久而久之，我们就无条件地接受涨价这回事。现在，公共服务降价才是惊天动地的大新闻。

货币出现问题，商品价格自然大幅波动。以小麦为例，2009年6月，每吨小麦224美元，2011年8月的价格是每吨322美元。如果各位看看小麦价格走势，必然会大吃一惊，2000年6月，只是113美元一吨，2008年3月是439美元一吨。全球最重要的粮食之一的小麦，8年之内，价格翻了差不多两番。虽然笔者执笔时小麦价格已经大幅回落，但是，仍是2000年6月时的3倍。贫穷国家出现饥荒，主要原因是粮价飙升，并非粮食短缺。其实，整体来说，全世界不缺粮，只是货币供应量太大。不缺粮的世界竟然饿殍遍野，这不是天灾，而是人祸。说是人祸，不如说是美元闯的祸。

美国的财政预算赤字过于庞大，已经到了无法维持的地步。可是，大部分美国人和政客都认为经济衰退只是短时间的现象。当经济情况好转时，税收的增加可以减少联邦赤字和债务。这样的想法简直是痴人说梦。如果希望经济好转到税收可以弥补联邦赤字，美国的实质经济要维持两位数连续增长80年。如果以减少联邦政府开支消除联邦赤字，除了不能发放任何振兴经济计划的款项、拯救金融机构的注资和伊拉克军费之外，还要冻结美国医疗福利开支及减少联邦政府开支60%。如果以增加联邦税来消除联邦赤字，联邦税的税率要增加一倍以上。美国若要通过向外国人借贷维持庞大的联邦和外贸赤字，要每天从美国以外的国家借取接近40亿美元

(2011 年度联邦赤字预算 12,800 亿美元/365 天)。由此可见，美国的联邦赤字可以说是已经无法挽救。

2011 年 8 月，美国主权信贷评级被标普调降，说明美国的财政赤字和国债规模已经陷入危机。美元早就丧失了国际贸易和储备功能，商品价格失去过去的稳定性，投资市场和商品市场的波动会破坏全球经济。只要一场天灾，农作物减产，情况就会更加明显。我们需要稳定的超主权国际贸易和储备货币，不能再依靠美元那样每年 13% 国内生产总值赤字和国内生产总值 100% 国债的经济体系发行的主权货币。

我读小学的时候，一盎司黄金只是 20 美元。2011 年 8 月，美元贬值，1,800 美元才能买到一盎司黄金。这是什么样的货币？它竟然是支配全球经济的最重要的货币。我们不能等到美元归零才去想办法，现在已经时间不多。

杨卫隆

2011 年 8 月 28 日

美国加州亚拉美达市

前言

这本书的前言对我来说，有特别的意义。我早在中国改革开放初期，即20世纪80年代初期，就曾出差到内地办事。那时候，内地的通信和商业条件非常差，可以说比西方国家落后一大截。当时，内地的外汇储备全是美元，付款的外币以日元、英镑、瑞士法郎、德国马克为主。美元相对其他货币贬值，内地又没有足够的外汇履行及外汇付款承诺，出现不少违约事件。内地非常缺乏外汇，所以对外汇管制极其严格，国营企业都是千方百计创汇。

80年代初期，我第一次参加安徽省合肥市交易会的时候，入住安徽省合肥市卢阳饭店。结账时才知道他们不能收取外汇券旅行支票。中国的外汇券旅行支票要持票人亲自到银行才能兑换，不能当做流通货币使用。当时我还年轻，没怎么去过内地，从香港到安徽省合肥市去的时候，所有人民币的款项都是在香港的中国银行兑换得来的100元人民币面额的旅行支票。内地外汇券旅行支票的最高面额只是100元。香港的中国银行职员问我要不要一些人民币外汇券，尤其是零钱。以当时香港的生活程度来说，100元人民币只折合约200元港币，金额很低，和零钱相差无几。再说，我的行程一直在国际级酒店，根本没有机会使用人民币外汇券，所以没有兑换外汇券。到了结账时，才知道香港中国银行的职员叫我换些人民币外汇券是正确的做法，原来酒店不收旅行支票，也不收港币。酒店没有外币兑换处，又不收旅行支票，信用卡更不能用。这对我来说是晴天霹雳。其实，整个合肥市的酒店都不收任何外币。我跑到老远的合肥市中国银行分行去，怎料到银行职员没有见过中国银行发出的外汇券旅行支票！折腾了半小时，银行职员还搞不清那是什么东西。我不耐烦地叫他们打电话到香港的中国银行去核实好了，他们有旅行支票号码，又有我的回乡证号码。本来，我以为自己很聪明，想到这个办法。后来才知道是自作聪明。原来，最接近合肥市的国际直拨电话在南京。交易会进行时，卢阳饭店好像有一两条国际直拨电话线，银行则肯定没有。

我天真地掏出几张500元面额的港币，叫他们兑换成人民币外汇券。银行职员的答复令我大吃一惊，原来他们没有直接兑换外币的外汇权。整个合肥市只有少数几个地方可以直接使用外币，而且仅限于美元，港币不行。他们核实了旅行支票的真伪之后，问题又来了，银行只有几十元外汇券！我要兑换的旅行支票是20张，共计2,000元。由此可见，当时中国内地的对外经济活动是如何低迷。又等了几小时，终于换到10张100元面额的外汇券。

回到酒店，职员说我用外汇券付账，他们要以外汇券找赎，但是他们没有足够的外汇券零钱进行找赎，叫我去银行换些零碎的外汇券。这也难怪，交易会结束之后几天我才结账，他们没有准备足够的外汇券零钱。就是这样，我又跑去老远的合肥市中国银行分行，给他们添麻烦。

不要以为只是我对内地的情况不了解，内地人对香港的情况也不了解。我在合肥市街上走的时候，看到店铺内有几台香港已经不再使用的过时的游戏机。店内有几个年轻人，我好奇地望着其中一位衣着奇特的少年，他的衣着好像是马戏团的演员那样。我和这几个人闲聊一会儿之后，那位衣着奇特的人说："听你的口音，你应该是广州来的。我穿的衣服都是来自香港。香港人都是穿成这个样子。"当时，我蹲下大笑起来。

到了90年代初期，情况也没有什么巨大的变化，内地的外汇管理仍然非常严格。中国人说的外汇是美元。外汇给人的信心很强，好像人民币不是货币，只有外汇才是货币。无论我在中国南方哪一个城市，总是有人找我兑换外汇券，如果能够换些港币或者美元就更好。和内地单位谈判的时候，一谈到外汇，他们大都说没有外汇权，要通过某些可以使用外汇的单位结算才能完成交易。有外汇权的单位没有要做的生意，有生意要做的单位没有外汇权。在内地做生意的困难之一是如何处理外汇兑换。当时的黑市兑换价和官价有很大差距，兑换的方法又多又乱。

香港回归祖国之后，香港人可以在街上的兑换店自由兑换人民币与港币。在香港，很多商店都收取人民币。港元与美元单一挂钩令人民币相对港元不停地升值。香港人都想将钱以人民币为单位存起来。这时候，不是内地人想要港币，而是香港人想要人民币。内地的情况和以前完全不同了，通信发达，处处高楼。北京的生活水平比香港还要高。

在过去10年里，人民币的适用性增强，中国的经济状况大幅度好转，这个转变非常明显。但是，美元给人的信心仍然很强，2008年的金融海啸和其后两年美元大幅度贬值都没有打击人们对美元的信心。美国人一直将美元称为“真正的金钱（The Real Money）”。还记得2009年6月出版《大国衰落II 美元归零》的时候，被人指责我的那本书是企图讨好中国的胡言乱语。那时远在金融风暴风眼之外的中国人对美元信心仍在，但是，身在美国的财经专家就有点儿“担心”。

2008年3月3日，《华尔街日报》的文章《无论美元怎样大幅度贬值，美元的全球霸主地位也不会动摇》，其中提到美元在2008年之前的6年时间相对欧元下跌超过40%，一揽子货币的跌幅亦超过了20%。《华尔街日报》指出："对美元来说，最危险的是有人数正在增加的一小群人认为‘美元最终可能失去其全球主导货币的地位’。知名商品投资人吉姆·罗杰斯（Jim Rogers）以及颇具知名度的前货币交易员乔治·索罗斯（George Soros）抨击美元是‘一个乏善可陈的货币，已经走到穷途末路’。美国银行（Bank of America）首席市场策略师乔·昆兰（Joseph Quinlan）表示‘全球目前仍找不到能够取代美元成为全球外汇储备的金融体系’。"

以巴西为例，它的原糖出口占全球总出口量约40%，而且几乎都不出口到美国去。可是，巴西的原糖贸易是用美元进行交易，因为全球商品市场都用美元报价。《华尔街日报》的这篇文章因此认定无论美元怎样暴贬，美元的全球霸主地位都不会动摇。这充分反映了美国媒体对美元的全球霸主地位深信不疑。但是，事情没有他们想象的那么简单。这篇文章是金融风暴前写的，当时的美国经济还是一片光明。美国股市的杜指由2002年7月约7,500点急升至2007年7月约13,900点，5年时间几乎翻了一番。2008年3月，股市虽然稍稍回落，但是仍然在历史高位附近。

2008年10月，美国的金融机构出现危机，爆发股灾。美国总统布什为了解决金融业燃眉之急，花费7,000亿美元振兴经济。到了2009年1月，奥巴马上任的时候，他又扔了7,870亿美元出来，再次振兴经济。联储局又在2010年8月底宣布第二轮量化宽松政策。这两次振兴经济和两轮量化宽松，对美国经济的刺激作用非常短暂，因为单纯扔大量资金到投资市场，没有根本上解决美国的经济问题。美国的经济政策无论是振兴经济也好，量化宽松也好，本质上是用美元贬值作为手段，解决美国的经济问题。换句话说，要全球所有持有美元资产的国家，包括中国在内，为美国的经济问题付出沉重代价，让美国脱离经济困境。

这次金融灾难把美国推入了严重的经济衰退。美国发行美元太多，致使美元价值跌势加剧。从金价可以看到美元贬值的速度是怎样的惊人。《华尔街日报》那篇文章写的时候，2008年3月，金价约每盎司900美元。2011年9月，金价到了每盎司超过1,800美元。短短3年多，美元价值暴贬一半。美元相对其他商品的贬值情况也差不多。有趣的事情是美元贬值，美元相对其他货币的汇价没有多大变化。原因是各国为了自保，不愿意独善其身，于是将本国货币跟着美元贬值。很多国家的货币汇率是与一揽子货币挂钩，于是跟着美元贬值。

美国通过美元输出经济问题，在中国生活的人也会感受得到，那就是输入型通胀。对于承受不了美元贬值冲击的国家，例如非洲的贫穷国家，那就是惨绝人寰的严重饥荒。在可见的将来，美元价值仍然会暴贬，最终的结局则会是美元归零。

杨卫隆

2011 年 12 月

目录 CONTENTS

第三章 国债和国债上限

第四章 美国经济近况

第五章 粮食的重要性

第六章 美国楼市

第七章 美国的经济灾难

第八章 美元危机

第九章 其他国家的货币危机

第十章 建立新的储备货币

[第一章]

全球经济形势

最近，全球经济出现区域性经济危机，而且每个地区都有各自的困难。想知道全球经济差到什么程度，最好看看不大起眼的地方经济新闻。

最近，全球经济出现区域性经济危机，而且每个地区都有各自的困难。想知道全球经济差到什么程度，最好看看不大起眼的地方经济新闻。比如，2011年9月23日，韩国政府整顿7家资金不足的储蓄银行，储户恐慌地赶至银行排队挤兑，一位遭停业银行的主席，在警方搜查银行时跳楼自杀身亡。说到欧洲经济，所有人都会想到希腊和欧洲五国。其实，2011年9月23日，评级机构穆迪下调斯洛文尼亚的主权债务评级，前景堪忧。斯洛文尼亚是欧元区成员国，国债只及国内生产总值（GDP）的43%，属于健康水平。没有人想到斯洛文尼亚也有经济问题。

当人们将经济问题的焦点放在美国和欧洲的时候，其他地区的经济情况往往被忽略。感觉上，只有欧美经济出现问题。其实，经济和金融灾难已经出现在全球的每一个角落。

本章从货币的角度去看各地区经济，让读者了解各地区的货币本质和挑战之后，再讨论整体形势。

1.1 美国

美国的经济问题数不胜数，最严峻的是奥巴马领导无方、美国国债及赤字失控。奥巴马上任之后不足3年，国债增加 37,000 亿美元。美国的地方政府都在破产边缘、楼市持续低迷、失业率升高，当然还有党争、垃圾官司、医疗开支太大和社会福利过度支出等问题。

2011 年，美国人经历了超过两年的“狗脸岁月”，经济状况为 1930 年大萧条以来最差。2011 年 9 月，几百人企图聚集在华尔街示威,被警察驱散。这不是一般的示威，而是长期失业引起的社会不安。2011 年 10 月初，占领华尔街行动由美国东岸蔓延至美国西岸。10 月 10 日，旧金山美国西岸的占领行动局限于旧金山市。我曾经在 10 月 10 日去过旧金山市马克特街旧金山市银行，那时只有约 30 人聚集于银行门外示威，可以说是不成气候。10 月 15 日，行动急速扩散，而且参与人数大幅上升。我居住的美国加州湾区，十多个城市出现大规模占领华尔街行动。离我居住的地方约 15 分钟车程的奥克兰市大会堂前面的小公园有将近 100 个帐篷，100 多人露宿。当日下午 3 点，1,000 多人的游行队伍进入公园，举行示威。

民怨积聚得那么厉害，一旦爆发，后果不堪设想。意大利首都罗马的占领行动已经演变成了动乱，美国也有此危险。美国人不习惯失业，不习惯减少消费，不满现状的情绪早就出现，现在只是恶化而已。到了笔者执笔时还未有严重事故发生，已经是喜出望外了。

2008 年开始的次贷危机和其后的金融风暴是以美国楼市为中心蔓延开去，波及银行业、保险业、建造业，次贷证券更是至今还遗毒未清。2011 年，美国楼市的情况再次出现险情。2011 年的情况和 2008 年的不同之处是没有美国政府主动跑出来“抢险救灾”。

2011 年 8 月 22 日，美国房屋抵押贷款银行家协会（Mortgage Bankers Association）公布调查结果。这次调查范围包括美国 88% 的房屋抵押贷款，即 4,400 万份房屋抵押贷款。其中，超过 8% 在 4 月至6月的季度断供至少一期贷款。美国健康楼市的标准断供率只有大约1%，8%的断供率肯定是灾难性的。

8月23日，美国商务部公布7月份新造住宅销量跌0.7%，已经是连续4个月下跌，完全没有改善。7月份，新建房屋销量不足30万单位，远远低过美国健康楼市标准的70万单位新造住宅销量，同时亦低于市场预期的31万单位。这是战后美国有记录以来最差的一年。上一次破新造住宅销量最差纪录的年份是2010年。2011年上半年新房屋动工许可证不足30万份，2005年上半年的数字是100万份。由此可见，新造住宅动工情况多么低迷。

单看加州的情况就更加可怕，2011年上半年，整个加州的新建房屋动工许可证只有2万份，对于大约有住宅1,400万幢的加州来说，和完全不建造新住宅没有什么大差别。

新造住宅需求暴跌，二手住宅的销量亦是乏善可陈。法院拍卖房屋大量供应，令美国楼价持续受压。法院拍卖房屋通常售价低过同区物业大约20%，同区有源源不断的法院拍卖房屋供应的话，楼价会跌个不停。楼价疲软，买家自然失去置业兴趣，再加上银行不愿意做房屋抵押贷款，而且首付增加到两成，很多有意置业的美国人都失去了置业能力。2011年7月份的二手住宅销量折算一年是491万单位，而美国二手楼市的健康水平是每年卖600万单位。

楼价方面，以百分比计算，2007—2008年的楼价跌幅高过1930年大萧条时期。由楼价指数可以看到，美国楼价并非跌得很多，相对2006年高峰期，跌幅只是大约30%。2009年开始，楼价稳定下来，但是，仍然处于相当低的水平。2011年8月25日，噩耗传来，联邦住房金融局（Federal Housing Finance Agency）的数字显示，美国住宅价格在2011年第二季度下跌5.9%，是2009年以来最大跌幅。看来，美国楼价又重新回到下跌轨道。

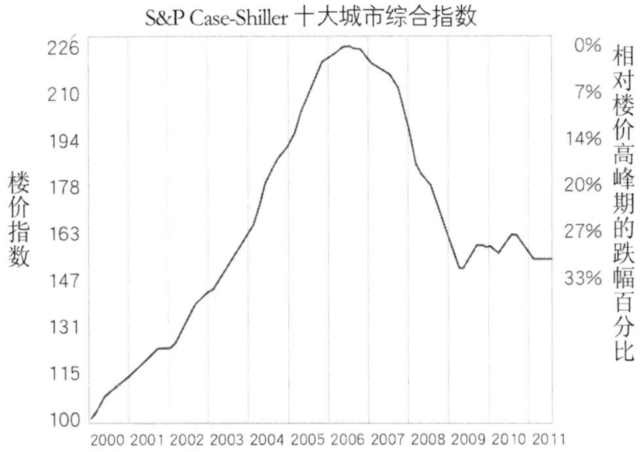

楼价指数

对于美国经济来说，这真是坏透了的消息。因为这么大量的断供住房，再加上住宅的需求下降，楼价重新开始下跌。美国楼市会在未来一段时间内拖累经济，除非有戏剧性的发展，5 年之内，美国经济难以全面复苏。

美国楼市的问题根源在哪里呢？在于利率太低，房屋抵押贷款息率跌破历史纪录，30 年定息房屋抵押贷款利率只有 4.15%。比起 2000 年的 8%，2011 年的房屋抵押贷款息率只有当年的一半。执笔的时候，即 2011 年 8 月 24 日，美国的一年期浮息房屋抵押贷款利率低到只有 2.96%，根本不是银行想做的买卖。除了要承担贷款的高风险之外，银行还要处理贷款的成本和资本要求，银行对房屋抵押贷款望而却步，于是百般刁难贷款申请人。我早在 2011 年初的电视访问中多次说美国应该加息，因为利息太低对楼市没有好处。但是，一般人的理解是低息有助于楼市复苏。那是错误理解。正确地说，合理的房屋抵押贷款利率有助于楼市复苏，不是利息越低越好。

美国楼市占美国整体经济的比率大幅度下降。金融风暴之前，楼市占美国经济增长比重大约为20%，2010年这个比率下降到4%。楼市无力复苏的其中一个主要原因是美国失业人口太多。官方失业人口数字是1,400万人，等于香港总人口的两倍。这样的因果关系相当复杂，我可以反过来说，美国楼市低迷推高美国失业率。总之，这就是美国经济的恶性循环。

楼市是美国经济中最差的部分，也是最重要的部分。它会影响美国税收，令美国财政赤字和国债恶化，直接导致美元贬值。请想一想，美国房地产物业的业主每年要向政府缴纳物业市值约1%的物业税。每栋新造住宅会为政府带来约9万美元的税收。楼价下跌直接减少美国人的资产价值，减少美国人的消费，减少美国的税收。美国经济会因为楼价下跌而出现结构性收缩。

美元贬值是源于美国经济恶化和美国滥发钞票的恶果，美国经济难以一夜之间好转，美国滥发钞票也是老毛病，不可能一下子根除。

市场投资者期待伯南克在2011年8月26日的杰克逊城（Jackson Hole）年会上推出救市措施，例如，第三轮量化宽松。2010年8月31日，伯南克在杰克逊城年会上宣布第二轮量化宽松。当时的恒生指数只有约20,500点，受到第二轮量化宽松的刺激，11月8日，恒生指数高达25,000点。从伯南克第二轮量化宽松政策的宣布到实施的短短两个多月时间内，恒生指数升了4,500点，升幅超过2成。

2011年8月23日，正当市场憧憬美联储主席伯南克宣布第三轮量化宽松政策之际，共和党总统侯选人里克·佩里公开表示，伯南克如果在2012年11月大选前再搞量化宽松，大印钞票就是叛国。

在美国，叛国是死罪，佩里的公开言论就是对伯南克说，“再搞量化宽松就当心你的脑袋”。

之前，美国美联储主席受到的最严重“政治迫害”只是被传召到国会作证，被众议员问长问短而已。这次美联储主席被公开指责叛国，可以说是史无前例。美联储主席是受美国国会管理，而不是美国总统。国会是美联储主席的上司，伯南克当然不敢跟美国国会对着干。

1.2 欧元区

欧洲那边的问题是欧元制度有根本上的错误，没有强力的中央货币管理，欧元区各国都有自己的打算，所以基本上是一盘散沙。1992 年的马斯特里赫特条约（Maastricht Treaty）规定，欧盟成员国需采用欧元及达到欧元区的财政及货币政策规定。欧元刚成立，欧盟就出现内讧和分裂。英国和丹麦拒绝采用欧元。英国的出口之中，面向欧洲国家的出口占出口总额的 60%。英国采用欧元其实可以消除汇率风险。但是对英国来说，放弃财政及货币政策自主权是很难办到的事情，而且英国人不看好欧元，认为不能长时间实行，于是拒绝加入欧元区。

2002 年，丹麦举行全民公决。结果，丹麦人决定不加入欧元区。丹麦不加入欧元区，但是丹麦实行丹麦克朗与欧元汇率挂钩（1 欧元 =7.46038 克朗 ±2.25%）。丹麦这样做无疑是在采用欧元的同时，保留财政及货币政策自主权。欧元区人都觉得丹麦在货币政策上有欺诈之嫌，但是也无可奈何。

瑞典不像英国和丹麦那样拒绝采用欧元。瑞典和其他欧元区国家同意采用欧元。但是，看到丹麦作弊成功，他们也在 2003 年举行全民公决，结果是瑞典人反对采用欧元。瑞典并没有放弃采用欧元，只是故意通过不符合加入欧元区条件的财政政策，令瑞典不能使用欧元。

欧洲出现了欧盟国家不采用统一货币欧元，非洲的摩纳哥却使用欧元的怪现象。更奇怪的是朝鲜，它虽然不是欧盟成员国也不是欧元区国家，却在 2002 年 12 月与欧元区国家几乎同一时间采用欧元作为对外流通和结算的主要货币。朝鲜的美元商店立即改为欧元商店。欧元的名称给人的印象是欧洲货币，但是在欧洲很多国家不能用欧元，在一些欧洲以外的国家反而可以使用。

欧元区的重大挑战是各国有自己的语言和法律，劳动人口难以在欧元区内自由移动。这样的情况和美国 50 个州有相同语言和统一的联邦法不同。美国 50 个州使用共通货币，如果某一地区的劳动力过剩，劳动人口可以容易地迁移到劳工短缺的地方去，平衡各州之间的薪酬差异。薪酬得到某种程度上的平衡，物价就不会有很大的差异。当美国 50 个州的物价和薪酬窄幅波动，通胀可以维持在合理的差距之内。统一货币的坏处是使用统一货币的地方不能有切合自己需要的汇率和利率。通胀严重时，要以加息作为对抗通胀的手段；经济低迷时，要减息推动经济发展；外贸赤字严重时，要调整汇率至合理水平。正是因为这个原因，美国从立国以来，美元作为统一货币没有出现过严重问题。

欧元区就没有那么理想，劳动人口无法自由流动，例如，德国工程师过剩，西班牙缺工程师，因为语言及法规的不同，德国的工程师无法到西班牙工作。低技术含量的劳动人口也面临同样的问题。欧元区各国的薪酬水平出现重大差异，通胀差异也随之扩大。欧元区成立的时候，通过订立个别国家货币相对欧元的汇率，平衡了各地之间的通胀和经济实力差距。可惜，过去10年，欧元区各国的经济实力差距不断扩大，因为使用统一货币，各国没有机制平衡通胀和外贸赤字。对德国来说，欧元汇率太低；对希腊来说，欧元汇率又太高。欧元区内所有国家都深受其害。

使用统一货币的地区总会有经济上的差距，富区当然要补贴穷区。正是这个原因，中国长期要由华东及华南地区补贴西部地区，美国亦要富州补贴穷州。欧元区的情况就有补贴上的困难，欧洲富国不愿意补贴穷国。希腊就是因为货币不切合本国需要，又没有富国的补贴而陷于进退两难的局面。

因为欧元区没有强力的中央货币管理，使用欧元的国家可以在货币政策上胡作非为。以国债上限为例，欧元区的国债上限规定是国内生产总值的60%。只有几个小型欧元区国家无可奈何地遵守这条规例，因为借不到钱，所以国债难以增长。不要以为德国和法国经济发展势头强劲，在欧元区主持大局，事实上，德国和法国的国债远远高于欧元区国债上限规定。法国指责葡萄牙，破口大骂对方国债失控的时候，应该想想葡萄牙的国债是国内生产总值的102%，而法国自己的国债也是国内生产总值的85%。

欧元区的货币体制本身已经是无法长时间有效实行，再加上没有退出机制，一旦有国家出事，欧元区国家就会乱作一团。以希腊为例，早在2004年，希腊已经被揭发以不实会计手法隐瞒国债。如果当时希腊退出欧元区，对希腊和欧元区其他国家都有好处。希腊不至于沦落至大幅裁员、减薪仍无法将赤字压到可控水平的悲惨地步。德国和法国也不必为支援希腊而付出沉重的代价。

欧元区是个怪人俱乐部，除了货币统一之外，其他任何事情都不统一。这些国家全部是世仇，只是因为过去几百年无法在战场上消灭对方才会互相容忍。各国首脑之中，没有两个人走在一起不吵架的，没有一件事情可以诚心合作的。英国佬比较精明一点，没有加入欧元区，否则，今天要和德国及法国一起掏腰包“主持大局”，或者可以说要因为欧洲五国的不争气而破财。欧元 2002 年面世，能够撑到今天是个奇迹，如果你不把它看成是笑话的话。有些人主张亚元的创立跟随欧元模式，那则是一个笑话，如果你不把它看成奇迹的话。如果说欧元区是一盘散沙，亚元区用欧元区模式的话，肯定是一堆乱石。

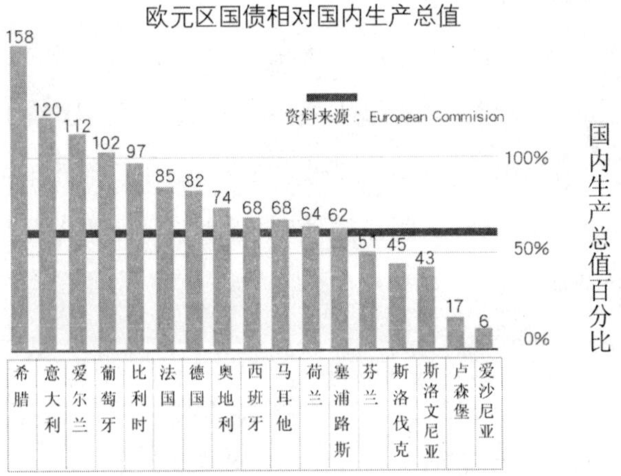

欧洲国债

2011 年 9 月 23 日，希腊报纸引述希腊财政部长在国会的讲话。财政部长认为有三个情况可以解决债务危机，其中一个方法是有秩序违约，将债务撇掉一半，让希腊重组债务。其后，希腊一名不愿透露身份的高层官员，否认这项报道。笔者认为，希腊已经没有其他选择，有秩序违约已经是不幸中之大幸。债权人如果不接受有秩序违约，后果可能是没有秩序违约。希腊如果重整债务，极有可能被踢出欧元区之外。这也难怪，已经违约的国家继续留在欧元区，对欧元区整体经济没有好处。最终，欧元区会有秩序地解散成几个货币集团国。

1.3 日本

日本的困难是日元汇率太高，打击出口。日本经济是出口主导，当然不能让日元汇价太强。事情反过来看才对，其实是美元贬值，不是日元升值。美元和日元都是不能兑换的货币（现在全球主要货币都是不能兑换货币，即不能兑换任何有价值实物的货币），实在说不清是日元升值还是美元贬值。日本商品主要出口到美国，如果美元贬值，日本货自然要用多些美元才能买得到。虽然美元贬值是美国的内部问题，但是美元贬值对日本经济的打击最大。正是因为问题出在美元，日本政府无论用什么方法都无法压低日元汇价。

早在日本东北大地震之前、日元还未突破 1 美元兑换 76 日元的情况下，日本工业已经开始衰落。2009 年 4 月，日本汽车工业出口下跌 70%。日本各大汽车工厂被迫关闭部分生产线。家庭电器方面也是一样的情况，日立公司宣布 2008 年亏损 7,873 亿日元。2009 年 1 月，日立宣布裁员 7,000 人。日本松下电器于 2009 年 5 月宣布到 2009 年 3 月底为止的 2009 年度亏损 3,789.6 亿日元，是 7 年来的首次亏损。日本大型企业中，约 40% 制造业机构计划在 2009 年裁员。计划裁员的钢铁、冶金企业高达 75%。

2011 年 8 月 19 日，美元兑换日元一度触及 75.97 的日元强势历史高位。刚刚参拜完靖国神社不久的日本财政大臣野田佳彦出言干预，不是出手干预，声称将会继续密切关注汇市，观察日元升值是否受投机活动影响，并且会在必要时对汇市采取果断措施。但是野田的言论效果欠佳，日本政府过去20年的干预汇市收效不大，日元在日本政府的不停干预之下持续走强。日元强势只是相对的货币情况。在美国及欧洲债务问题拖累之下，欧元和美元走弱，日元成为避险工具，这令日元汇率节节上升。日本在这件事情上相当被动，只要这些因素仍然存在，日本单方面干预肯定只是徒劳无功。

日元汇率太强，超越了日本经济的承受范围，国际评级机构穆迪像是打落水狗那样，将降级矛头指向日本。2011年8月24日，穆迪对日本施展“地毯式轰炸”，一次性下调日本主权、地方及银行业评级。穆迪此举为日本雄霸亚洲经济时代画上了句号，同时也敲响了日本经济的丧钟。

穆迪下调日本主权评级至Aa3，与中国看齐。中国又一次完全不费劲就“被动地”追上日本。上一次是中国的国内生产总值“被动地”超越日本，成为全球第二大经济体系。日本经济和财政千疮百孔，国债规模达到国内生产总值的200%，再加上大地震、海啸、核灾难，日本的问题已经够多了。欧美经济陷入衰退、影响日本出口、日元又升值至难以忍受的地步等等，日本主权评级下调是理所当然的事情。日本政坛之变态程度直追日本色情电影，菅直人月底辞职同样是理所当然的事情。

从日本货币层面来看，日本的国债虽然高，但是，几乎全部是内债。所谓内债内还，外债外还，对外国人来说，日本几乎没有外债。日本经济差，但是，日本人有大量海外资产，他们将海外资产调回日本就会推高日元汇价。

从日本经济角度来看，到底日元的汇价应该是什么水平最理想？

这个问题的答案是 1 美元兑换 120 日元。那是从日本过往的经济数据得来的，应该相当准确。日元汇率低于 1 美元兑换 80 日元会触发日本经济衰退。日元长时间强于这个水平，日本出口严重萎缩，工业会受到沉重打击。执笔时，2011 年 8 月 24 日，1 美元兑换 76 日元，这是日本无法接受的汇率。无论日本接受也好，不接受也好，似乎已经无计可施。

日本过往为了维持日元汇价在理想水平，刻意将对美外贸盈余留在美国，主要是购入美国国库债券。可是，日本持有美债太多，于是改为借钱给私人机构买入美国资产，主要是房地产及股票。过去几年，美国资产大贬值，日本的亏蚀可以说是天文数字，而且大量资金被套牢。当年购买美国资产和美元资产埋下了今天的祸根。日本政府干预日元汇价的时候，短暂地推低日元汇价之后，持有美元资产的日本人立即套现，将美元资产卖掉，再将美元换成日元，汇到日本去。所以说，日本人套现海外资产的行动基本上和日本政府干预日元汇价的行动对着干。

对于日元汇价来说，美元利率是个很大的问题。不少日本人认为伯南克这家伙存心使坏，将美元利率压到超低，接近零。美日息差也接近零，这样的情况下，卖日元买美元的套息活动不再存在。套息活动是用低息日元买入高息美元赚取息差，当美日息差不存在的时候，套息活动也不存在。从前用做套息的美元被出售，换回日元，令日元汇价走强。对于日本来说，美元对日元汇价是个令人头痛的问题。欧元对日元汇价就更加头痛，因为欧元是日元赖以避险的工具，美元和欧元一起贬值，日元就会走投无路。日元不是区域性货币，只是日本的法定货币。可是，日元在外汇市场上稳占交易额第 3 位，仅次于美元和欧元。金融业极其发达的英国，英镑的储备地位高于日元，但是，在外汇市场上的交易额，英镑排在日元之后。日元交投量大的原因是日元持续强势，日元成为保值及避险工具。请看看日元汇价走势，1971 年，1 美元兑 360 日元。2008 年，1 美元兑 120 日元。2011 年 8 月，1 美元兑换 76 日元。从日本经济的角度去看，日元成为避险工具绝对不值得庆幸，因为全球经济情况恶劣或者大幅波动时，日元立即走强，偏偏这个时候，日本需要稳定的货币去渡过难关。每次经济危机爆发，日本政府就要想办法压低日元汇价，没有时间和精神处理日本的其他经济问题。以日本“3·11 大地震”及核灾难为例，日元短期走强，原因只是投机者想获取日元上升的暴利。

日元强势早在 60 年代就拖垮了日本纺织业，90 年代又拖垮了日本的家庭电器工业，接着，日本工业一个接一个倒下。日本政府连续入市无效，无计可施，只能眼巴巴看着日本经济一蹶不振。2009 年 4 月，日本出现 28 年来首次外贸赤字，日本财务省于 2009 年 4 月 22 日公布的 2008 年度贸易统计数据显示，外贸赤字 7,253 亿日元。在此之前，日本出现外贸赤字是难以想象的事情。2011 年 7 月 21 日，日本财务省公布，2011 年上半年出现 8,955 亿日元贸易赤字。

日元太强，令日本产业空洞化。“产业空洞化”这个名词极为传神，日本工业真的是被挖空，只剩一个空壳。根据日本内阁的数据，日本制造业的海外生产比率年年上升，1985 年只有 3%，1990 年升至 6.4%，到了 2009 年，这个比率是 17.8%。日本工业外移的热门地点是中国，占所有日本工业外移的总数约 57%，迁移去欧美的只有 1.8%。由此可见，日本工业想利用中国的廉价劳动力和稳定的人民币汇率做生意，继续生存下去。这样做，对个别日本企业有好处，但是，对整体日本工业是致命一击。最重要的打击莫过于人才流失，工厂迁到中国去，人才也会跟着去。工业是以人才及技术为主力，只要流失人才，工业就会失去有生力量，只能不停地萎缩下去。

日本自民党参议员佐藤由加利认为要尽快解决日元太强令产业空洞化的问题，不能再拖下去。日本工业萎缩会令失业率上升、区域性产业崩溃、技术及生产力恶化、日本的国际竞争力削弱。她说日本的经济专家警告，如果3个月之内，即2011年底之前，日本政府不处理这个问题，日本企业向国外转移情况会急速增加，日本产业空洞化亦会急速加剧。

根据2011年9月2日的美国新闻，美国通用汽车销量按年计算上升18%。不是通用汽车的汽车质量上升，也不是通用汽车大减价，通用汽车销量急升只是因为日本车生产出了问题，同时日元太强，令美国人不想买日本汽车。通用汽车不劳而获地夺取了日本汽车在美国的市场。

日本企业面对很多难题，如日元汇价高企、内需萎缩、电力不足、税率、工资及电费比其他国家高一大截。以企业税率为例，日本是全世界税率最高的国家。企业课税率超过40%，个人课税的最高税率高达50%。中国的企业税率只有25%，与日本相差一大截。日本企业的竞争能力直接因为企业税太高而受到冲击。

以下税率表是2011年9月的税率：

国家/地区	企业课税	个人课税	消费税增值税
日本	40.69%	5%～50%	5%
美国	0%～35%+0%～12%	0%～35%+0%～10.55%	0%～10.25%
法国	33.33%	0%～40%	19.6%
印度	33.2175%	0%～30%	2%～12.5%
意大利	31.4%	23%～43%	20%
澳大利亚	30%	0%～45%	10%

（续表）

国家/地区	企业课税	个人课税	消费税增值税
菲律宾	30%	5% ~32%	12%
泰国	30%	5% ~37%	7%
德国	29.8%	0% ~45%	19%
新西兰	28%	10.5% ~33%	15%
英国	20% ~26%	0% ~50%	20%
中国	25%	5% ~45%	17%
印尼	25%	5% ~30%	10%
马来西亚	25%	0% ~26%	—
希腊	22/25%	0% ~45%	23%
瑞士	13% ~25%	0% ~13.2%	8%
加拿大	11% ~16.5% +2% ~16%	0% ~29% +0% ~24%	5% +0% ~10%
新加坡	17%	3.5% ~20%	7%
中国台湾	17%	6% ~40%	5%
中国香港	16.5%	0% ~15%	不适用
韩国	13/25%	9% ~21.375%	10%
中国澳门	12%	不适用	

2011年8月初，日本政府宣布量化宽松10万亿日元，另外出售46,000亿日元压低日元汇价。但是，日元汇价没有因为这样的措施而下跌。到了2011年9月，1美元兑大约77日元。日本政府没有办法压低日元汇价，反而想到借1,000亿日元给日本企业到海外去收购资源和资产。表面上看来，这样做对日本有利，因为日元汇价高，日本企业可以低价收购外国的资源和资产。日本企业到海外做生意，失败居多，例如中国香港的八佰伴。和田一夫进军香港百货业的时候，可以说是君临天下之势，其结局却是以破产收场。日本企业的海外生产事业都是乏善可陈，主要原因是日本企业不愿意技术转移。

技术保留在日本，日本技术人员和管理人员在海外主持大局，结果是不堪设想的。上海大众汽车的情况和日本不同，德国人不会吝啬技术，派遣数万人次中国员工到德国受训，其中不少是高级技术人员。这一点，日本人做不到。日本汽车在美国生产，不做技术转移又不融入美国社会，丰田汽车不东不西。在非龙非马的情况下，质量下滑也是必然的。

日本工业到海外去生产，不是好主意。丰田汽车是很好的例子。本来，丰田在中国市场拓展非常快，市场销售量逐年递增，但是，质量和价格却不相符。丰田的投诉数量一直排在各汽车品牌前列。2009 年 11 月，丰田汽车宣布美国历史上，同时是丰田汽车历史上最庞大的汽车回收计划——回收美国约 400 万辆可能因油门卡住地垫而暴冲的丰田及雷克萨斯汽车。日本货价格高，质量是日本制造业的命脉。丰田汽车为了降低成本，把很多零配件分散到世界各地生产。令美国消费者对丰田汽车大失信心的问题油门踏板是在印度生产，在美国装配，配合日本主要零件。丰田汽车遭遇了汉兰达爬坡门事件、刹车门、漏油门等事件，深陷品牌形象危机。丰田汽车的汽车业老大哥地位也被大众汽车抢走。

现在，日本政府应该想办法帮助日本企业，反而在关键时刻放弃压制日元升值，还要借钱给日本企业鼓励他们挖空本来已经空洞化的日本产业。日本自民党参议员佐藤由加利警告日本产业空洞化将会在 2011 年底急速恶化，日本经济会受到沉重打击。日本政府还是在走歪路，可见日本政治如何黑暗。

黑暗的日本政治令日本经济受到重创，其中最严重的要算无用基建。无用基建之中，胡乱兴建机场最具代表性。2009 年 12 月 16 日，日本的《读卖新闻》报道了前所未有的事情，茨城县小美玉市的茨城机场在完全没有日本国内航班及每日只有一趟航班的情况下，于2010年3月11日启用。启用时，机场大楼没有店铺。茨城机场是东京圈内（离市中心80公里范围内）的第3个机场，另外两个机场分别是成田机场和羽田机场。

2006年9月28日启用的神户机场是填海建造的人工岛，需要桥梁连接陆地，所以建造费用惊人，达到3,140亿日元。市政府为了筹集建设费用，发行市政府债券，原先估计可以出售机场相关设施土地82.6公顷，取回建设费用，偿还债务。但是，售卖土地成绩并不理想，神户市政府陷入财政危机。日本这么狭小的地方有将近100个机场，全部都是亏损得一塌糊涂，简直是胡闹。《血税机场》（幻冬舍出版）作者森功先生形容日本的航空政策是“三无”——无道理、无节制、无策略。

1.3.1 日本家道中落

想看看日本如何家道中落，最好是看看中国和日本富豪的差距。先看看美国财经杂志《福布斯》的2009年度中国富豪榜，400位富豪的上榜最低门槛为20.5亿元，比2008年提高了8.3亿元。前40名企业家的净资产总和从520亿美元翻了1倍，到1,060亿美元。

2009年度中国十大富豪如下（身价以亿元人民币计算）：

排名	身价	姓名	机构	年龄
1	200	沈文荣	沙钢集团	63岁
2	174.3	张近东	苏宁电器	46岁
3	166.2	周成建家族	美邦服饰	44岁
4	160.3	杨惠妍	碧桂园控股	27岁
5	152.5	杜双华	京华创新集团	44岁
6	150	许荣茂	世茂集团	60岁

（续表）

排名	身价	姓名	机构	年龄
6	150	刘永行	东方希望集团	61 岁
8	140	刘永好	新希望集团	58 岁
9	125	郭广昌	复星国际	42 岁
10	120	许家印	恒大地产集团	51 岁
10	120	刘汉/刘沧龙	汉龙集团	44/54 岁

2010 年度中国十大富豪如下（身价以亿元人民币计算）：

排名	身价	姓名	机构	年龄
1	534	宗庆后	娃哈哈集团	65
2	480	李彦宏	百度	42
3	394	梁稳根	三一集团	53
4	380	张近东	苏宁电器	47
5	360	李锂夫妇	海普瑞药业	46
6	334	何享健	美的集团	68
7	327	刘永行	东方希望集团	62
8	314	吴亚军夫妇	龙湖地产	46
9	294	马化腾	腾讯	39
10	284	王传福	比亚迪	44

再看看美国财经杂志《福布斯》的 2009 年度日本富豪榜。前 40 名日本富豪的身价，自 2008 年的 899 亿美元跌至 2009 年的 695 亿美元，跌幅高达 22.7%。40 大富豪中的 28 人身价下跌。2008 年首富，任天堂的山内溥蒸发身价 33 亿美元。弹珠和角子公司阿鲁策株式会社创办人冈田和生，以及光通信创办人重田康光，2008 年 5 月跌了一半身价。另外 13 名富豪的身价也跌超过 25%。

2009 年度日本富豪前 10 位如下（身价以亿美元计算）：

排名	身价	姓名	机构	年龄
1	61	柳井正	优衣库	60 岁
2	52	毒岛邦雄	SANKYO	83 岁
3	45	山内溥	任天堂	82 岁
4	42	森章	森托莱斯特公司	74 岁
5	39	孙正义	软件银行集团	52 岁
6	37	糸山英太郎	新日本观光	58 岁
7	36	三木谷浩史	乐天	45 岁
8	35	佐治信忠	三得利集团	65 岁
9	28	武井博子	武富士	66 岁
10	24	滝崎武光	基恩士	65 岁

2010 年度日本富豪前 10 位如下（身价以亿美元计算）：

排名	身价	姓名	机构	年龄
1	92	柳井正	优衣库	61 岁
2	86	佐治信忠	三得利集团	66 岁
3	61	森章	森托莱斯特公司	75 岁
4	56	孙正义	软件银行集团	53 岁
5	53	毒岛邦雄	SANKYO	84 岁
6	47	三木谷浩史	乐天	46 岁
7	38	山内溥	任天堂	83 岁
8	34	糸山英太郎	新日本观光	59 岁
9	29	滝崎武光	基恩上	66 岁
10	25	武井博子	武富士	67 岁

从年龄上看，中国富豪都是年轻人，碧桂园控股的杨惠妍只有 27 岁。日本的富豪，除了 3 个人之外，全部都是老人。2009 年，日本富豪的身价高过中国富豪一大截。以最多身价的柳井正计算，身价 61 亿美元，当时的人民币汇率约是 1 美元兑 7 元人民币，折合 427 亿人民币。2009 年，中国首富沈文荣的身价是 200 亿人民币，

连日本首富的一半身价也没有。

2010 年，日本首富的身价和中国首富几乎相同，可以说是中国迎头赶上。以最高身价的柳井正计算，身价 92 亿美元，当时的人民币汇率约是 1 美元兑 6.5 元人民币，折合 598 亿人民币。2010 年，中国首富宗庆后的身价是 534 亿人民币，和日本首富的身价只相差 64 亿人民币。

1.3.2 美元贬值打击日本工业

日本的旅游业受到福岛核电厂泄漏辐射和日元汇率太强的双重打击，已经到了绝境。2011 年 10 月，日本旅游局向外发表计划，希望在 2012 年开始免费向网上游客发放 1 万张来回日本的机票，让他们宣传日本是个安全的旅行地。日本的无烟工业不景气，有烟工业就更差。期望日本经济在短期内复苏，根本是痴人说梦。

美元贬值不会推高人民币和韩元的汇价，只会推高日元汇价。中国和韩国都是日本出口企业的竞争对手，日元相对人民币和韩元呈现强势的话，日本企业就会变成弱势。日元是避险工具，美元出了问题，日元汇价就升个不停。美元越是贬值，日本企业就越难做生意。

笔者 2002 年移民美国加州之后两个月就在加州买了一辆韩国现代牌汽车。当时是韩元弱势的时候，韩国汽车真的便宜到难以想象的地步。还记得 2003 年中，一辆全新的韩国现代雅绅特（Accent）型号两门汽车基本型，标价只是 7,000 美元，比使用了十多年的二手日本汽车还便宜。

我购买韩国汽车当然是因为车价便宜。本来想买一辆二手丰田卡罗拉（Corolla），但是觉得太贵，负担不起。我买的是有原厂保修的韩国二手车，使用了1年，跑了约15,000英里，有冷气和自动传动器等，设备齐全。全包价格是1万美元，同级数的日本二手车要大约2万美元。我这辆韩国车已经开了9年，走了十多万英里，觉得非常满意。日后换车也会买同一型号的韩国汽车，但是下次则不是以价格为主要考虑因素。韩国汽车以货论价，确实是物超所值。我不是在这里为韩国车打广告，只是将事实说出来。

日本汽车生产受2011年3月的日本东北大地震和海啸的影响而减产，由全球第一大汽车生产商降到第3位。韩国汽车立即在世界各地蚕食日本汽车市场。2011年第二季度，韩国的现代汽车集团售出104万辆汽车，赢利22亿美元，营业额比2010年同期上升19%。这是现代汽车集团首次在一个季度卖出超过100万辆汽车。

现代汽车的新款索纳塔（Sonata）汽车于2010年1月开始在美国发售，全年售出超过19万辆，升幅是35%。丰田凯美瑞（Camry）的2010年销量比起2007年暴跌31%，只有32万辆。受到韩国车威胁的日本汽车除了丰田之外，还有本田雅阁（Accord），其2010年销量比2007年暴跌28%，只有28万辆。这是2011年3月日本大地震之前的事情。2011年上半年，索纳塔（Sonata）的销量再升29%，卖出超过11万辆。同一时期，凯美瑞的销量下跌4.4%。

除了汽车工业之外，日本的电子工业也受到强日元的坏影响而处于劣势。2011年第一季度，韩国三星电子在全球薄型电视机市场的占有率是22.2%，是全球首位。日本新力的市场占有率是11.4%，只及三星的一半。

正当日本的汽车及电器出口企业因为日元汇价突破历史高位而生意一落千丈的时候，和日本竞争的韩国同类出口企业趁着韩元贬值而大做生意。由韩元兑美元汇价走势图可以看到，现在的韩元兑美元汇价低过金融风暴刚开始时的 2007 年。以 2007 年的汇价为标准，日元相对美元升值约 35%，韩元则相对美元贬值 16%。日本企业的劳动成本，以美元计算，是韩国的两倍。因为在汇率上吃了大亏，日本企业和韩国企业竞争时处于挨打状态。

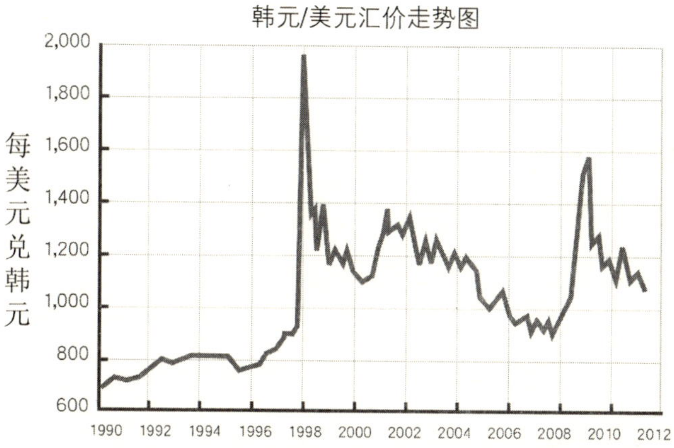

韩元

韩国政府在协助本国企业做出口生意方面，比日本政府卖力得多。2011 年 7 月 1 日，韩国和欧盟的自由贸易协定正式生效，韩国与欧盟之间的关税会逐步废除。执笔时，韩国与有贸易协定的国家进行贸易，占整体贸易额的 36%，日本的比例是 17%，只及韩国的一半。韩国在这方面又取得了优势。

日本制造业面对的困难不是只有日元汇率高企那么简单。日本的税率全球最高，再加上极其严格的劳工法和环境保护法，日本厂商真是苦不堪言。之后，日本发生大地震，电力供应不足，零件供应中断，可以说是内忧外患。

日本的竞争对手不是只有韩国，中国也是迎头赶上，冲着日本而去。人民币虽然不像韩元那样相对美元贬值，但是，人民币升值始终没有日元那么急，幅度也没有日元升值那么大。

在这样严峻的环境中，日本仍然能够在 2011 年 7 月取得 725 亿日元的外贸盈余，相当难得。对美贸易盈余是日元无法相对美元贬值的重要原因之一，日本为了减少对美贸易盈余，增加对中东和欧洲的出口。同一时期，日本往中东的出口增加 37%，往西欧的出口增加 18.6%。

因为日元已经升值到日本工业无法生存下去的地步，日本政府又没有办法压低日元汇价，日本工业早就大量撤离日本，出现外移潮，怕的正是日元汇价太强。除非日元汇价能改变不停上升的走势，否则日本经济将会全盘崩溃。

如果各位可能以为我说日本经济全盘崩溃是危言耸听，那请先看看日本股市的日经平均指收走势图。

日经平均指数走势图

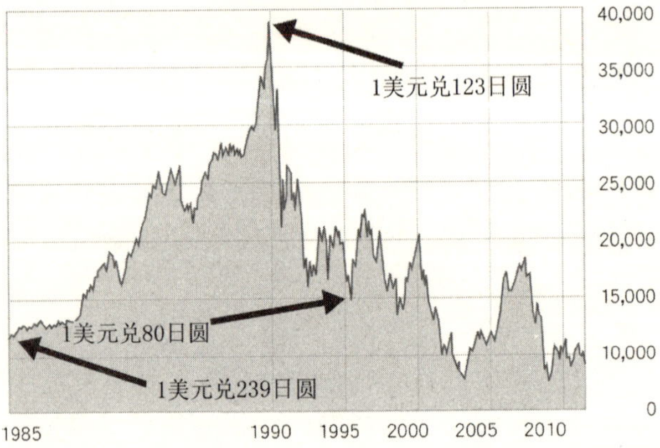

日经

自 1985 年开始，日经平均指数由 11,000 点急升至 1990 年的大约40,000点。日本经济如日中天。可惜，好景不长，日本经济在日元强势之下，不停地走下坡路。日元由 1985 年的 1 美元兑 239 日元急升至 1990 年的 1 美元兑 123 日元。之后，1995 年，1 美元兑 80 日元。由于日元汇价升得太快，1995 年，日本的国内生产总值与美国差不多，日本差点成为全球第一大经济体系。那个时候，日本经济一蹶不振，日经指数由高峰期的 1990 年将近 40,000 点，下跌至 2011 年 8 月的 8,851 点，只是略高于高峰期的 1/5，还低过 1985 年的日经水平。过去 20 年，日本经济收缩得很快，以股市来看，跌掉了 4/5，只剩下 1990 年的 1/5。这样的经济情况，离全盘崩溃不远了。

为了让各位更加了解日本经济的收缩如何严重，请看看美国道指的情况。1990 年，道指只有约 2,700 点。2000 年，道指升破 10,000点之后，只有两次跌至约 8,000 点的低位。2011 年 8 月 26 日，道指虽然已经跌至焦头烂额，但是仍然有 11,284 点，超过 1990 年的道指水平 4 倍。

1.4 中国香港

中国香港的情况和日本刚好相反，港元汇率太低引发严重通胀。港元汇率因为和美元挂钩，港元被迫跟着美元贬值，同时，港元息率亦要跟着美元区的超低利息。利率比通胀低了一大截，令存钱得不偿失、储蓄下降、货币流通量增加、通胀加剧。美元在过去几年贬值一大截，早就是意料之中的事了。香港死抱联汇，可以说是自讨苦吃。奇怪的事情是中央政府并没有施压要港元与美元脱钩。虽说香港是特别行政区，但是，港元汇率事关重大，港元急速贬值对中国整体经济都没有好处。香港的经济命脉是金融业。香港只是弹丸之地，却是亚洲的主要金融中心，是了不起的成就。港元和美元单一挂钩是危险的事情，只要美元出事，例如，美元汇价急剧波动，香港的金融中心地位就会拱手让给中国的另一城市——上海。

香港和美国货币汇率挂钩，本身已经有很大风险，香港缺乏黄金储备则是另一隐忧。全球外汇储备排第 7 的香港，黄金储备只有 2.1 吨。2009 年 5 月底的香港外汇储备资产为 2,051 亿美元，黄金储备只值 6,000 万美元，占香港外汇储备的 0.029%。香港的外汇储备中缺乏黄金是无视风险的货币政策。

黄金储备在稳定经济和抑制通胀等方面有实际作用。特别是美国为了拯救经济而孤注一掷地滥发美元和美债，导致美元出现贬值危机的时候，黄金储备是重要的对抗美元贬值的工具。香港维持与美元单一联系汇率已是一大错误，缺乏黄金储备是错上加错。香港如何能在此金融危机之下只有区区 2.1 吨黄金储备？笔者觉得香港特首、财政司司长和金融管理局总裁都把香港的前途押在了美元上面。

香港和美国货币汇率挂钩，可是，经济却挂不上钩。美国的楼市奄奄一息，美联储将美元利率降到超低，美国政府立法为买楼的人减免税项，另外还有种种优惠，美国楼市仍然是一蹶不振。2011 年 9 月 20 日，美国商务部公布的数字显示，经季节性调整后的 8 月份新房屋动工量只有 571,000 栋，比起 7 月份下跌 5%，而且低于健康的美国楼市动工量 120 万栋。

香港这边楼价大升，尖沙嘴复式楼单位英尺价格约 36,000 港元，堪称一绝。香港是 2010 年全球楼价升幅最高的地方。香港得到这样的全球第一，全赖香港特别行政区财政司司长曾俊华的维持联汇决心，如果要找人去领奖，一定要曾司长亲自走一趟。

高楼价可以提高香港特区政府的税收和地产商的赢利，地产商和香港特区政府当然乐意看到楼价急升。对香港市民来说，楼价太高不是好事。小小的住房成为低收入的香港人头痛的问题。当香港人生活困苦的时候，民怨就会高涨，社会秩序就会变差。旅游业是香港的重要产业，社会秩序是香港的经济根基，一旦恶化，香港的旅游业会拖垮香港经济。2011 年 10 月，香港重新建造居屋，让没有经济能力购置居所的香港人可以购买政府补贴的住房。香港楼价急升的其中一个原因是香港的联系汇率货币政策不妥当。

美国的失业率持续高企，根据官方数字，美国失业率是 9.1%，失业人口高达 1,400 万人，等同于香港总人口的两倍。香港的失业率只有 3.4%。香港政府公布的 7 月通胀数字高达 7.9%。汇丰银行的 50 万～100 万港元 6 个月定期存款利率竟然只有 0.05%。存钱进银行要向银行支付年息 7.85%，不必去问经济学教授都可以知道这是严重负利率。严重负利率肯定会催生资产泡沫和通胀。不禁要问曾司长：曾大爷，这两个地方的货币怎么能挂钩呢?

有香港的婚宴集团表示鲍参翅肚价格 2010—2011 年上升50%，酒席价格由每席 6,000 港元加至 7,000 多港元，增幅达25%～30%。部分酒家更与新人签订协议，在预订 2012 年酒席时，写明摆酒前一个月，酒楼会因食材价格上升而调整收费。香港的通胀高至酒家无法为下一年的酒席标明价格。租金和食品价格急涨是通胀高企的主要原因。以猪肉价格为例，每年上升 26% 是非常危险的通胀信号，因为租金和食品是生活必需的支出，这些支出再涨上去，可能会引发社会不安。

美国那边要低息推动经济发展，香港需要加息压制通胀，两地的货币政策根本上是南辕北辙，强行联汇只是死路一条。杨某真的不明白为何曾司长宁愿在严重负利率环境下想办法对付通胀（其实是没有办法可想），却不动手术割掉联汇这烂东西。维持联汇除了舍易取难、吃力不讨好之外，曾司长的工钱也会贬值啊。我离开香港太久，可能和香港的事情有点脱节，但是，曾司长应该是以港元支薪，不是用人民币计算薪酬吧。

2011 年 8 月 14 日，香港特区政府财政司司长曾俊华发表《汇率与民生》的博文中说："汇率与物价并无直接联系……零售食品价格上升主要由于世界食品价格急升所致，联合国粮农组织的世界食品价格指数今年第二季度同比涨幅达 38%，世界食品和商品价格上升不单令香港通胀上升，也使亚洲和欧美等地通胀升温……这一制度（联汇制度）是稳定香港金融体系的必然选择，是便利经贸发展的必然选择，而稳固的金融和经济体系则是市民安居乐业的基石。"

曾司长的文章真的令杨某大开眼界，杨某可以肯定地说曾司长搞错了。香港的 2011 年 7 月的通胀确实是源自联汇的港元相对人民币贬值。香港食品主要来自内地，港元相对人民币贬值，通胀就会按照港元贬值幅度上升。如何能说香港的食品加价与联汇制度无关？

参考资料

想看曾司长文章的全文，请点击以下链接：
http：//news. jschina. com. cn/system/2011/08/15/011459853. sht-ml

不少人的主张和杨某不谋而合。曾司长的高论发表之后只是几天，2011 年 8 月 23 日，香港《文汇报》社论指出："香港通胀进一步加剧，7 月更创下近 16 年新高。香港在港币随美元贬值、而人民币持续升值的情况下，受到食品等输入性通胀的影响最大。在外围经济不明朗、美国可能再推量化宽松政策的情况下，香港通胀前景不容乐观。”

香港《文汇报》社论说的香港通胀原因正是曾司长说没有关系的事情。这件事令我怀疑香港特区政府财政司司长的才能是否适合这个职位。

1.5 中国内地

中国内地是发展中地区，经济发展不平衡、底子薄、人口多，企业管理等仍未走上正轨。中国的出口型经济容易受到欧美经济衰退的冲击，经济前景不容乐观。

中国的经济情况比较特殊，有庞大而且未饱和的消费市场，年轻人口众多，消费能力上升潜力极大。中国的工业生产力也是相当惊人，其中纺织业和轻工业是全球顶级水平。中国的资源也是很多国家难以匹敌的，以稀土为例，中国的供应量占全球总供应量的 97%。

中国工业产品雄霸世界市场，连传统家庭电器工业大国日本也要将家庭电器市场拱手让给中国。中国产品不再是低档货，很多高科技产品和高档货都是中国制造。当笔者还是中学生的时候，即 70 年代，在香港地区，中国制造的家庭电器并不多见，充其量只会见到熨斗和电饭煲之类的小东西。家里的家庭电器是日本制造。当年，国货公司出售的中国制造照相机是使用 120 软片的海鸥牌双镜反光相机，即将相机放在腰部，由上面往下望取景的旧款照相机。学校旅行的时候，拿这样的照相机出来拍照是个笑话。执笔时，美国的iPhone是中国制造，中国造的东西很多是高科技产品而且质量很好，拿件中国制造的东西出来不会被人取笑。

90年代，香港的家庭电器已经是中国制造。十多年前，我到日本东京秋叶原，看到的家庭电器已经是中国制造，只是有些用了日本牌子。美国商店内的东西也是中国制造。笔者年轻时，曾经到西非尼日利亚工作，那里的工业产品也是以中国制造为主。

从货币与经济的角度去看，中国有绝对优势，因为人民币至今仍然不是自由兑换的国际货币。从西方的角度去看，这简直是本世纪最大的经济悲剧。全球第二大经济体系的货币竟然不能自由兑换。中国货币政策完全不受外来力量的干预，不像日元那样被市场扯高拉低，更加不像欧元区国家那样，被迫接受不合适的汇率和利率。中国在汇率上有更大的自主权，能够制定适合中国情况的货币政策。日本则没有这样的条件，所以，日本人相当羡慕中国的人民币政策。

美国不断要求人民币升值，好让美国卖多些东西到中国去。日本则希望人民币能够自由兑换，让日本摆脱避险工具的厄运。欧盟希望与中国建立更加密切的经贸关系，在中国做多些生意。

中国持有美债近12,000亿美元，是持有美债最多的国家。因为中国的经济力量不断上升，美国经济出现严重危机，需要中国施以援手。政治上，美国已经不能得罪中国。2011年8月，美国总统奥巴马在白宫接见达赖喇嘛，似乎蓄意惹恼中国。到了中国真的生气的时候，奥巴马立即派副总统到中国去走一走，为中国消消气。法国人见到美国副总统去中国访问，立即派法国总统到中国去。似乎在经济危机中，能够拉拢中国的国家就比较稳妥。美国国债危机爆发后不久，全球视线都集中在中国领导人那里，看看中国的政策是怎样。

中国并非没有经济上的挑战，美国主权评级被降，美国滥发钞票，可能危及中国在美资产的安全性。另外，中国通胀和人才不足也是个重大经济课题，亟待改善。中国的教育、环境保护、基本建设、医疗、社会福利等还在发展阶段，很多环节仍然追不上工业发展。例如，教育就无法赶上中国的工业发展，陷入人才不足的困境。另外，中国的人均收入仍然处于低水平，各省份的经济落差极大，发展程度也是天壤之别。中国要赶上发达国家，还有一段很长的路要走。中国人口众多，要做好经济管理工作并不容易，尤其是国有企业的贪污情况，可以说是其发展速度超过经济的发展速度。

中国贪官外逃的情况已经发展到被外国人取笑的程度。如果人民币是自由兑换货币，情况就更加不堪设想。杨某居住的加州正是中国贪官外逃的热门地点。

加州的地产经纪表示，近年来，在加州洛县圣盖博谷（San Gabriel Valley）华人聚居地，来自中国的购买房产金额比过去增长了四成左右，购买的都是百万美元以上的豪宅，很多买家以现金的方式一次性付清房款。一些高档住宅区的房价因此涨了一倍多。

不久之前，美国内华达州法庭开庭审理了中国建国以来最大的贪污案——中银开平案的主犯许国俊和许超凡。两人侵吞公款超过4.85亿美元。黑钱经过香港开设的公司汇到美国的私人账户。1999—2001年，许国俊、许超凡和余振东等人多次出入拉斯维加斯的赌场，入住最高级酒店，来回拉斯维加斯是搭乘私人专用飞机，享用的晚餐每餐4,000美元。他们的家人在美国和加拿大拥有百万美元豪宅。2001年，东窗事发，许国俊、许超凡和余振东潜逃美国。许国俊和许超凡等人通过假结婚得到美国居留权。美国唐人街的假结婚骗居留权做法非常普遍，2002年，我刚到美国时，唐人街的假结婚开价是每宗50万港元，另加法律费用及杂项开支。

2004年4月，他们被遣返中国，成为首宗由美方移交给中方的外逃经济疑犯。中银开平案只是冰山一角，其他数千在美的中国贪污官员仍然在逃。

我想趁这个机会谈一谈整个亚洲地区的贪污情况，贪官不是中国内地才有。陈水扁可以说是贪得无厌，涉及机要费等重大贪污案。台北地院于2009年9月11日宣判，陈水扁与妻子吴淑珍均被判处无期徒刑，剥夺政治权利终身，陈水扁被罚款2亿元，吴淑珍被罚款3亿元，共5亿元。从陈水扁一案可见台湾的贪污情况不是单纯的领导人贪污，简直是整个政府高层贪污。

韩国方面也是不相伯仲。2009年5月23日，贪污舞弊丑闻缠身的韩国前总统卢武铉与一名秘书登山途中坠崖身亡。卢武铉当天通过自己的网站“人活着的世界”发表道歉书说，前青瓦台总务秘书官郑相文受家人委托，从商人朴渊次手中收钱，用于清偿未还清的债务。

日本方面，贪污状况就更加震惊全球。单是1976年的田中角荣洛克希德飞机贪污案，田中首相收受贿赂高达5亿日元之巨。日本的贪污简直是无法无天，是首相贪污渎职，完全没有任何掩饰做作，还将贿赂称为政治献金。田中角荣洛克希德飞机贪污案因为涉及美国的洛克希德飞机公司，在美国搞大了，才会揭露日本的贪污情况。日本国内的政治黑暗严重得惊人。

美债危机最终会推高人民币汇价。中国经济仍在转型阶段，人民币升值太快和太多都不是好事。人民币一定要走向自由兑换，而汇率最终要自由浮动。美国、欧洲和日本深受赤字及债务影响，人民币一旦自由兑换，汇率自由浮动，人民币汇率会大幅度上升，必将打击中国经济。2011年初至8月26日，人民币兑美元升值约

3.3%，而人民币汇价自2005年7月汇改以来，已累计升值接近3成。2011年8月开始，人民币升值速度显著加快。人民币升值步伐加快，显示了中国不想因为人民币跟着美元贬值而引发输入型通胀。表面上看来是人民币兑美元大幅升值，其实是美元相对人民币贬值。因为问题不是出在中国，中国不可能单方面解决这个问题。

1.6 中东和北非

请先看看21世纪的饥荒情况：

2003年——苏丹的达尔福尔发生饥荒。

2005年——马拉威粮食危机、尼日尔粮食危机。

2006年——非洲之角粮食危机。

2008年——缅甸粮食危机、朝鲜饥荒、非洲之角粮食危机、阿富汗粮食危机、孟加拉粮食危机、东非粮食危机、塔吉克粮食危机。

2009年——肯尼亚粮食危机，1,000万肯尼亚人面临饿死的危机。

2011年——非洲之角饥荒。

以上的饥荒动辄饿死数十万人，甚至数百万人。各位应该看到，2008年是饥荒最严重的一年，东亚、南亚、中东、中亚、东非和非洲之角一起告急。这次可怕的大饥荒被称为“2008年全球性粮食价格危机（2008 World Food Price Crisis）”而非“2008年全球性粮食危机”。原因非常简单，这次不是粮食危机，是粮食价格危机。全球人口不停上升，粮食供应当然追不上人口增长，粮食供应自然紧张起来，但是事实上粮食还是有的。

美国将大量玉米用于生产生物燃料。玉米价格超过了小麦价格，养牛的农民用小麦作为牲畜饲料。本来用来种植小麦的农田被石油公司收购，用做种植玉米。小麦产量下降令美国的小麦储存量2008年2月跌至60年来的低位。小麦价格急升，带动几乎所有主要农作物的价格急升。商品市场投机活动推高商品价格。主要粮食价格飞涨，穷人没钱买粮食，于是发生饥荒。

中东有很多机会搞好经济，因为他们在战后得到独立及滚滚而来的石油财富。怎料中东石油财富没有为中东国家带来希望，反而带来极权主义和贪污腐败。战后数十年，中东的经济比殖民地时代更差。以伊拉克为例，它曾经是中东的粮仓，生产大量粮食，自从有了石油财富之后，耕地荒废。由于农地管理不善，地底盐分进入土壤，农田大都变成有毒土壤，寸草不生。中东国家依赖石油出口，同时又依赖外国进口粮食，粮食价格相对石油涨价，整个中东爆发动乱和政变。整个中东在短短两年时间，几乎所有反美国家的政权都被推翻，相信情况会继续恶化。

这场2008年全球性粮食价格危机直接导致2010年12月开始在中东和北非发生的一连串暴动和政变。埃及、利比亚、也门、阿尔及利亚等国先后发生骚乱、暴动甚至政变。多个国家的政府军和叛军激烈交战，伤亡惨重。单是利比亚，内战持续几个月，以美国为首的北约对利比亚政府军狂轰滥炸，不少平民也被株连。奥巴马对于空袭利比业有自己的解释，称其为动态军事行动，不是战斗，所以无须得到国会事前批准。奥巴马声称北约联军对利比亚的军事行动是为了保护平民安全，结果是美军的空袭造成不少平民伤亡。美国的空袭不是保护平民，而是要推翻与西方列强敌对的卡扎菲，扶植一位愿意向欧美列强摇头摆尾的利比亚领导人。卡扎菲没有威胁美国的安全，利比亚人要一个怎样的领袖实在没有必要由美国人来指指点点。美国人也不想在利比亚动武，奥巴马根本无法得到国会授权动武，所以他没有提出议案。

本来中东和北非已经乱作一团，再加上西方国家也来凑热闹，中东和北非政坛出现突变。全球政治局势又出现 18 世纪初期的欧洲殖民地风格。西方国家打着“西方文明”的旗号，喊着为非洲及中东带去“民主”的口号，派兵到非洲及中东宣扬西方“民主”。可是，得到西方文明的代价非常沉重，单是阿尔及利亚在这次战斗中的伤亡平民已经超过 20 万人。

以上一切的导火线是粮食价格急升，而粮食价格急升的其中一个原因是全球人口增长太快，农作物生产赶不上去，再加上天灾，粮食供应再也没有十多年前那么充足。但是，2008 年全球性粮·食价格危机的主要成因是美国滥发钞票令美元贬值、粮食价格上升。美元是中东和北非各国的主要储备货币，国家储备贬值，当然不能像以前那样购买粮食，满足人民的需要。投机者亦趁机在商品市场浑水摸鱼，推高粮食价格，大捞一笔。

美国自从“9·11”恐怖袭击之后，已经摆脱了对中东石油的依赖。2010 年的美国进口石油之中，只有 18% 来自波斯湾。如果中东仍然紧握美国石油供应的命脉，大可断绝石油供应，迫使美国降低粮食价格。可是，中东已经没有这样做的条件。美国反而紧握中东各国的粮食供应命脉。美国空袭利比亚是试探中东各国的反应，看看美国在中东和北非搞革命会有什么后果。结果，中东没有反抗的勇气和能力，只能任由欧美摆布中东及北非局势。

美国只要再印些钞票出来，再推高农产品价格，中东又会陷入乱局。到时，美军和北约军队可以任意执行“人道主义”任务，即空袭。欧美列强想要怎样的中东，就会有怎样的中东。

1.7 欧洲金融业危机

欧洲因为欧元这个死结，欧债危机持续深化及蔓延，欧元区核心国家的银行业承受颇大的压力，银行的违约保险费率持续刷新历史纪录。显示欧洲 25 家大型银行与保险公司的信用违约交换（CDS）的“iTraxx Europe Senior Financials”指数，2011 年 8 月 19 日升至 241 点，打破历史纪录。

2011 年 8 月 22 日，德意志银行将欧洲银行业及保险业的投资评级从“增持”调低至“ 中性”，并将欧洲银行业 2012 年的赢利预估下调 10% 。

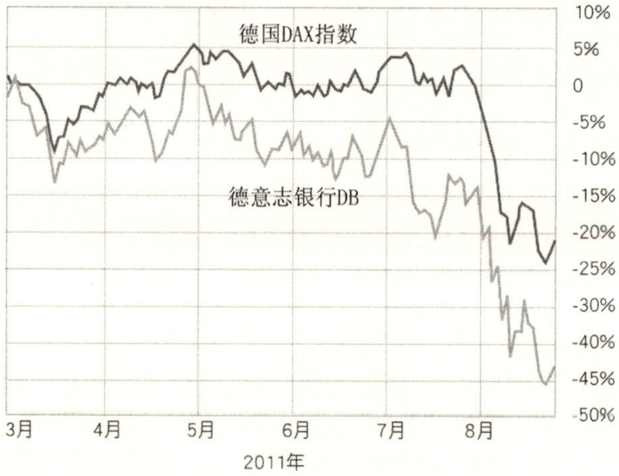

德国

德意志银行将欧洲银行业评级调至中性，即将自己的评级下调。事实上也不得不这样做。请看看德国的情况，德国 DAX 指数在 2011 年 7 月底开始的两星期内跌了 1/4，即 25%，而且是跳水式下跌。德意志银行就跌得更加惨烈，7 月初至 8 月底，跌掉大约 40% 。

不少香港人对欧洲的事情漠不关心，顶多只是看看欧洲杯球赛或者英国足总杯赛事。德意志银行股价在两个月内跌掉四成，是相当吓人的事情。但是，好戏还在后头，英国莱斯银行的情况更坏，2011 年 3 月到 8 月，股价跌掉 55%。

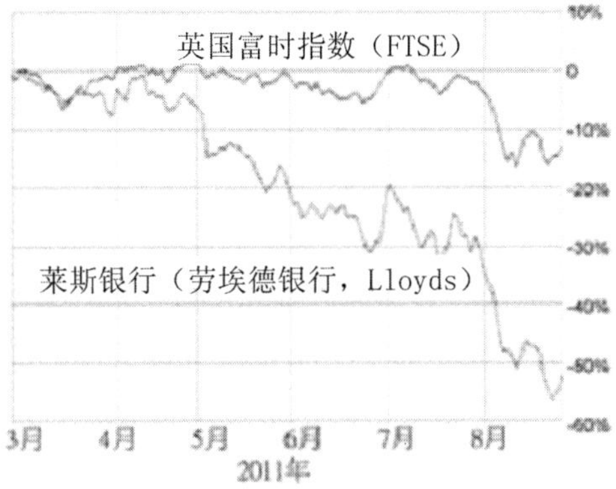

英国

英国的大型银行莱斯银行竟然在半年内股价跌掉一半多，简直是天塌下来的感觉。我们应该站高一点儿，看远一点儿，就会看得更清楚。请看下图：

莱斯银行股价走势图(LYG)

英国莱斯银行（又称劳埃德银行，Lloyds Banking Group）的股价在2007年10月1日是46.92美元，到了2011年8月25日，只剩下1.9美元。对于长线持有莱斯银行股票又没有实行止蚀的投资者来说，跌到只剩下1.9美元和股份除牌的差别不大。

由此可见，欧元区还未土崩瓦解之前，欧洲的主要银行已经支离破碎。欧元区成立时的失误是今天欧洲经济的死结和欧洲银行业的催命符。接下来会发生什么事，各位心中有数，当然不会喜剧收场。

欧洲的银行可以说是陷入全面崩溃的危机。2011年8月，欧洲央行将5亿美元借给一家欧洲银行应急。由此可见，欧洲的银行之中，有些已经无法正常经营。美国那边的情况就更加糟糕。前文已经讲述过美国主要银行受到美国楼市的影响而出现暴跌的状况。美国楼市正在恶化，销量和价格都在下跌中。欧洲有的金融业和国债问题，美国都有，一个不少，但是，欧洲没有美国的楼市隐忧。欧元区的解体问题反而促使欧元走弱，在经济差的时候，货币走弱可以帮助出口和降低失业率。欧盟虽然是一盘散沙，总比美国的党争好一点儿。

1.8 全球经济毒瘤

全球经济的毒瘤是金融业。2008年的金融风暴是金融业滥发信贷引起的经济灾难，而金融业蒙受的打击也最大。2008年9月14日，美国著名投资银行雷曼兄弟（Lehman Brothers）在美国美联储拒绝提供资金援助后提出破产申请。同一天，美林证券宣布被美国银行收购。2008年9月，全球股市大崩盘。9月16日，美联储应美国国际集团（American International Group）的要求，向它们提供高达 850 亿美元的同业信贷融资换取其 79.9% 的权益性资本。

2008 年 9 月，当时的美国总统布什和财政部长保尔森宣布7,000 亿美元救市方案，由美国政府购买已经没有流动性的房地产担保证券，即俗称的“次贷证券”。

2008 年 9 月 24 日，美国最大的存款和贷款银行华盛顿互惠被联邦存款保险公司接管，大部分资产拨到摩根大通银行。

2008 年 9 月 28 日，英国财政部援助英国主要房贷银行布拉福德—宾利银行（Bradford & Bingley）。同一日，比利时、荷兰和卢森堡政府共注资 112 亿欧元拯救富通金融集团（Fortis Group），并且将该集团部分资产国有化。

9 月 29 日，花旗银行集团并购美国的第四大银行美联银行（Wachovia Corporation）。接着，德国财政部长拯救由数家地产财务银行组成的德国住房抵押贷款银行（Hypo Real Estate），但是于 10 月 4 日终止拯救方案。冰岛政府接管了冰岛第三大银行格里特利尔银行（Glitnir Bank）。爱尔兰政府宣布担保 6 家爱尔兰银行的存款和债券，总金额 4,000 亿美元。这 6 家银行是爱尔兰联合银行（Allied Irish Banks）、爱尔兰银行（Bank of Ireland）、英爱尔兰银行（Anglo Irish Bank）、爱尔兰人寿（Irish Life and Permanent）、爱尔兰全国金融（Irish Nationwide）和 EBS 金融（EBS Building Society）。

9 月 30 日，法国、比利时和卢森堡三国政府提供 90 亿欧元的资金拯救德克夏集团（Dexia Group）。

10 月 2 日，希腊政府宣布保障该国所有银行的存款。

10 月 3 日，英国政府财政部门宣布将银行储户的存款保障总额度由 35,000 英镑提高到 50,000 英镑的政策。荷兰政府接收富通金融集团在荷兰的业务。

10 月 6 日，冰岛货币冰岛克朗对欧元的汇率贬值 30%。冰岛国民银行（Landsbanki Islands hf）和格里特利尔银行（Glitnir Bank）被冰岛政府接管。同时，政府也对冰岛最大的银行（Kaupthing Bank）提供解决方案。丹麦、奥地利、德国、爱尔兰和希腊替国内的银行存款做担保。

德国总理安格拉·多罗特亚·梅克尔宣布政府会对德国私有银行的所有存款进行保障。

10 月 7 日，冰岛金融监督管理局接管冰岛国家银行。俄罗斯总统宣布对国内银行提供 360 亿美元的纾困计划。台湾地区将存款保障金额度提高两倍至新台币 300 万元，欧盟提高存款保障金额至 5 万欧元。荷兰、西班牙和比利时政府提高存款保障金上限至 10 万欧元。

10 月 8 日，英国政府注资 250 亿英镑给以下金融机构：艾比国民银行（Abbey National）、巴克莱银行（Barclays Bank）、哈利法克斯银行（HBOS）、汇丰银行（HSBC）、劳埃德银行（Lloyds TSB）、全国房产协会（National Association of Realtors）、苏格兰皇家银行集团（Royal Bank of Scotland Group）和渣打银行（Standard Chartered Group）。其他金融机构会有另外的 250 亿英镑纾困计划，计划中的金融机构包括在英国设立分行的外国银行。美国美联储提供 378 亿美元信贷给美国国际集团，援助该集团的总金额达到 850 亿美元。

10 月 9 日，冰岛金融监督管理局接管冰岛国内最大的银行考普兴银行（Kaupthing Bank）。

到了这个时候，全球股市大崩盘，不少大规模金融机构资不抵债。各国政府忙于动用税纳人的钱去拯救那些扰乱全球金融秩序的金融机构。而金融机构的主管人员则拿走纳税人的钱，作为自己的离职金和分红。金融机构的首席执行官趁着自己搞出来的金融危机敛财，可以说是低贱和厚颜无耻。福布斯发布2009年十大贪婪无耻首席执行官名单，就让我们来看看他们中的金融业首席执行官是怎样的贪婪无耻。

第一名：美国投资银行高盛（Goldman Sachs）的董事长兼首席执行官劳埃德·布兰克芬（Lloyd Blankfein）称自己是“做神的工作”的银行家［2009年11月《伦敦星期日时报》（*Sunday Times of London*）］。2007年，他的薪酬高达7,300万美元，2008年亦有2,500万美元。

第二名：2008年第四季，美林集团（Merrill Lynch）亏损153亿美元，首席执行官约翰·泰恩（John Thain）提前于2008年12月向公司高管发放超过36亿美元的奖金，往年是2009年1月才发放。2009年1月，美林被美国银行（Bank of America）收购。

第六名：2009年9月，美国国际集团金融产品部门的主管人员在集团资不抵债、股东的投资几乎化为乌有、又接受了美国政府将近2,000亿美元的援助的情况下，居然攫取了1.65亿美元的留任奖金。爱德华·李迪（Edward Liddy）还为发放这笔天文数字的留任奖金辩护。

1.9 全球金融业危机四伏

2011年9月，希腊政府表示，政府的资金只能够维持至10月，情况非常危急。在破产边缘的希腊指望德国出手相救的时候，德国国会反而做好希腊违约的准备。如果希腊真的出现主权违约，欧元区的主要国家都会受到严重打击。德国持有希腊债相当于德国国内生产总值的1%，法国更是国内生产总值的2%。单看这样的希腊债与本国国内生产总值比例，可能不够吓人，最要命的是其他欧洲债会跟着希腊债出事。欧洲债是欧洲五国的债务简称。“PIIGS”是欧元区5个国家葡萄牙、意大利、爱尔兰、希腊和西班牙的名称缩写。欧洲债的规模比希腊债大得多，绝对可以拖垮整个欧元区国家的主要银行。

银行以放款业务为主，即将钱借出去。银行承担的风险是无法收回借出去的资金。假设银行的资本总额不变，银行放贷越多，持有的债务就越多，风险就越大。笔者评估银行的风险是用银行持有的债务总额相对银行资本的比率。可是，这一次，我要用银行持有的债务总额相对宗主国国内生产总值的比例，因为这样做就可以明白，一旦银行出事，宗主国有没有能力拯救这些银行。

根据2010年初的数字，美国三大银行，即美银、摩根大通和花旗集团，持有的总债务约6万亿美元，约占美国国内生产总值的40%。2008年9月美国投资银行雷曼兄弟倒闭事件引来金融风暴，几乎击垮全球经济。当时，雷曼兄弟持有的总债务只是6,000亿美元，约占美国国内生产总值的4%。美国政府当然有能力啃下雷曼的坏账，而实际结果也是由美国政府啃掉这些坏账。

德国的德意志银行持有债务高达德国国内生产总值的84%。如果你认为德意志银行的放债额太夸张，那么，你就要看看法国。法国三大银行，即法国巴黎银行、法国兴业银行、法国农业信贷银行，持有的总债务为47,000亿欧元，等于法国国内生产总值的2.5倍。法国三大银行放债额大到连法国政府都啃不下，不必等到希腊出现主权违约，法国三大银行已经陷入困境。2011 年 9 月 14 日，穆迪调低法国农业信贷银行和法国兴业银行的长期信贷评级，法国巴黎银行也被列入观察名单。

2011 年 10 月 10 日，法国比利时德克夏银行的董事会批准比利时、法国和卢森堡政府提出的救助方案——向比利时政府出售该行比利时子公司，实行国有化；将卢森堡子公司出售给包括卢森堡政府在内的投资团体；将法国子公司与法国国有金融机构合并。简单地说，德克夏银行被拆散。不少传媒将德克夏称为第一家阵亡的欧洲银行。

法国银行业的放债规模太大，美国的银行也有它自己的困难，可以说是家家有本难念的经。2011 年 9 月 13 日，美国联邦存款保险公司要求美国的大规模银行写下“遗嘱”，办理后事。“遗嘱”内容是银行业务、资产和负债，欠下其他金融机构多少钱，有多少资本可以用来应付风险等。如果监管机构不满意“遗嘱”，美国政府有权替这些银行办理“善终服务”，即接收银行和将银行拆散。美国政府摆明是作最坏的打算。那么，美国政府为何担心美国的银行出事？

美国银行业还要面对天文数字的索赔官司，例如，美国银行于 2011 年 7 月为一宗房屋抵押贷款官司支付 85 亿美元和解费用。接着，美国国际集团就价值 280 亿美元按揭抵押债务证券的投资控告美银，要求赔偿 100 亿美元。针对各大银行的房屋抵押贷款官司一宗接一宗，可以说是没完没了。索赔金额简直是天文数字。美国的银行业可以说是永无宁日。

请看看以下的美国联邦法院索赔官司宗数表。数字来自美国联邦法院的公开资料（Court Electronic Records）。

机构名称	2010年	2009年	2008年	2007年
通用电器	9,359	12,356	20,498	3,887
固特异轮胎	4,989	14,393	13,330	2,661
美国银行	3,285	2,569	1,196	775
富国银行	3,092	2,428	1,413	969
丰田汽车	1,873	154	185	158
沃尔玛	1,672	1,765	1,452	1,538
摩根大通	1,150	1,149	471	275
通用汽车	299	1,817	2,524	2,331
摩根士丹利	261	405	273	236
高盛	180	115	105	79
合众银行	59	74	19	25

以上11家机构是被控告索赔官司最多的机构，超过一半是银行，而且官司的宗数年年递增。相反的，工业类机构被控的官司数字大幅度减少，只有丰田汽车例外。

美国联邦政府对美国金融机构绝不客气，美国50个州的州检察长要求各大银行赔偿最少200亿美元。美国联邦住屋融资局（FHFA）又控告美国17家银行出售房屋抵押贷款证券给两房的时候有虚假陈述，索赔数百亿美元。

美国银行业的最大忧患是美国楼市恶化。虽然次贷危机已成过去，但是，美国的银行仍然是次贷毒债未清，美国各大银行的账簿上仍然有大量次贷毒债。只要楼市恶化，房屋抵押贷款变成坏账，美国的银行就会有撇不完的坏账，情况和2008年相似。

美国楼市恶化是不争的事实，2011年9月初的消息显示2011年8月，美国金融机构发出的首次断供通知书，比7月上升33%，是4年以来最大升幅。就是说，2011年8月的断供情况比金融风暴最猛烈的时候还要严重。

2011 年 8 月 23 日，美国股市在一连串恶劣的楼市数据公布之后急升，道指上升 3%。似乎美国市场对美国楼市持续低迷感到麻木。楼市患感冒，银行股会害上肺炎。这次升市之中，美国银行（纽约交易所，代号 BAC）股价逆市大跌超过 1.8%。美国银行股价由 2011 年 3 月开始到 8 月 23 日，跌幅超过一半。这样的银行股走势似曾相识，2008 年的时候曾经有一面之缘。楼市刚刚出现危机，银行的危机就跟着来了。2011 年 8 月 25 日，正当美银水深火热的时候，美国股神巴菲特与美银达成协议。巴菲特以每股 7.142857 美元的价格购入 7 亿股美银普通股的认股权证。这些认股权证可在这项交易完成之日起 10 年时间里的任何时候整体或部分行使。美国银行从这些优先股和认股权证中获得了总购买价为 50 亿美元现金。巴菲特这项投资是否能够获利，尚待时间证明。我有一个很严肃的问题，为何美银要向巴菲特借钱，而且要支付年利率 6%？美银为何不向最高贴现率只有 1.25% 的美联储贴现窗借钱？再说，美银是全美国最大规模的银行，总资产值超过 27,000 亿美元，50 亿美元只是区区一小笔金额。同时，美银更出售一直持有的建行股份套现。美银的资金需求为何如此告急？我的个人感觉是美银除了要支付天文数字的房屋抵押贷款官司和解费用之外，还有其他资金需求。汇丰银行的情况和美银差不多，资金需求极大，有可能是这两家银行持有的次贷证券质素劣化，急需资金填补缺口。

所有做美国次贷生意的银行都要自己替自己做手术，例如，收购美国最大的按揭借贷商 Countrywide 的美银在 2011 年宣布裁员 4 万人，关闭数千家分行。买入家居国际（Household International）成为美国次贷银主的汇丰银行裁员 3 万人，即时关闭数百家纽约市分行。

接着，汇丰要出售业务，收缩规模，退出东欧等新兴市场。汇丰卖完美国信用卡业务之后，出售亚太区一般保险业务。即使仍然赚大钱的香港汇丰银行也要裁员 3,000 人。

这些银行做的自残手术无法令评级机构满意，2011 年 9 月 21 日，评级机构穆迪调低美银、花旗和富国银行的评级。消息传出之后，美银股价大跌 4%。

2011 年是银行股的狗脸岁月，银行股应该和大市同步才对。可是，银行股不争气，跑输大市一大截。我不是用金融风暴之前的高位计算，而是用金融风暴完结之后的 2010 年 9 月为起点。跌得最惨的不是法国的银行股，而是曾经做美国次贷生意的美银和汇丰。2010 年 9 月至 2011 年 9 月，德意志银行相对德国法兰克福“DAX”指数下跌约三成。同一时期，法国巴黎银行相对法国“CAC”指数亦跌掉三成。

汇丰控股相对香港的恒生指数跌掉四成。香港股民对汇丰控股情有独钟，多次为汇丰控股筑起血肉长城为汇丰控股“护价”。香港股民的一大死穴是忽视外围因素，而且对经济信息毫不关心。曾经有过不少股民批评我写的财经书不够“实用”。他们要求的财经书是说个股票代号、目标价和入市价，其他的不用说。曾有人力推汇丰控股，香港股民盲目入市。结果，汇丰控股由高位约 150 港元暴跌至 33 港元。到执笔时，2011 年 9 月，汇丰控股股价约 61 港元，全力支持汇丰控股的香港股民可以说是欲哭无泪。

如果各位留意一下海外新闻，就会发现英国政府想将英国汇丰银行拆散，美国的汇丰银行早就被拆至散无可散，只剩下零售银行业务。美国汇丰已经完全退出贷款业务。这样的情况下，还要在汇丰控股股价不停下跌的时候买入汇控股份，应该说是不够明智。香港股民为何不冷静下来想一想才入市呢？一年之内，输掉大市一半的股份还值得追捧吗?

美银跌得更惨，相对道指跌掉一半。华尔街大户和香港股民不同，华尔街大户不会对银行股有感情。银行是靠信用做生意，如果银行股相对高峰期下跌超过九成或者不停地下跌，跌到投资者心慌意乱，这个银行股就有可能被股票交易所主板摘牌，永不超生。美国股神巴菲特出资 50 亿美元拯救美银的时候，美银相对 2006 年高位跌掉八成多，到了极其危险的程度，随时会被交易所踢走。

除了逆市大跌的美银之外，跑赢大市一大截的花旗银行股价亦是和美银不相伯仲。8 月 23 日，花旗银行股价上升超过 4.8%，明显跑赢大市，但是，花旗银行的半年股价由 45 美元下跌至只有 26 美元，和美银基本相差无几。

已经在金融风暴中收归国有的房利美，情况也是水深火热。2011 年 8 月 5 日，房利美宣布第二季度亏蚀“仅仅”29 亿美元。房利美跑到美国财政部要求 51 亿美元援助。这次是房利美连续第 11 季跑到财政部要钱，累计索取 1,038 亿美元。

相信金融风暴第二波和 2008 年的金融风暴一样，是由金融业的倒闭潮引起。欧、美、日的金融业没有在 2008 年的金融风暴中恢复过来，而且欧美债务危机拖累的主要是银行和保险业，欧美日金融业有可能全盘崩溃。各国政府在 2008 年金融风暴已经接管了不少银行，还有不少半接管银行。相信金融风暴第二波也是一样，政府不接收的银行和保险公司只有倒闭这一条出路。各国政府为了保持金融业稳定，被迫接管资不抵债的银行，用纳税人的血汗钱弥补金融业巨子闯下的弥天大祸。正是因为这个原因，美国人咽不下这口气，搞出了占据华尔街的抗争，口号是“华尔街得到救助，我们却被出卖”。

[第二章]

世纪党争引起的信贷风暴

2011年4月20日，奥巴马到访加州湾区帕洛阿尔托（Palo Alto）市，我和四位茶党的人去他演说的地方“欢迎”他。当时，我在现场和另一位茶党成员撑起茶党的横幅。现场只有十多位茶党成员，大多是年老退休的人和家庭主妇。

2.1 奥巴马没有胆量

2011年4月20日，奥巴马到访加州湾区帕洛阿尔托（Palo Alto）市，我和四位茶党的人去他演说的地方“欢迎”他。当时，我在现场和另一位茶党成员撑起茶党的横幅。现场只有十多位茶党成员，大多是年老退休的人和家庭主妇。奥巴马的车队竟然绕道走后门，避开我们。当时我还向着远方的车队大叫“Chicken in Chief（小鸡总司令）”，嘲笑他没有胆量。组织这次示威的茶党负责人早就说过奥巴马会避开我们，因为一年前，他们在旧金山市示威时，奥巴马走地下通道避开茶党的示威者。

奥巴马低估茶党的力量。但是，茶党的人也明白奥巴马的弱点，那就是奥巴马胆小如鼠。要在政治角力中取胜，一定要了解对手的弱点，茶党议员就是明白奥巴马的弱点，所以成功压制了奥巴马，令奥巴马最终要答应共和党98%的要求。这是共和党的众议院议长博纳在8月2日达成协议之后说的风凉话。

2009年，奥巴马上台之后，用手段架空共和党，并趁着民主党同时控制两院和白宫，以省钱方案形式通过全民医保法案。民主党控制的国会知道无法取得法定的六成赞成票，不能通过《医保改革法案》，所以奥巴马就用省钱方案——只要半数议员赞成就可以通过。他将花费巨大的医保法说成是省钱方案，结果是医保法得到通过。试问，为 3,000 多万没有能力买医疗保险的美国人买保险，如何能省钱？奥巴马的谎言根本是将共和党人看成傻子。奥巴马成为美国历史上首位自罗斯福总统之后改革医疗福利的美国总统。但是，事情还未完结，好戏还在后头。

2010 年 3 月 23 日，奥巴马签署医改法案仅仅 7 分钟，美国 13 个州的州检察长便联手提出诉讼，以“侵犯州权”等为理由控告《医保改革法案》违反宪法。检察官们担心联邦政府没有足够的资金推行医改法案，最终由州政府解决资金，令州政府破产。其后，另外 13 个州政府加入，变成 26 个州政府叛变，联合拒绝执行医保法案。经过多场官司之后，联邦法院判决《医保改革法案》违宪。但是，奥巴马仍然硬上。

共和党人不是好欺负的政客。2010 年中期大选，共和党夺回众院多数党的优势，誓言截断全民医保法案的财源。两院无法达成共识，于是财政预算案拖拖拉拉。过去 30 年，美国出现三次临时财政预算案，每次只是同一财政年度出现一个临时预算案。可是，2011 年财政年度竟有 7 个短期临时预算案！战况之激烈，可以说是史无前例。

4 月，众议院拒绝通过奥巴马的庞大赤字预算，美国政府随时关门。奥巴马到最后一刻让步，放弃《医保改革法案》的拨款要求。缺乏胆识是奥巴马的政治死穴，只要对手坚持一下，表现得绝不妥协，他就会让步。奥巴马被共和党议员取笑为傻瓜，又被民主党议员讥笑为无能。接着，他又一次缠上出生的疑问，这件事已经搞了 3

年，还是没完没了。2011 年 5 月，奥巴马通过白宫网站发放的出生证书被指为伪造。于是，控告奥巴马无资格担任总统的官司再起。

2011 年 8 月 12 日，上诉法院判定《医保改革法案》违宪。美国政府不可以硬性规定每个美国人都要买医疗保险，否则予以处罚。奥巴马在民主党的全力支持下推行的全民医保计划终于以法院裁定违宪而宣告彻底失败。虽然美国联邦政府可以上诉，但是 2012 年大选之前不会结案。

2.2 国债上限之争是党争

奥巴马上任之前，曾经承诺会将布什总统的赤字减半。布什离任时的年度赤字是 4,000 多亿美元。就是说，奥巴马承诺将联邦赤字减到每年 2,000 多亿美元。他上任后，每年赤字都是约 14,000 亿美元。2011 年 6 月，美国国债超过 143,000 亿美元的上限。美国国债在奥巴马 50 岁生日那天突破国内生产总值，成为美国历史上首位创造国债超过国内生产总值和国债上限的总统。奥巴马面对这份 50 岁生日大礼真是啼笑皆非。

2011 年 4 月，美国财政部长说 5 月 16 日之前不提高国债上限，财政部就要用特别手段避免美国破产，最多只能够维持 8 个星期。那就是说，提高国债上限的限期是 7 月 8 日。7 月 8 日过了之后，美国没有破产。美国财政部长将提高国债上限日期推迟至 2011 年 8 月 2 日。最后达成协议的日期是 7 月 22 日。

2006 年 3 月 16 日，布什政府要求国会提高国债上限。一位刚上任不久的民主党参议员猛烈批评布什政府。他说讨论提高美国国债上限代表着领导失败。提高美国国债上限会削弱美国在国内及国际社会的实力。“华盛顿政府将现在不明智的决定交给我们的子女和孙儿去承担责任。”当日，他和几乎所有出席会议的民主党议员投票反对提高国债上限。这位参议员的名字叫奥巴马。2011 年，奥巴马上任之后大力主张提高国债上限。

民主党反对提高国债上限，共和党赞成。这样的局面一直维持到 2009 年 1 月奥巴马上任之后，两党的立场对调。几乎是同一批共和党参议员，2006 年投票赞成提高国债上限，2011 年坚决反对。民主党议员亦是 2006 年几乎全体投反对票，2011 年却全体竭力主张提高上限。这样的情况像是足球比赛那样，上半场之后换场再打，攻防互易。执政党主张增加政府开支，提高国债上限；反对党坚持削减开支。这件事很明显是政治斗争。

2.3 营造国债危机

美国财长早在 2011 年 1 月警告国债上限将至，奥巴马全无反应。2011 年 2 月 14 日，奥巴马向国会提交 2012 财政年度联邦政府预算案，计划开支连续第四年超过 37,000 亿美元。最讽刺的事情是奥巴马说，这份预算案能帮助他兑现任期结束时把联邦财政赤字减半的承诺。言下之意，他的庞大赤字财政预算案会成功削赤。2 月，共和党人拒绝接受奥巴马 2012 年财政预算案，除非奥巴马大幅削减联邦政府开支。奥巴马却要求国会无条件提高国债上限。3 月，共和党人明确地表示不会支持 2012 年财政预算案。奥巴马仍然是装聋作哑。4 月，美国财政部长再次警告国债上限将至，奥巴马表现得满不在乎。4 月中，众议院通过共和党人提出的 2012 年财政预算案，计划 10 年内削减政府开支 44,000 亿美元，而且改革美国医疗福利。

奥巴马反对这方案，另外，这个方案也没有可能在民主党支持的参议院通过。

2011 年 5 月 25 日，奥巴马的 2012 年财政预算案在参议院表决，出席的 97 位参议员全部投反对票，连一票支持都没有。根据江湖传闻，美国财政部长因为竭力阻拦奥巴马无效而表示有意辞职。几天之后，美国国会再往奥巴马的伤口上擦盐。奥巴马主张以不削减开支、单纯增加收入来处理国债上限。共和党人将奥巴马的主张写成方案。5 月 31 日，众议院投票，竟然有 82 位民主党议员倒戈相向，和共和党议员站在同一阵线反对奥巴马主张的提高国债上限方法。

5 月，副总统拜登、众议院议长博纳及众议院多数党领袖肯特闭门会谈。5 月拖到 6 月底的国债上限谈判，只是由副总统主持。美国在 6 月 16 日已经超越国债上限，财政部运用特殊措施履行付款职责。到了这时候，美国国债上限的谈判出现了危机。奥巴马的如意算盘是营造危机，故意让副总统谈不拢，接着自己走出来提出“大买卖”方案，双方稍作让步，达成协议化解危机，以此表现自己的政治手段和魅力。6 月 23 日，共和党议员肯特愤然退出谈判，副总统宣布与共和党谈判失败。6 月 30 日，奥巴马在国会破口大骂在座的国会议员，说他们做事比不上自己的两位女儿。7 月初，奥巴马亲自主持谈判，他一开口就是节省 4 万亿美元的 10 年大计。副总统拜登和共和党领袖谈判一个多月，只是个近亿的计划。到了最后关头，奥巴马却突然交出宏图大计。

共和党坚决反对加税，奥巴马就跟共和党人玩文字游戏。奥巴马不用“加税”这个名词，转为“堵塞税务漏洞”、“增加收入”、“税务改革”，其实就是加税。共和党人不是奥巴马心目中的傻子，当然不会接受。奥巴马转为玩数字游戏，推出 10 年减 4 万亿赤字的减债长远大计，即今日花钱，日后减赤。共和党亦不接受。

2011 年 7 月 7 日，奥巴马和众议院议长博纳秘密开会之后，宣布向共和党让步，并答应削减社会保障及医疗福利开支。这一天，奥巴马高调表示自己用惊人的魅力和了不起的谈判技巧独自化解了一场可怕的政治风波。本来，奥巴马的计划是在这一天终结这场政治危机小把戏，开开心心地在舞台上扮演大英雄。谁知道，这一天是一场真真正正的政治危机的开始。

奥巴马高兴得太早了，他的欢笑维持了不到一天就被佩洛西泼了冷水。7 月 8 日，众议院民主党领袖佩洛西代表民主党众议员公开表示反对削减福利。那就是说，佩洛西告诉奥巴马，你不能代表民主党向共和党屈服。

众议院议长博纳的处境也差不多。7 月 9 日，博纳说不可以接受大幅度提高国债上限，即他和奥巴马达成的秘密协议得不到共和党议员的支持。

奥巴马眼看限期一天天迫近，于是开始恐吓美国选民。7 月 12 日，奥巴马说如果不按期提高国债上限，8 月份的社会安全保障金支票就有可能无法寄出去。他摆明恐吓选民，迫使共和党人屈服。共和党人立即建议给总统权力借 25,000 亿美元，只要花钱超过借钱就可以。共和党人摆明看扁奥巴马没有省钱方案。参议院共和党领袖麦康奈尔（Mitch McConnell）不客气地说，只要奥巴马还坐在白宫，就不会有机会达成国债协议。

7 月 13 日，奥巴马和国会领袖开会，发表会议结束陈词的时候，多数党众议院领袖肯特三次打断奥巴马的话。奥巴马一气之下愤然离场，谈判破裂。

奥巴马期望正在拿社会安全金的美国人会恐慌起来，怎料到他们非常冷静。因为社会安全金是财政预算案之外的基金，所以国债上限是否提高，不应该影响美国政府发放社会安全金。奥巴马见恐吓的做法行不通，只有回到谈判桌上，跟共和党领袖讨价还价。

7 月 14 日，评级机构标普威胁要调低美国主权信贷评级。

奥巴马唯有用他最后一招——全国电视演说来推销他的加税方案。结果是反应很差，大部分美国人不赞成奥巴马的方案。

7 月 22 日，众议院议长博纳和奥巴马开会讨论提高国债上限，最后博纳拂袖而去。7 月 23 日晚上，奥巴马召开记者招待会怒斥共和党人什么都反对。博纳也不客气，立即召开记者招待会，反咬奥巴马一口，说他说过的话不认账。

奥巴马被茶党摸到死穴，胆量不够，在这场危机边缘角力之中，奥巴马匆忙抽身而退，答应了几乎所有共和党人的要求。7 月 31 日，奥巴马宣布与国会领袖达成协议，分两个阶段提高国债上限。首阶段提高国债上限 9,000 亿美元，并且削减开支 9,170 亿美元。2011 年 11 月底之前，国会的小组会提议削赤 15,000 亿美元，得到国会通过之后，国债上限亦会提高 15,000 亿美元。这份协议没有他一直强烈主张的加税规定。

民主党人虽然不满奥巴马向共和党作出的让步，但是危机迫近，选择只有两个——接受这个丧权辱党的方案，或者美国政府破产。最终，民主党参议员在没有其他选择的情况下投票赞成。

8 月 1 日，奥巴马让步的方案得到参议院通过。8 月 2 日，方案得到众议院通过，并且立即得到奥巴马签署成为法令。美国国债上限在众议院和参议院得到通过，但是，请看看众议院的表决情况。民主党众议员 193 人之中，只有 95 人投赞成票，连一半都没有。奥巴马在党内的支持度低至这么惨淡的程度，证明他的投降行动没有得到大多数民主党众议员的支持。

奥巴马的危机政治失败，原因是错误估计形势。他没有想到2010年中期大选中胜出的数十位属于茶党的共和党议员有那么强大的力量，更加没有想到自己的支持度会低至全无政治影响力。

8月3日，奥巴马在芝加哥阿拉贡歌舞厅举行豪华生日派对和音乐会。他收到一份大礼——美国国债超越国内生产总值。这是1947年以来的第一次。奥巴马成为战后首位国债超产值的总统。8月6日星期六，传来美国信贷评级下调的坏消息。标普将美国70年历史的AAA顶级信用评级撤了下来。奥巴马突然之间成为美国“三大”元首——战后首位国债超产值总统、首位丢了AAA主权信用评级总统、首位同时被两党排挤的总统。在美国国会，他自称“寡人”是最恰当的事情。

2.4 惨遭滑铁卢

奥巴马惨遭滑铁卢的原因有很多方面，包括处理经济事务不当、挥霍无度、每天忙着演说，不做总统应做的事情。但是，在提高国债上限的政治角力中，奥巴马惨败的原因是忽略了急速崛起的茶党。

奥巴马上任之后疯狂花钱，目的是要争取选民支持。民主党以工会和公职人员为主，例如，拥有180万会员的服务业雇员国际工会（SEIU），会员的大部分收入来自政府开支。奥巴马的最大支持族群是美国黑人，以社会最低层的人为主，属于真真正正的草根阶层。这些人之中很多人是只收取福利，并不纳税。增加福利，尤其是医疗福利，可以令奥巴马的这群支持者开心起来。奥巴马因此不愿意削减开支，又不愿意削减福利。在不能节流的情况下要削减赤字，只可以开源，即加税。

茶党之所以被称为茶党，因为他们的名称是“TEA（茶）”，全名是“Tax Enough Already（已经纳了足够的税）”。共和党人跟民主党人不同，他们之中，很多是商人和中产阶级，以纳税人为主。共和党人一直主张减税，共和党内的茶党更是减税激进派。

谈到反加税，很多人以为是维护富人和大机构的利益。增加税收和福利被认为是均富的做法，将有钱人的钱送到穷人的口袋去。其实那是错误的想法。向石油公司多抽点儿税，看来合情合理，但是，石油公司不是慈善机构，他们付多点儿税，汽油价钱就会贵一点儿。政府抽多少税，汽油就会加多少，汽油价格的增幅会转嫁到消费者身上，结果是由平民百姓负担石油公司的增加税项。

向大企业加税也有问题，因为大企业税款支出增加就会减少开支，维持合理利润和派息，否则，股东就会减持股票，令股价大跌。大企业唯一可以节省的开支就是员工薪酬，加税就是提高裁员数字，提高失业率。

茶党的另一反对加税原因是豪泽（Hauser）法则。根据豪泽法则，无论美国税率是多少，战后美国的税收大约维持在国内生产总值的19.5%。历史数据证实了豪泽法则的准确性。1952—1953年，最高个人入息税率达到92%。1988—1990年，这个税率跌到仅仅28%。但是，税收由战后开始，一直维持在国内生产总值大约的19%，没有因为税率下调而令税收下降。就是说，即使奥巴马成功提高富人税，美国政府的税收也不会相应增加，仍然维持在国内生产总值的15%左右。

奥巴马提高富人税的主张得不到共和党人的同意，亦得不到民主党议员的支持。对于很多民主党议员来说，黑人选民支持的是黑人，不是自己，所以对于争取基层黑人选民支持毫无兴趣。民主党议员既然不期望得到草根阶层的黑人支持，又明知加税是天大难事，削减福利开支才是皆大欢喜的做法。

奥巴马的最大挫败在于没有胆量，到了危机边缘的时候，他没有胆量跟共和党来真的，反而向对方举白旗。事实上，共和党也不想承担提高国债上限谈判失败、引起经济大灾难的责任。如果双方坚持下去，互不相让，谁胜谁败真的难以预料。

2.5 新能源丑闻

很多人以为美国政治清廉，那只是误解。奥巴马的新能源丑闻比起中国任何的贪污丑闻有过之而无不及。首先，这是美国最高领导人出卖美国人利益换取政治本钱的丑闻。2011 年 9 月 20 日，美国国会众议院司法委员会（House Judiciary Committee）主席、共和党众议员史密斯（Lamar Smith）发信给检察总长侯德（Eric Holder），要求委任独立审查员调查索林佐（Solyndra）丑闻，看其是否涉及白宫因为优待捐款给奥巴马的人而催促能源部尽快批出贷款。如果各位不知道这封信有什么意义，我可以简单地解释一下，那是弹劾程序的第一步。众议院司法委员会是负责执行弹劾联邦政府官员的组织，即便是弹劾总统他们都办得到。同一天，众议院监管及政府改革委员会（House Oversight and Government Reform Committee）主席、共和党众议员伊萨（Darrell Issa）告诉《华盛顿日报》（*Washington Journal*），他的委员会正在调查奥巴马政府与索林佐、光平方（LightSquared）及其他公司的关系。光平方是奥巴马的另一丑闻，该公司的通信系统干扰美国军方的全球定位系统，奥巴马政府向一位将军施压令他无法提出投诉。这家公司的大股东是捐款给奥巴马竞选的主要人物之一。

2008 年，奥巴马竞选的时候，扬言会创造 500 万新能源工作职位。他上任之后一个月签署 7,870 亿美元的 2009 年美国复兴及再投资法案，创造就业方法就是大搞新能源。这个法案批出去的第一笔贷款就是通过能源部发给加州东湾费蒙市太阳能发电管生产工厂索林佐，金额是 5.35 亿美元。

索林佐的贷款是直接来自联邦政府，由联邦融资银行（FFB）支付，担保也是来自联邦政府。早在批出贷款之前，核数师已经说该公司有严重财政困难。2011 年 1 月，该公司陷于破产边缘，奥巴马政府竟然再批 7,500 万美元贷款。原来，共和党人一直在监视这件事，有电邮显示奥巴马架空审批过程，加速审批。索林佐破产前的会议，奥巴马派人出席。

现在让我们看看索林佐的业务是如何糟糕。太阳能发电板通常是平面而且有方向性，索林佐生产的太阳能发电管是管状，像是 3 英寸光管那样，几十条排成一个平面，发电效能极低，要以 360 度吸收太阳能补偿发电效能差的缺点。由于索林佐的太阳能发电组件要 360 度没有遮挡，所以使用上有很大的限制。另外，造价贵也是一大致命伤。以同样的发电量计算，一个项目使用中国发电元件的造价假定是 10 万美元，使用美国发电元件的造价是 12 万美元，使用索林佐发电元件的造价是 60 万美元，售价却只有 20 万～30 万美元。由此可见，索林佐的竞争力不要说在国际市场上，即使在美国本土市场也是差到难以想象。索林佐的工厂在 2011 年 2 月才正式投产，不足一年就倒闭。其间，只进行过约 1,000 个项目，全部都是亏本的大减价生意。

索林佐既然没有赚钱条件，为何还要硬上？主要原因是有美国政府投入大量资金和有机会公开招股，将这盘绝对亏本生意转手卖给市场上的傻瓜赚钱。美国的安然就是很好的例子，亏本生意也可以让老板赚大钱。问题是美国证券监管委员会（SEC）吃过安然的苦头，学乖了，没有让索林佐财政困难时公开招股。2010 年 5 月，索林佐筹备紧急会议公开招股，因为公司从来没有盈利记录而遇到困难。奥巴马立即赶到加州费蒙市的索林佐访问，对索林佐赞不绝口，时间上真的非常配合。贵为美国总统，听到小小一家企业的呼唤就立即放下国家大事，由华盛顿飞到加州，还要开腔力挺，确实是天下奇闻。

2010 年 5 月，奥巴马在索林佐工厂发表演说：“真正的经济增长动力，任何时候都是来自好像索林佐这样的公司（The true engine of economic growth will always be companies like Solyndra）。”奥巴马说这番话的时候，市场上已经盛传索林佐资金周转不灵，随时会破产。美国总统奥巴马说那番极其浮夸的大话时不脸红，也是一绝。

奥巴马在工厂时还说：“这就是美国的未来。”如果奥巴马这番话是当真的，那他认为美国很快就要破产。

为何奥巴马在他的 2011 年就业法案中不再以新能源为创造就业机会的火车头？因为 9 月 2 日，即奥巴马全国电视广播宣布 4,470 亿美元的就业法案大计的前几日，索林佐宣布倒闭，即时解雇全部 1,100 名员工。倒闭的时候，公司持有的全部现金少到不够买一个三明治。美国纳税人应该是血本无归，损失超过 5 亿美元。

索林佐的最大股东是凯沙（George Kaiser），持股量 39%。他是奥巴马 2008 年竞选的重要资助人，捐了很多钱给奥巴马，又替奥巴马筹集捐款。索林佐得到的美国政府贷款是超低息，只有大约 1%，低过其他新能源项目贷款的利息。根据美国国会截获的电邮，白宫要求管理及财政预算办公室（OMB）立即批出贷款，而管理及财政预算办公室则要求多一点儿时间完成审批程序。最终，审批程序没有完成，超过5亿美元的贷款就批了出去。

奥巴马全国电视演说，宣布他的就业大计的时候，美国联邦调查局（FBI）突然搜查索林佐，带走很多文件。有报道说，美国能源部批贷款担保的时候，可能特别优待捐钱给奥巴马的人。这起案件，美国国会、美国财政部、美国联邦调查局一起调查。2011年10月6日，能源部贷款计划负责人乔纳森·西尔沃（Jonathan Silver）宣布辞职。10月13日，索林佐执行长布赖恩·哈里森（Brian Harrison）亦宣布辞职。

奥巴马的创造500万个新能源工作职位的雄图大计进行得不顺利。新能源大计进行两年半，创造500万个新能源工作职位的承诺没有实现，50万个做不到，连5万个也做不到。2011年8月，美国出现战后第一次没有新增工作职位，非常明显，美国经济正在急速衰退。奥巴马大力赞赏的新能源火车头索林佐收下政府5.35亿美元资金之后两年便宣布倒闭。

很多人担心奥巴马的《美国就业法案》如何得到资金，我却担心法案的资金是如何运用的。索林佐的黑金贷款只是冰山一角。奥巴马花掉7,870亿美元的振兴法案，除了国债上限危机之外，得到的只是美国主权评级下调。如果奥巴马再这样花冤枉钱，美国经济一定崩溃，美元也会跟着美国经济崩溃。

索林佐事件对奥巴马的《美国就业法案》（*American Job Act*）极其重要，因为奥巴马受到丑闻影响，已经失去几乎全部民主党人的支持，选民亦不支持这项法案。这项4,470亿美元的振兴计划可以说因为索林佐而泡汤。奥巴马输掉的政治本钱可以说是难以想象的。2011 年 9 月的国会补选中，内华达州和纽约州选出共和党人代表。这是纽约州 90 年来的第一次。纽约州的登记选民之中，民主党选民和共和党选民的比例是 3:1，民主党占绝对优势，结果仍然是民主党候选人落败。从这次补选可以看出，美国选民对民主党不满，对奥巴马不满，即使民主党的最重要根据地，也要拱手让给共和党。除非有戏剧性的发展，2012 年大选的结果应该是民主党惨败。

[第三章]

国债和国债上限

美国的政治体制是由国会执掌财政大权。美国宪法第一条第八部分授权国会使用美国的信贷借钱。从立国之后一直到 1917 年，美国财政预算案之外的任何开支都要事先得到国会批准。

3.1 国债的真相

美国的政治体制是由国会执掌财政大权。美国宪法第一条第八部分授权国会使用美国的信贷借钱。从立国之后一直到1917年，美国财政预算案之外的任何开支都要事先得到国会批准。美国参加第一次世界大战，国会修改1917年《第二自由债券法案》（*Second Liberty Bond Act*），让国会订立发行债券的金额上限。现在的美国国债上限的法律根据是来自1939年至1941年订立的公共债务法案（Public Debt Act）。

有些香港财经专家认为，美国提限不如撤限。但是，在美国现行的政治体系中，不可能撤掉国债上限，否则，那就是由美国的行政部门掌握财政大权。国债是美国经济极其重要的部分，因为美国的繁荣和美元的稳定性主要是来自美国的国债。因此，美国国债不断增长，国债上限也不断提高。美国自从订立国债上限之后，已经提高上限超过100次。每次提高国债上限都是手续上的问题、程序上的工作而已，从来没有碰到任何困难。自从二战后，美国的国债从来没有超越明文规定的国债上限，除了奥巴马任期时的 2009 年 12 月 16 日。当时，美国国债突破上限规定的金额，只是使用特殊会计手段继续支付应付账项。

截至 2011 年 1 月，外国人持有的美国国债约 44,500 亿美元，占公众持有总国债 94,900 亿美元的 47%，是总国债 141,000 亿美元的 32%。持有最多美国国债的国家是中国，其次是日本。日本政府为了压低日元汇价而不断买入美国国库债券，结果是日元强势依旧，上升的不是美元汇价，而是日本政府持有的美债金额。1988 年，外国政府持有的美国公共债务是总国债的 13%。到了 2007 年，这个比率上升到 25%。

投资者以前不关心美国国债有多少，市场对国债急速增加没有实质的反应。美债评级是顶级 AAA，即使国债引起市场忧虑，投资者只是将国债视为避险工具，价格不跌反升。整体上说，投资者没有因为美国的国债增加而抛售美元。

有些经济学家甚至主张增加赤字和国债来推动经济发展。他们认为在经济环境恶劣的时候，进一步增加赤字和国债反而对经济有利。国债增长确实可以推动经济发展，但是那只是初期的情况，当国债增长至某一程度，将会阻碍经济发展，甚至拖垮经济。国债增长只会带来短暂的虚假繁荣景象，从长远而言，国债会严重损害整体经济。

3.2 国债的本质

国债的本质是财政赤字的累积，财政赤字的起因是政府收入不足以应付开支。当国家出现财政赤字的时候，最根本的解决办法是增加收入、减少支出。民主社会不容许这样的事情发生，除非增加收入不会增加课税，减少支出不会减少福利。民主国家在财政赤字的情况下，如果大幅减少福利开支和增加税收，政府就会倒台，政客会失去选民支持。因此，民主国家在财政赤字严重时，反而会减税和增加福利开支，以赤字预算推动经济发展。这样做在国债规模不大时非常有效，因为国力雄厚时，国家绝对有能力发债填赤，财政赤字转为国债不会有什么问题。但是，国债已经很多或者经济情况相当恶劣时，以赤字预算推动经济发展只会增加赤字和国债，难以推动经济发展。

美国的赤字极为庞大，奥巴马上任之后，每年平均赤字 14,000 亿美元，约是美国国内生产总值的 10%。健康赤字水平应该是 3% ~4%，视各个国家的情况而定。没有足够储备的国家推行赤字预算就是用发行国债的手段将财政赤字冻结起来，将现在的支出交由后代负责，是不负责任的理财态度。选民只顾眼前的利益，不理会日后的经济问题。政客只重视眼前的选民意愿，忽视国家的长远利益。以美国为例，长时期的财政赤字并没有引起美国选民和政客的关注，奥巴马政府更将赤字和国债扩大。美国人之中有不少人反对增加赤字和国债。但是，在民主国家很难要求选民接纳加税和减少福利的政策。美国近代史中，只有克林顿总统致力于减少赤字和国债，而且取得了一点儿成绩。

国债本身是政府的付款承诺，是政府开出的欠单。基本上，任何国家在经济上的承诺都是国债。绝大部分经济学者认为国家发行钞票不算是国债。笔者不同意这样的观点。基本上，钞票是国家的兑现承诺，应该算是国债的一种。

当国家出现严重赤字又无法增加收入，最直接的解决方法是发行钞票或者债券，填补赤字。发行债券政府的偿付能力是风险，债券利息则是回报。投资者衡量风险与回报，认为回报高于风险，于是买入这些借据，即政府债券，或者称为国库债券。主权违约是政府无法履行付款责任，例如，政府无法提供已经承诺的公务员退休福利或者社会福利。

发行债券的优点是不会推高通胀，只要有人认购，发行多少都可以。发行债券的缺点是要有投资者购买债券才能顺利发债，要是债券的认购达不到理想的数量或债券的利息太高，发行债券的成本会增加日后政府的财政赤字，进一步推高国债水平，同时推高借贷利率，损害整体经济。

国债难以出售时，财政赤字严重的政府可以发行钞票，支付预算案中的赤字。发行钞票填补赤字的优点是无须任何投资者认购，无须支付任何利息。发行钞票的缺点是减低钞票的价值，推高通胀。从个人的角度去看，政府发行更多钞票等同于政府掠夺个人私有财产。量化宽松政策是政府发行钞票、夺取私有财产之后，将财产重新分配。所以，量化宽松可以改变经济状况，甚至解决一些迫切的经济问题。可怕的情况是，政府夺取太多私有财产令国家民穷财尽，经济就会一蹶不振。美国的情况差不多就是这样。

债务本身是借用别人的财产，日后要偿还。发行钞票则是取用别人的财产，日后无须偿还。从这个角度去看，美国政府发行钞票填补赤字是要由全球持有美元资产的国家和个人承担美国的赤字。过去数十年，美国利用美元的国际储备及贸易货币地位，有系统地把美国财赤和国债转移到其他国家去，可以说是掠夺其他国家的财富。

欧元区的情况也是一样，通过国债和赤字预算，把欧元区外其他国家的财富转为欧元区内的财富。当一个国家采用美元或者欧元作为储备货币，变相地承担了美国或者欧元区的国债，承担了这些地区的赤字。以中国为例，执笔时，中国拥有约 12,000 亿美元国债。只要美元贬值 10%，中国就要损失掉 1,200 亿美元，美国就会赚到那 1,200 亿美元，所以我们将这样的财富转移称为“铸币税”。

因为美国的国库债券和钞票跟财政赤字有微妙的关系，所以美国的发钞和发行国库债券机构都是美联储。

当国家缺乏储备时，通胀和利率有直接关系，因为通胀是货币贬值的速度，要是利息不能抵偿货币贬值的速度，人们就不会将货币储存起来。流通货币增加会推高通胀，产生恶性循环，即货币贬值。人们拿货币出来买日用品和保值品，增加货币流通量，令货币进一步贬值。货币加快贬值速度，人们就会加快花钱的速度。所以，加快货币贬值的速度，结果会引发超级通胀。

单纯地发行大量货币不足以引发通胀，要是人们将货币存起来不买东西，通胀不会发生。政府发行大量货币，同时人们将货币拿来使用才会引发通胀。所以当货币发行量太大时，利息就会上升，令更多人将钱存入银行户口，即将钞票冻结起来。利息上升，货币的流动速度就会减慢，反之，利息下降就会增加货币的流动速度。政府一边发行大量钞票，银行要为存起来的钞票支付巨额利息，企业又要为借取的贷款支付更高的利息。经济不能持续这样的状况很久，否则会引起经济衰退。

美国大量发行钞票，因为美元是避险工具，利息可以调低至接近零。这样做当然有利于美国政府继续发钞。可是，当利息长期偏低时，货币流动速度太快，就会产生资产泡沫。资产泡沫是通胀的形式之一。

美元是国际储备货币，同时又是国际贸易货币，不少国家的外汇储备中有一大部分是美元。外国政府将大量美元储存起来，因此美国发钞和发债都不会推高通胀和息率。这是美元特殊的货币地位。换做其他国家，如果有美国奥巴马在任前两年那样的占国内生产总值约10%的赤字，货币早就垮下来，超级通胀早就爆发了。

归根结底，不能兑换货币的价值只是在于人们对于货币的信心。当人们对货币失去信心，货币的价值立即归零。美元的优势是所有人对它有信心，当美元出现危机时，世界各国全力抢救，比拯救本国货币还要用心。以日本为例，2011年的最大经济问题竟然是美元贬值！当然，日本政府将之称为日元汇价急升。日元相对美元汇价急升，其实和美元相对日元汇价急跌是同一件事，只是观点与角度不同而已。日本经济在经历了大地震和海啸之后，可以说是千疮百孔、百废待兴。日本的国债规模以国内生产总值计算是美国的两倍，但是最优先处理的经济问题不是日本的内部经济问题，反而是买入大量美债，推高美元汇价。日本是出口为主的经济体系，日元汇价太强会伤害日本经济，从另一角度来看，美元汇价太弱也会伤害日本经济。另外，日本持有大量以美元计价的美国国债，日元走强也好，美元走弱也好，日本政府持有的美债在日本人心目中大幅度贬值，这是不争的事实。例如，日本在10年前持有的美债，连利息计算到了现在只有大约一半价值。那些美债是日本企业将商品卖到美国、赚到美元之后，将钱存在美国。就是说，日本人10年前卖到美国的商品，只是收下了美国人开的欠单，而且欠单以美元计价。当时出口的商品，如果现在将欠单套现，只是打了5折，日本人吃了美国人的亏。美国的国债问题变成全球经济问题，承受经济痛苦的人大都不是美国人。

聪明的日本人除了买国债之外，更买入美国的资产，主要是房产和股票。日本人认为当美元贬值的时候，美元资产会相对地升值。但这只是一相情愿的想法。一般的通胀是货币贬值，即资产或者商品相对货币升值，但是美国现在的情况是只有部分资产贬值，例如美国楼价大幅度走低，购入房产保值的日本企业比购入美国国债亏损得更加惨重。

货币相对某些资产贬值，不是相对所有资产贬值。出现这样的情况是因为货币流动速度的不平衡现象。即使政府大量发行货币，引发超级通胀，不是每一项资产都会相对货币升值，例如股票会大幅度贬值，因为企业无法在超级通胀的环境下正常经营。通胀虽然说是货币贬值，但是实际上是个别商品和资产相对货币供应增加及（或）货币流动速度增加时的特殊经济情况之下出现的价值调整。利息长期偏低会令大量资金涌入楼市和股市，产生非常独特的通胀，可以说是只出现在楼市和股市的超级通胀。人们对货币仍然有信心，物价没有跟随楼价和股价急升，只是在个别投资市场上出现超级通胀。

在不能兑换货币的制度之下，利息有上升的倾向，因为政府发行钞票全无限制，通常都会发行过多货币令利息需要上调，阻止货币流动速度加快。

通胀加剧及美元汇价下跌时，美联储会发行更多的债券来吸纳美元钞票、减少美元流通量、抑压通胀和缓解美元贬值的压力。反过来，经济出现衰退时，美联储会发行更多的美元，买入债券，增加美元流通量，企图以此推动经济。我们通常叫这样的金融操作为量化宽松。其实，国债和钞票都是流通货币，不符合量化宽松的条件。

与利息长期偏低一样，利息长期偏高也是对经济没有好处。利息高会令到企业借贷困难，增加经营成本。当美元强势、通胀温和的时候，美联储发行更多钞票，回购以前发行的债券，令利息下降。利率和通胀率是一个国家的政府运用货币政策调整经济的两项重要因素。

通过日本人在美元贬值的过程中吃亏的事例，我们知道了华尔街如何运用金融手段将外国人的资产据为己有，令美国人可以长期不事生产仍然过富裕的生活。只要日本仍然持有大量美债，只要日本的出口仍然依赖美国市场，日本人的财富就是放在美国人的口袋里。美国人钱不够花的时候，就在自己的口袋中掏些日本人的钱出来使用。美元一旦贬值，日本政府就增持美债，即补贴美国的财政赤字。

2011 年 8 月 1 日，俄罗斯总理普京表示，虽然美国自己解决了债务危机问题，但这只是推迟使用系统性解决方案，问题的根源仍然没有得到解决。他同时批评美国转嫁负担，是世界经济的“寄生虫”。

我十分赞同普京的论点，美国确实是世界经济的寄生虫。问题是全球经济都要依靠美国的货币和国债。这不是单纯的宿主和寄生虫关系，如果美国经济出事，全球经济也不会好，美国成功地控制全球经济。以日本为例，当美元贬值时，不尽力抢救美元的话，日本经济会先于美国经济崩溃。美国经济出了大问题，最先垮掉的主要经济体系是日本，而不是美国。这是 21 世纪的讽刺。

中国人看到日本人被美国人欺负的惨状，极力保持人民币不是世界性流通货币的特殊地位。中国是全球第二大经济体系，中国的货币竟然不是全球性流通货币，确实是匪夷所思。欧美各国无法利用金融手段推高人民币汇价，于是利用政治压力，企图令人民币升值。中国则反过来利用贸易赤字作为保持人民币汇价的理据，即中国将赚来的钱大量买入外国提供的商品，抵消外贸盈余。2010 年 4 月，中国公布 3 月贸易赤字高达 72 亿美元。中国出现贸易赤字的消息有助于增强中国对抗人民币升值的政治压力。中国海关公布，2010 年 3 月份出口比去年同期上升 24.3%，总额 1,121 亿美元，进口则上升 66%，达 1,193 亿美元。老实说，要一个贸易出现赤字的国家提高货币汇率，确实说不过去。中国免除了增持美债的风险，但是全球商品价格就要跟着中国的金融策略走，节节上升。

3.3 国债对经济的影响

国债上升会增加钞票发行量，继而推低货币价值，加快货币流动速度。同一时间，利息上升令企业经营困难。所有国家都尽可能以发行国债的方法冻结赤字，防止上述情况的出现。发行国债不代表赤字的问题已经解决。但是，很多人因此对赤字不以为意，误以为只要发行国债就可以令赤字一笔勾销。

发行国债之后，政府要负担国债的利息。不要看轻这个利息的问题，当国债不停地增加，利息的支出随时可以超越政府的总收入。国债高企的国家和地区都有高税率的问题，原因就是要利用增加税收这个手段，压低国债利息支出相对政府收入的比例。不少负债累累的国家因为无法处理赤字，任由国债无止境地膨胀。到了这个时候，国债成为无法解决的经济死结，只能深陷泥潭，越陷越深。最终，无法了结的国债会演变成货币改革，即放弃旧货币，发行新货币，重新启动国家经济。

不可避免地，国债会推高利率和税率，不利于经济发展。国债高的国家有失业率恶化的共通点。那是因为国债越高，经营环境越困难，也越容易导致企业裁员。国债高企的情况下，货币出现信心问题，汇率波动而且有外国货币净流出的风险。国债可以拖垮整个金融业和货币系统。最恶劣的情况竟然是主权违约，即国家无法履行国债的还款规定。

以不能兑换货币的系统来说，政府可以毫无限制地发行货币，绝对不会出现主权违约的情况，除非政府发行钞票受到某些限制，例如，欧元区成员国发行欧元有相当多的限制。

能够随意发行货币的国家，如果真的无法履行付款责任，将会处于过度发行货币和主权违约的两难处境。如果滥发货币，利率急升，发债会遇到很大的困难。以过度发行货币的方法支付国债并非良策，因为货币发行太多，货币大幅度贬值，国债会立即失去吸引力，国家将无法继续推行赤字预算，并被迫缩减政府开支，引发社会不安。而且，利率太高，投资者恐怕国家进行货币改革，即发行新的货币，取代旧货币，无论利率再加多少，仍然不会买入这个国家的国债。

美国的情况并非如此，当金融危机出现的时候，即使问题出在美国本身，美债都会变成资金避难所，美债息口反而下调。正是因为这个原因，每当美国赤字失控，金融市场立即混乱起来。美债息口被压到接近零，如果将美元价值下跌的因素计算在内，将真金白银借给美国政府挥霍，收不到利息，反而要向美国政府支付暂时储存钱财的费用。再以日本政府为例，自从战后，日本政府持有的美债都是亏本（美元贬值幅度高过美债支付的利息），贴钱给美国政府才能将钱借给美国政府花费，美国政府越穷困，日本政府支付的费用就越高。

美国出现主权违约的话，其他国家的经济立即陷入困局，美国自身反而不会受到严重影响。美国眼下的失业率高企和楼价持续下跌并非受到主权违约、美元贬值或者国债太多的影响而出现的现象。基本上，美国不必举债。美国缺钱的时候，有钱的国家除了自动将钱送上门之外，借钱给美国政府时还要给美国政府补贴。

当然，美国再这样下去，最终会出现超级通胀。美国国债失控的最终结局应该是超级通胀和货币改革，持有美债的国家将会损失惨重。美国的损失嘛……其实没有损失，肯定还有巨额收益。

美国要求中国提高人民币汇率政策不是因为人民币汇率太低，打击美国制造业，而是想让中国补贴美国赤字。即使人民币升值20%，美国仍然不可能把轻工业产品卖到中国，中国却仍然会有大量商品卖到美国去。人民币升值只会令美国贸易赤字和通胀恶化，贸易赤字无从改善。即使人民币真的升值至美国人不想买中国货，美国人大不了从其他工资比较便宜的地方采购，商品的产地仍然不会是美国。1999 年以来，美元相对欧元贬值 40%，但是，美国对欧洲的贸易赤字没有重大改变。由此可见，人民币升值不会改变美国对华贸易赤字。

3.4 白宫的经济政策失误

美元的价值取决于美国的经济情况，美国的经济情况又取决于美国的经济政策。美国的经济政策是由支离破碎的白宫经济顾问团策划的。奥巴马的经济学识相当差，他的团队又是乌合之众，当然无法担此重任。

美国政府碰到经济问题就立条法例，投数千亿美元去振兴一下，以为这样做就可以拯救美国经济。事情当然没有那么简单。2009 年振兴经济方案推出的时候，美国的失业率是 7.3%。到了 2011 年，执笔的时候，失业率是 9.1%。奥巴马花了 6,666 亿美元去创造就业职位，失业率却飙升了 2%。

白宫承认，2009 年的 7,870 亿美元振兴经济计划，在创造就业方面花费 6,666 亿美元，创造职位 240 万个。这 240 万个就业职位是白宫想当然的数目，没有任何确凿的数据。依照白宫想当然的数字推算，每创造一个就业职位的成本高达 278,000 美元，成为古往今来最昂贵的创造就业计划。

奥巴马及他的经济团队并没有学乖，仍然走他们的大撒金钱振兴经济之道，妄想可以立条法例、搞些税务优惠，工作职位就会突然大幅度增加。2010 年 2 月，奥巴马提出的 38,000 亿美元 2011 年财政预算案包括耗资 300 亿美元的创造就业计划、雇主每新增一个工作职位就可以得到 5,000 美元的税务优惠等。奥巴马的这项创造就业计划确实有奥巴马的个性，肯扔钱出去，而且扔很多，但是，扔钱是完全盲目的。创造就业职位是要有市场需求配合才行，不是雇主看到有 5,000 美元税务优惠就去聘请雇员。

奥巴马见到失业率上升，于是让联邦政府大量招聘人手，企图利用政府聘人的方法解决失业问题。联邦雇员人数在奥巴马上任之后两年增加约 20 万人，占联邦政府总雇员人数约 8%。美国有很多部门需要增加人手，例如专利局人手不足，申请专利要等 3 年半才能批出来。专利申请关乎经济动力，应该增聘人手。可惜专利局聘人的要求极高，所以招聘不顺利，无论怎样缺人，无论怎样招聘都是职位空缺。奥巴马增加的联邦政府雇员大都是容易聘请的非急需人手，和他一样整天开会、高谈阔论。这可能是物以类聚的缘故吧。

2011 年 8 月 8 日，美国公布失业率为 9.1%，下跌 0.1%。本来失业率下跌是个好消息，但是 8 月 4 日路透社报道，美国邮政局宣布第三季亏损 31 亿美元，警告有机会破产。自从 2007 年开始，美国邮局开始亏损。过去 5 年，邮局的经营情况越来越差，邮政局和政府完全没有想办法改变邮局经营模式，只是狂加邮费。2005 年，我寄一件小东西到美国其他地方，邮费只是 35 美分。2011 年，邮费暴增至 1.71 美元。在美国加州，寄一件小东西到同一条街的某个地方，甚至贵过寄到加拿大。由此可见，美国邮政局滥加邮费的疯狂程度。

美国邮局宣布严重亏损的同时，公布计划关闭的邮局清单。清单分为 12 份，每份有很多页。计划关闭的邮局总数有 3,700 家，再加上星期六不派信，我估计裁员人数约 20 万人。我的计算是连同兼职和临时工。对于总雇员人数 60 万人的美国邮政局来说，裁员 10 万人、8 万人，甚至 20 万人都不是什么大问题，但是对美国经济来说，那就是大灾难。这可能是美国历史上最大规模的单一裁员事件，肯定会令美国失业和就业不足情况急速恶化。

参考资料

美国计划关闭邮局的清单：
http：//www. inquisitr. com/31878/usps-publishes-proposed-post-office-closure-list/

美国政府一方面极力创造就业机会，另一方面，为了让接受美国政府资助的企业减少亏损，要求企业裁员。2009 年 3 月 30 日，美国政府拒绝了通用汽车（General Motors）的重组计划，并要求通用汽车执行长兼董事长华高纳（Rick Wagoner）立即辞职，华高纳同意。美国总统奥巴马于 3 月 30 日宣布给新的通用汽车执行长亨特森

（Fritz Henderson）60天时间呈交重组计划。很多不是住在美国的人对于美国政府的做法没有异议，甚至认为华高纳早就应该辞职。

可是，美国人的见解则完全不同，华高纳是因为拒绝大刀阔斧地裁员而被白宫踢走的。在数十万美国汽车业工人心目中，华高纳以大局为重，一心一意保住汽车工人的工作职位，诚恳地和工会谈判。至于通用汽车的困境，那不是汽车工人的错，错在华尔街那些银行执行长和美国政府监管不力。美国政府向金融机构注资超过5,600亿美元，还让那些搞出祸事的银行执行长保住饭碗，以及收取优厚的分红，甚至请他们到白宫商讨如何处理金融危机。通用汽车只是拿了美国政府百多亿美元，执行长和一半董事被踢走，换上主张裁员的人。美国汽车业工人咽不下这口气。有位工人接受记者访问时，眼泛泪光地质问：为何要踢走我们的力克（华高纳的爱称），却留下那些银行执行长？那样做不公平！我们做错了什么事？

如果要让通用汽车收支平衡，约70%的工人会即时失掉工作。要是真的出现那样可怕的情况，民怨难息之外，大量工人失业，对美国经济也没有好处。华高纳一向主张缓慢地裁员，希望能够保住工作岗位，等待经济复苏。美国政府却要速战速决，立即关闭生产线及裁员。工会虽然在国会山没有势力，但是美国始终是民主社会，只要工会得到同情，国会必然投向民意。经济危机当前，美国政府不应该激起民怨，更加不应该与人多势众的工会搞对抗。

花钱买职位的想法本身已经荒谬，每年做一次就更加莫名其妙。这样的经济团队中，可能是没有人才。很奇怪，美国不缺乏经济人才，街上有很多懂得做买卖的人，华尔街偏偏只有骗子，白宫只有傻子。外国人却以为华尔街的骗子有信用，又以为白宫的傻子有智慧。

奥巴马的经济政策令美国的失业情况持续恶化，经济搞得更糟，更难以复苏。如果家庭收入减少或债务太多，第一件应该做的事情是减少开支，偿还债务和减少利息开支。美国政府却以增加开支作为拯救美国经济的主要政策。美国国债在未来10年内会突破25万亿美元，远远超过美国的国民生产总值14万亿美元。试问增加开支如何能够拯救美国经济？

30年代，美国国债微不足道，而且美国的基础建设不足，罗斯福总统增加政府开支推动经济是切实可行的方法。再说，罗斯福的政策为国家带来生机，给美国人更好的生活，可是大萧条仍然挥之不去。大萧条在第二次世界大战爆发之后才完结。

花钱振兴经济是个有趣的课题。市场上有大量资金本身不是健康的现象。美国经过两轮量化宽松，楼价仍然低迷，失业率仍然高企。宽松出来的钱都跑到商品市场去，股市是升了一段时间。但是，2011年8月8日道指收市的时候只有10,809点，倒退到2009年10月的水平。用黄金计算价格，2011年8月的股价比金融风暴时期还要低。这两轮振兴经济不出现的话，股市的情况也差不多是这个样子。

3.5 楼市支持措施

经济影响楼市，楼市又反过来影响消费市场和政府税收。这样恶性循环下去，恐怕会出现全球经济大萧条。为此，各国政府都极力拯救楼市。其中最重要的国家可以说是美国，因为美国楼市是全球金融风暴的始作俑者。

美国总统奥巴马的2,750亿美元楼市振兴计划没有针对楼市问题，连治标都谈不上。该计划只照顾欠款金额高于房产价值5%的房屋抵押贷款。2009年，大多数的美国房屋抵押贷款欠款金额高于房产价值的50%。

美国政府的拯救楼市措施不多，最重要的可说是2009年3月5日正式生效的750亿美元的“置业者承担能力及稳定计划（The Homeowner Affordability and Stability Plan）”。计划让负责任的供楼人可以得到低息房屋抵押贷款（低至只有年息2%）及向房屋抵押贷款的法拍屋主提供重组房屋抵押贷款的优惠。

这个计划以失败收场，联邦银行监管员（Federal Banking Regulators）于2008年12月的报告指出，53%的供楼人在房屋抵押贷款修改之后6个月再次断供。这个计划和彻底失败的2008年10月开始的“置业者希望计划（HOPE for Homeowners）”相似。结果也应该相似，即彻底失败。2008年12月17日，房屋及市区发展秘书长（HUD Secretary）史蒂夫·柏利士顿（Steve Preston）在《华盛顿邮报》（*Washington Post*）撰文声明置业者希望计划已经失败。计划推行两个多月，只收到312份申请。

金融业业内人士对于置业者承担能力及稳定计划感到忧虑和极度不安，因为该计划强制私人贷款的放款人根据政府的规定修改放款条件，违反自由市场原则。

另外，还有民主党人提出的议案。2009年3月5日，美国众议院通过议案让法官可以在破产法庭把供楼人的房屋抵押贷款债务降至供楼人可负担的水平，目的是减少法拍屋主收楼。这样做等同于法庭强制债务重组，虽然有利稳定楼市，对法拍屋主却极为不利。银行对这样的议案非常不满，极力反对这项法案成为法律。2009年

5 月 20 日，美国国会通过《2009 年协助家庭保护居所法案》（*Helping Families Save Their Homes Act of* 2009）。法案虽然得到国会通过成为法令，但是法律条文没有声明破产法庭的法官有权减少供楼人的房屋抵押贷款债务至供楼人可负担的水平。

美国的楼市困境不是立条法例就可以解决，美国政府需要当机立断，大刀阔斧地改革美国房屋抵押贷款制度、关闭“两房”、重新订立房屋抵押贷款准则等。可是，奥巴马政府的“改革”只是空谈，嘴里不停说改革，破烂制度仍然存在，官僚主义一点儿都没有改变。

最近，美国政府实行特别措施，将大量断供单位以 1,000 个的批发方式卖给出租物业公司，将这些物业从物业市场上撤出来，只租不卖。这样做有两个好处，楼市供应减少，楼价会上升。很多地区的租金昂贵，影响当地居民的消费，直接打击零售业，增加失业率。将断供物业放进租务市场可以压低楼价，改善地区经济。问题是，这样的措施来得太慢，做得太低调，对市场的实质影响很小。

3.6 楼市祸害不断蔓延

2011 年 6 月，美国银行因为房屋抵押贷款官司而支付 85 亿美元和解费用，令美国银行出现单一季度 91 亿美元的巨大亏损。美国银行股价反而劲升，并且带动整个金融板块上升。2011 年 8 月，美国银行被美国国际集团控告，要求赔偿 100 亿美元。这也是一场房屋抵押贷款官司，但是，这一次和上次不同，美国银行在消息传出之后，即 2011 年 8 月 8 日，单日股价跌掉 18%。

美国银行的房屋抵押贷款官司不绝，再这样和解下去，整个美国银行和解掉也说不定。相对“两房”，美国银行的处境已经很不错了。2011 年 8 月 5 日，房利美宣布第二季亏损“仅仅”29 亿美元。房利美跑到美国财政部要求 51 亿美元援助。这次是房利美连续第 11 季跑到财政部要钱，累计索取 1,038 亿美元。美国财政部当然感到难以顾及。但是，两房，即房利美和房地美是房屋抵押贷款担保公司，没有它们的担保，美国供楼费用将会急升，而且房屋抵押贷款难以取得。美国楼价将会因为少了“两房”而大幅下跌。美国政府当然不会去冒这个险，于是变成“两房”的黄大仙，只要“两房”伸手要钱就有求必应，而且立即依照“两房”索款金额，一次性付清，绝不含糊。“两房”的亏蚀是来自房屋抵押贷款断供的赔款，而断供的原因是失业情况加剧，以及市政府处理失业情况失误令失业拖累楼价。楼价下跌，影响消费市场，又反过来推高失业率。

失业问题会衍生很多经济问题，例如，楼价下跌、露宿和治安情况恶化。反过来，治安和卫生情况又会影响楼价。美国的地方政府不懂得处理露宿和失业问题，结果出现失业拖累经济，经济拖累失业的恶性循环。我有个很好的例子。2011 年 8 月 5 日，加州电视新闻报道旧金山市市郊靠近旧金山市海滩的路上停着很多汽车房屋，无家可归的人栖身车里。汽车露宿情况严重，市政府的解决办法是在路上立路牌写明晚上 10 时至早上 6 时在车上住宿是犯法行为。这些人不想在车里居住，只是没有房子又不想露宿街头。市政府说这样做是犯法，他们仍然没有房子，仍然要在汽车住宿。市政府派警察去发警告信和驱赶他们，这些汽车房屋就由街头开到街尾去。无论他们走去哪里，还是在汽车上住宿，问题没有解决，反而浪费警力。街上随处可见无家可归的人，又见到很多空置房屋。非常明显，这是政策失误，而且情况不断恶化。这个地区的楼价因为环境差而不停地下跌，楼价下跌令市政府的物业税减少。地区经济陷入恶性循环。

3.7 社会福利失控

可能有人认为社会福利失控不是什么经济灾难，充其量只是政府花了一点点钱而已。2007 年 2 月，美国有 261 万人使用粮食券（Food Stamps）。2008 年 2 月是 277 万人，2009 年 4 月 1 日数字增加到 322 万人，约占美国总人口 1%。2011 年 5 月，即奥巴马上任之后两年半，使用粮食券的人口增加至 440 万人，比奥巴马上任的时候增加了约 125 万人。奥巴马是个了不起的创贫总统，在任的时候，每日增加赤贫人口 2 万人。在首都华盛顿，超过 1/5 的人口使用粮食券。

粮食券计划是美国主要的反饥饿计划，协助穷人购买粮食。现在已经改名为“补助营养援助计划”（Supplemental Nutrition Assistance Program，SNAP）。2009 年 1 月的粮食券福利是每人约 112 美元，2009 年 11 月，增加至每人约 133 美元。美国总统奥巴马签署了振兴经济计划之后，粮食券的补助金额增加约 13%。以 4 人家庭计算，每月增加的金额约 80 美元。奥巴马为何要增加粮食券的援助金额？原因是粮食价格急涨，很多依靠粮食券购买食物的人都无法得到足够粮食。2007 年 3 月至 2008 年 3 月，一加仑鲜奶的价格由 3 美元增加至 3.8 美元，一打鸡蛋售价由 1.6 美元增加至 2.2 美元，而且几乎所有粮食的价格都急升。

美国每年的粮食券计划耗资 2,000 亿美元。这 2,000 亿美元只是单一福利计划粮食券的开支。金融风暴之下，美国的社会福利开支不断增加，对于整体经济构成了负面影响。

可能各位也听说过美国的婴儿潮（Baby Boom），这 7,700 万在婴儿潮时期出生的人，在 2010 年开始有资格取得退休福利和联邦政府或州政府的医疗福利。估计到了 2050 年，各项医疗福利的开支会由 2008 年国内生产总值的 8.4% 增加至 18.6%，约 28,000 亿美元。若要增加税收弥补福利开支，每个美国家庭要加税至 12,000 美元。

关于社会福利开支的问题，虽然迫切性不及处理金融业坏账，但是它的破坏力比金融风暴更强劲。美国的福利开支，尤其是联邦政府的医疗福利开支，增长率长时间高于国民生产总值的增长率，即花钱在福利的速度超过赚钱的速度，这是美国经济的死结之一。除了削减福利之外，应该没有解决办法。即使金融风暴不拖垮美国经济，到了 2015 年，社会福利开支的灾难也会浮现出来，美国经济会再次陷入危机。

3.8 民主制度的死结

2009 年，美国 50 个州之中有 30 个州的州政府面临破产。不少州政府向联邦政府要求贷款。联邦政府本身也债台高筑，自身难保。各位可能会问，美国这个国家到底出了什么问题？看看加州的实例，就会明白美国民主制度的死结。

2009 年年初，美国加州的州政府已经实质上破产。加州的委任级公务员，包括州长阿诺、法官和议员等人早就收欠单作为工资，其他公务员因为雇用合约而必须支付金钱作为工资。政府没有足够的金钱，除了搁置州政府的各项计划外，还大幅度裁员 2 万人，留下来的公务员也要“享受无薪假期”。“Furlough”即“无薪假期”，是加州人最不想见到的字眼。美国加州宣布非紧急服务类的州政府部门，由2009年2月6日开始每个月的第一及第三个星期五停止办公。受影响的州政府公务员约有20万人。2009年4月6日、7日、8日和9日图书馆停止服务。连图书馆职员也要放无薪假期。

2007年，加州的税收是1,025亿美元，2008年只有875亿美元。估计，2009年的税收会进一步萎缩。税收大幅度减少，但是2008年度的州政府开支却大幅度增加102亿美元。2009年度的赤字估计高达420亿美元。各位一定会奇怪，为何加州的州政府在税收减少时还要增加开支？那是因为美国奉行民主体制，州政府的政策受制于议会中的民选议员。加州公民要求增加福利和减税，议员明知这样做会令州政府破产，但还是会顺从民意，为的是个人政治前途。例如，减少汽车登记费和增加老人医疗福利，确实是全民赞成。在民主社会，政客都明白民意不可违的道理。这是民主体制的死结，民意与国家利益有冲突时，民意占优，结果是损害了国家利益。

州政府除了财政困难之外，还有财政预算案引起的争执导致州政府停止运作。2011年7月1日至20日，明尼苏达州的州政府因为州长和州议会无法就财政预算案达成协议而停止运作。

市政府的财政情况比加州的州政府更差，我住的亚拉美达市位于旧金山市湾内的离岛，有很多海滩。我的客厅对着亚拉美达海滩，由客厅的阳台走到海滩上只要1分钟。2011年，5月30日，一位神经有问题的男人，走到水中，一直走到海面贴着嘴巴才停下来。消防员很快就来到海滩上，十几位警察和消防员站在海边几小时，望着这个男人慢慢冻僵淹死。原因是市政府经费不足，这个海滩没有救生员。事实上，整个亚拉美达市的海滩都没有救生员。全市消防员没有接受过落水救人的训练，所以不能下水救人。救援直升机只有一架，又去做其他事情了。海岸巡逻队的大船又因为水太浅，无法到岸边救人。这还不算惨。那个人淹死之后，浮在海面上几小时，没有人收尸。最后由一位好心肠的18岁女孩子将死尸拖上岸。这件事成为美国全国新闻，到了6月中仍然有电视台到这里采访。7月底，《亚拉美达日报》头条报道这件事的前因后果。事件发生之后，亚拉美达市议会拨款4万美元，让6位消防员接受落水救人训练。原来，亚拉美达市消防员协会早在2009年警告市政府，全市消防员没有落水救人训练，迟早会出事。议会明知情况如此严重，仍然无法拨款，真是穷到难以置信的地步。这件事的震撼性在于亚拉美达市一直被认为是美国加州的市政府之中的小康政府，不像2007年已经宣布破产的华里豪市，或者穷到不堪的屋仑市。整个美国都是负债累累，主要原因是楼价暴跌、物业税收大幅度减少；失业率高企、企业倒闭严重。由联邦政府一直到市政府，一条龙破产；即使是公营机构，都是长期入不敷出，依靠举债度日。

3.9 失败的振兴经济方案

3.9.1 美国历史上最不吉利的方案

美国政府的7,890亿美元振兴经济方案是美国历史上最不吉利的方案，因为最关键的一票，是硬把奔丧中的孝子布朗（Sherrod Brown）拉到国会投票，结果令孝子奔丧分上下集。

民主党参议员布朗的母亲不久前去世，丧礼恰巧在参议院投票表决振兴经济方案那天，即2009年2月13日，在俄亥俄州曼斯费兹（Mansfield）举行。时间是下午2时至4时及晚上6时至8时，出殡时间是翌日，即2月14日早上。参议院的投票时间是2月13日晚上7时。布朗议员本来不会回到华盛顿投票，但是议案只有59票赞成，还差一票才够数。布朗议员虽然正在办理丧事途中，仍然要赶往机场乘搭白宫特派的专机从俄亥俄州赶赴国会山投票。投票之后又乘搭专机赶回俄亥俄州为母亲出殡。该事件显示出美国政府的分化和党派斗争的严重程度。

3.9.2 何来振兴经济巨款

被誉为美国经济重要里程碑的振兴经济方案是空头支票，美国根本没有该方案所需的资金。如果真的实行，在振兴美国经济之前可能已经震垮美国经济了。

美国的2009年及2010年财政年度联邦赤字总数估计超过3万亿美元。美国政府需要在未来两年加印3万亿美元国库债券筹集资金填补赤字，就是说每分钟要卖130万美元国债才能支付联邦赤字。在一般情况下，国债增加，这国债孳息也会增加。这令美国政府要支付天文数字的国债利孳息。即使奥巴马真的筹集到所需资金，国债孳息的负担也将会是极大的问题。

2011年8月6日，标普调低美国主权评级，主要原因是美国政府在奥巴马领导之下理财无方、赤字太多、举债太多，再加上党争不息，整体经济情况恶劣。美国的AAA顶级信贷评级丧在奥巴马之手。即使如此，美国国债竟然不愁卖不出去，两年期国库债券的利率在坏消息传出之后，跌至仅0.265%，破了1973年有历史纪录以来的最低利率。美国国库债券在市场出现信心危机的时候成为资金避难所，所以利率下降。当市场上信心回稳时，利率就会上升，到时美国能否支付国债利息是个很大的问题。执笔时，即2011年9月21日，美国国库债券息率极低，5年期债券息率只有0.861%、10年期债券息率是1.944%、30年期债券息率是3.228%。这样的债息，美国政府当然可以负担，但是，天晓得几个月之后的国债息率是多少。

3.9.3 减税不能振兴经济

振兴经济方案中，刺激美国国内消费的部分是减税2,860亿美元，约占方案总金额的1/3。2009年和2010年，95%的美国家庭将获得减税，个人可以减400美元，家庭则可减免800美元。

以笔者为例，每天因为减税得到1块1毛钱，如果水果不加价的话，仅够笔者每天吃一个橙子。竟然有不少美国人相信这每天1块1毛钱的减税可以振兴美国经济！

2009年4月1日愚人节，加州增加消费税，由7.5%增加至8.5%。这1%的消费税从每天1块1毛钱的减税撇掉约5毛钱，即只剩下6毛钱的减税，结果减税连一个橙子也买不到。

2011年，情况反过来了，奥巴马不再主张减税，却主张加富人税。减税不能振兴经济，加税只会打击经济，令本来脆弱的经济加速恶化。

如果将加州视为独立经济体系，加州的税率无论是个人课税还是企业课税，都是全世界最高的。加州有些城市的课税可以说是五花八门。加州有熟食税，如果在星巴克买杯咖啡，在店内喝是2.14美元，外卖则是1.95美元。买了外卖咖啡却在咖啡店的范围内坐下来喝，就是逃税行为。曾经看过一个电视节目，采访人员到咖啡店买了一些东西，收条上开列的各式各样税收可以说是一大笑话，喝汽水要付特别的糖饮税，喝纯果汁或者鲜奶就不用付糖饮税。店内食用有店内食用税，面包加热有加热税，熟食有熟食税。

奥巴马大谈减税，减的只是联邦税，而且减税项目之中，很多是一般人无法受惠的。地方政府就跟联邦政府对着干，千方百计加税，越加越多，越加越重。

3.9.4 基建投资不能振兴经济

振兴经济方案中只有1,200亿美元用于基建计划和科学研究投资，连同199亿美元投资在再生能源、节能项目及110亿美元用于改善美国的供电网络。总数只有1,640亿美元，占方案总金额的20%。方案的济贫部分是1,005亿美元。教育方面的“投资”是1,059亿美元。这个方案好像什么事情都要兼顾，资源分得太散，振兴经济的火力肯定不足。

经济环境恶劣时，向贫民大撒金钱当然会让总统大受欢迎。可是这样做有很大的风险，管理得不好或者资金来源出现问题时，这将会是美国的“最后的晚餐”。

奥巴马曾经指责过茶党的佩林担任阿拉斯加州州长时兴建无用大桥，即在人口稀少的地区兴建没有实际作用的大桥。奥巴马上任之后立即推行的振兴经济方案之中，基建是重要部分。振兴经济计划拨款重建一座在密苏里州横跨密苏里河支流的日久失修的1,000英尺长铁桥，耗资850万美元。这座桥是建在米拉郡的塔斯坎比亚市（Tuscumbia）。问题是塔斯坎比亚市人口只有约200人。重建这铁桥可能对该市的200人有一点儿好处，但是谈不上经济效益。这座桥最低限度还可以跨越河流，新罕布什尔（New Hampshire）交通部于2009年8月28日批出的15万美元修建桥梁工程就没有那么理想。交通部还提出修桥的理由：“让行人及自行车使用该桥，保存及创造就业职位；同时帮助经济复苏，投资交通建设。”可能交通部的人没有到当地实际考察，这座石桥只有一半，不能到对岸去。修桥工作完成之后，半截桥还是只有半截。希尔斯伯勒（Hillsborough）市的这座石桥的对岸是个住宅区，没有连接道路。这个地方根本不需要这座桥，因为 100 英尺外有一条横跨康都库克（Contoocook）河的桥梁。行人只要走几分钟就可以用另一座桥到对岸去。令人不解之处是，新罕布什尔有很多桥梁日久失修，严重缺乏资金。交通部却将资金花在一座无用的半截石桥。

参考资料

有兴趣看看这座有趣的半截石桥的话，可以点击以下链接，有照片也有短片：
http：//biggovernment. com/capitolconfidential/2010/08/10/stimu-lus-money-wasted-on-a-real-bridge-to-nowhere/

3.9.5 振兴经济方案不能解决失业问题

金融风暴引发的失业问题有如洪水猛兽，构成严重的社会问题。奥巴马的经济政策之中，最令人痛心疾首的可以说是创造就业。美国政府声称振兴经济方案可以创造或者保存 350 万份工作。事实证明，给人极高期望的振兴经济方案不能改善失业情况。美国自 2007 年年中至 2009 年 2 月中，已经失去 360 万份工作。即使振兴经济方案真的能够创造 350 万份工作，也不足以弥补已经失去的工作。

另外，该方案每创造一个就业职位要花费超过 25 万美元。可是创造的就业职位之中，不少是需要高等教育及专业训练的职位，只怕花掉 25 万美元创造出来的是一个就业空缺。美国在奥巴马的领导之下，官方失业率维持在 9% 之上。

最严重的失业问题是种族及地域之间的差别，简直是个失业死结。黑人失业率由 2010 年的 15.5% 增加至 2011 年的 16.2%。同一时期，白人失业率由 8.8% 下跌至 8%。其中一个主要原因是美国黑人有较高比例担任政府工作。美国黑人的就业人口中，有 21% 是在政府部门任职，白人的比例是 17%，拉美裔是 15%。政府部门是黑人男性的最大单一雇主。根据美国政府的全国统计，地方政府由 2008 年 9 月开始，即 2008 年 10 月股灾开始，到 2011 年 9 月的 3 年时间，已经裁掉 44.6 万人，并且计划在 2011—2012 年再裁员 50 万人。美国政府，由联邦政府一直到地方政府，连同公营机构一起裁员，而且越裁越疯，简直是就业市场大灾难。因为黑人担任政府工作的比例特别高，受到的创伤也特别大。美国黑人在次贷危机之中，也是最大的受害族群。黑人地区的楼价跌得最急，跌得最多。出现 1 美元一间屋的底特律市正是黑人地区。综合地看美国黑人的情况，一方面借债太多，另一方面失业严重，很多黑人失掉工作之后，因为无法供款，立即失去住所。这些人失业，失去栖身之处，失去自尊，失去希望。似乎这几年时间，美国黑人受到的经济冲击比其他族群严重得多。幸好，美国总统奥巴马是黑人，美国黑人在黑人总统管治之下没饭吃也不造反，这是奥巴马担任总统的唯一成功之处。如果是个白人总统，整个美国就会像希腊或者埃及动乱的时候那样。

这次金融风暴之中，美国华人受到的伤害远远低于美国黑人，因为华人聚居地的楼价没有下跌得那么多，有些地区反而是租金上升，楼价稳定而且轻微上升。华人不爱借贷，更加不愿意借取次贷，这是华人聚居地楼价没有大跌的原因。以华人聚居的美国加州湾区奥克兰市为例，这个地方离我住的亚拉美达市只是 3 分钟车程，房子由开始出售到售出的平均时间是 81 天，而且成交价只低于叫价 1%。统计日期是2011 年4 月至7 月。美国全国平均数是117 天。奥克兰市成为 2011 年全美国房地产行情最好的城市，也成为美国的头条新闻之一。

华人的失业比例远远低于黑人，官方失业率只有黑人的一半。主要原因是华人的就业模式与众不同。有点学历的华人，大都是专业人士，不愁在金融风暴之中找不到工作。没有足够学历的华人，通常在华人街的餐馆或者店铺工作，可能赚的钱少了，但是失业的概率很低。我和奥克兰唐人街的一位香港来的餐馆老板谈过，在当地，只要懂广东话或者普通话，又愿意接受最低工资，仍然可以找到工作。餐馆老板找工人也有相当大的难度。

振兴经济方案没有从根本上解决美国黑人的失业问题，只是做个样子振兴经济，所以官方失业率顽固地维持在9%之上。

3.9.6 美国银行陷于水深火热之中

振兴经济方案中没有拯救银行业的部分，拯救银行业的大任落在美国财政部长盖特纳身上。他公布的万亿美元拯救银行业计划极为复杂。这计划的重点在于拉拢私人资金买入银行的有毒资产。方法是由政府担保私募对冲基金不亏本，买入银行业内的有毒资产。这样输打赢要的生意，对冲基金当然想做，纳税人却无可避免地要为最终撇账的有毒资产埋单。

最可笑的是，盖特纳将纳税人保底的保证赚钱生意，说成是由私人资金在市场买入银行业有毒资产，向纳税人强行推销这一计划。情况有点儿像银行向客户强行推销雷曼毒债一样。

美国的银行业自从科网股泡沫爆破之后，不停地烂下去，如果你看看花旗银行的股价，就会大吃一惊。2000 年 8 月 21 日，花旗集团股价是 569 美元。到了执笔的时候，那已经是 10 年前的股价，10 年后的股价只有 25 美元。2006 年 12 月 25 日，即金融风暴之前，花旗股价仍然是高企于 557 美元。花旗集团的现价只有 5 年前的 5%，跌掉 95%！很难相信这样的股份还在纽约交易所的主板买卖，更加难以想象有投资者还去买这样的股份。

我一直这样告诫投资者，如果股价一年之内跌掉 10%，或者 3 年之内跌掉 20%，一定要找出股价下跌的原因，否则应该避险。曾经跌掉一半价值的股份，买入时要极为慎重，不要冲动。如果股份跌至高位的 10% 或者以下，不必找原因，碰也不要碰这样的股份。美国的银行股都是我认为要谨慎对待的股份。我说的谨慎是很客气的说法，其实是不值得买入的意思。

3.9.7 美国银行压力测试

2008 年开始，美国银行业出现前所未有的信心危机。美国财政部长盖特纳为了挽救银行业的信誉而实行了有名无实的银行压力测试。已经通过测试的银行和那些按照测试规定补足资本的银行，不一定能够度过下一轮金融风暴。

银行压力测试没有触及银行业问题的核心，即银行体系内的没有流通性的资产，俗称有毒资产和衍生工具。美国银行业的根本问题是风险管理不善、账簿内隐藏大量有毒资产、衍生工具、信贷质素太差和不赚钱的生意。问题的根源不在压力测试中的经济环境。

“压力测试（Stress Test）”是俗称，正式名称是“监督资本评估计划（Supervisory Capital Assessment Program）”。以假定的不良经济环境，由联邦储备局人员评价银行的经营情况和银行资本是否足够，看看第二批3,500亿美元的"不良资产纾解计划(Troubled Asset Relief Program,简称 TARP)"拨款是否足够。至 2009 年 2 月 9 日为止,美国财政部运用了该计划的 3,880 亿美元拨款中的 2,960 亿美元。其中 2,500 亿美元用于购买银行的优先股,即向银行注资。

压力测试的对象是美国 19 家最大规模的银行,它们共拥有美国银行体系内的 2/3 的资产及 1/2 的信贷债务。这些银行的资产额都超过 1,000 亿美元。

银行压力测试的假设经济情况是:假设 2009 年经济会倒退 2.2%,2010 年回升 2.1%。而更糟的情况是,假设 2009 年经济收缩 3.3%,2010 年只回升 0.5%。

在失业率方面,基本假设 2009 年会上升至 8.4%,2010 年上升至 8.8%,更坏的假设是,2009 年的失业率急升至 8.9%,2010 年再进一步上升 10.3%。在美国楼价方面,基本假设是楼价在 2009 年会下跌 14%,而最坏的假设就是 2009 年楼价会大跌 22%。

压力测试的经济情况假定太过乐观,以失业率为例,最坏的假设是 2009 年的失业率为 8.9%。实际情况是 2009 年 4 月的美国失业率已升至 8.9%,第二季的失业率可能会超过 10%。

2009 年 5 月 7 日,美联储公布压力测试的结果,显示 10 家银行需要额外资金:美国银行需要 330 亿美元、花旗需要 55 亿美元、富国需要 137 亿美元、通用汽车金融服务公司需要 115 亿美元、摩根士丹利需要 18 亿美元、区域财务需要 25 亿美元。

压力测试结果公布之后,包括美国银行和花旗银行在内的美国 4 家大规模银行宣布发售股份集资。

[第四章]

美国经济近况

自从美国股市在2009年3月之后急速反弹，美国经济复苏之声不绝于耳，而且功劳都归于奥巴马政府的振兴经济措施。

4.1 只是误报的经济复苏

自从美国股市在 2009 年 3 月之后急速反弹，美国经济复苏之声不绝于耳，而且功劳都归于奥巴马政府的振兴经济措施。2011 年 4 月 25 日，道指是 12,810 点，比 2009 年 3 月 2 日的 6,626 点升了将近一倍，所有人都以为 2009 年的振兴经济法案产生效力，美国经济强劲复苏，带动股市上升。各位不要开心得太早，因为道指只是个数字游戏，不代表美国经济实况。道指的组成只是 30 只股份，纽约股票交易所的上市股份有 2,317 只，道指绝对没有代表性。美国国际集团的股价从 2008 年 9 月 8 日的 22.76 美元下跌至 10 月 27 日的 1.35 美元，令道指下跌约 3,000 点。只是一只股票下跌就把当时的道指拖垮。

道指在 2008 年的金融风暴中，把跌得极为悲惨的道指成分股剔除，换上较有前景的股份。例如，2008 年 9 月 22 日，美国国际集团股价暴跌，它被剔除出道指成分股。2009 年 6 月 8 日，通用汽车和花旗集团亦遭到同样对待。这样的转换，直接产生道指其后两年的升势。换句话来说，不是道指大升，只是那 30 支道指成分股换成上升的股份。2,317 支股份之中找 30 支质素好的股份出来，应该没有困难。你想道指怎样上升都可以，只要换一换成分股就行。

美国真的出现过经济复苏吗？我在美国实地观察的结果是美国经济不曾复苏过。美国加州萨克拉门托市，市中心的空置商铺是一条街连着一条街，情况非常恐怖。我曾经带 Now TV 的采访队到萨克拉门托市实地取景，那里的萧条情况连见过不少大场面的财经记者也吓了一跳。失业情况和物业断供情况也是持续恶化。柏克街（Park Street）的丰田汽车代理店早在 2010 年我搬到那里的时候，已经倒闭。2011 年 5 月，我居住的加州亚拉美达市，市中心的旧车买卖公司出现倒闭潮，由街头一直倒闭到街尾。餐厅内的顾客人数明显减少。最严重的是我的住所附近的一个很大的商场名叫市镇中心（Town Center）。当地居民戏称为“鬼城中心（Ghost Town Center）”，因为里面的空店铺多到像个鬼城。2010 年 3 月，我搬到那里的时候，这个商场只是有点儿不够旺场的感觉。2011 年开始急速恶化。这样的情况就像是有人说某电影破了票房最高纪录，但是你到戏院去看看，只有很少人看这电影，买票也不必排队。经过深入研究美国经济数据，我早就在 2011 年初确定美国在金融风暴之后不曾有过经济复苏。

2009 年 5 月中，美国的经济情况仍然糟糕。美国的地产公司（Realty Trac）的数字显示 2009 年 4 月的美国银主收楼宗数对比上一年度同期上升 32%，总数超过 34 万住户收到银主收楼通知。美国楼市的恶劣情况持续，而且早在意料之中。美国失业数字不断上升，楼市不可能出现像美国股市 3 月初开始至 5 月初的 31% 的急速反弹。

虽然市场盛传美国经济复苏，但是，到了 2011 年 8 月 4 日，标普20城市住宅价格指数（Standard & Poor Case Shiller 20 City Home Price Index）公布的第二季数字显示，下跌3.2%。美国楼价不停下跌，奥巴马的振兴经济方案没有给楼市带来巨大的正面冲击，却令美国国债金额暴涨。

我在网上找到一座豪宅的成交记录，豪宅的地址是13320 Mulholland DR，Beverly Hills，CA 90210，位于加州比华利山，占地32,230平方英尺，楼面面积9375平方英尺，有5间卧室、7间厕所。放盘日期是2011年8月1日，叫价420万美元。这座豪宅的价格记录是2010年6月1日转手时690万美元。美国的两年超低利率没有刺激楼价向上，两轮量化宽松再加上奥巴马振兴经济方案，楼价仍然向下调整。

2009年4月的零售数字下跌0.4%，显示美国人仍然受到失业、收入下降及资产贬值的影响而减少消费。2009年1月和2月的消费增加只是年初退税的结果。2009年的平均退税额是2,700美元。全美国纳税人收到的退税是一笔相当大的数目，当然可以刺激消费。3月和4月的零售数字下降，原因除了消费者紧缩消费之外，零售数字和退税高峰期2月份相比，下降得更明显。美国的消费放缓情况一直维持到2011年年中。5月份，美国零售销售数字下跌0.2%。7月份的个人储蓄比6月份高6.4%。由此可见，美国人的消费模式有所转变，开始精打细算，增加储蓄。根据美国税务局的数字，2008年至2009年，有200万纳税人不再报税。

分析家认为，奥巴马的7,870亿美元振兴经济方案会在2009年中开始对经济有正面影响。笔者完全不同意这些专家的意见。每户每星期得到的振兴经济款项只有17美元，如果有作用的话，也对整体经济的作用不大。期望这17块钱可以令美国经济起死回生、股市楼市复苏，是异想天开。2011 年 8 月，美国主权评级被标普调降之后，美国陷入衰退危机。由此可见，奥巴马的 7,870 亿美元振兴经济方案没有带来预期的效果。

美国加州在 2009 年 4 月 1 日愚人节，增加消费税，由 7.5% 加至 8.5%。有些加州城市的消费税超过 10%。另外邮费也已经在 5 月初加价。奥巴马提出 580 亿美元的加税计划。州政府和市政府不停地加税和减少服务，肯定抵消了振兴经济方案的效果。

2009 年 4 月的美国失业率是 8.9%，总失业人口超过 1,300 万人，领取失业福利的人数是 634 万。失业情况应该会和楼市一样，持续恶化。2011 年 7 月，失业率升至 9.1%。美国总统奥巴马的政策只是大撒金钱，2009 年 5 月 10 日，他的雄心壮志又起，当国债超过 11 万亿美元，2009 年联邦赤字 18,000 亿美元的情况下，不但没有想过要实质性减少政府开支，反而大搞全民医疗保险，10 年内花费 15,000 亿美元，简直是自寻死路。

4.2 美国银行业资不抵债

金融机构的有毒资产最初是来自次贷证券，银行业没有将账簿上的有毒资产撇除，让这些没有流通性的有毒资产留在银行账簿内。这些有毒资产像是癌细胞一样有传染性，污染银行账簿内的良好资产，令良好资产出现毒性，最终造成全球金融业陷入一体化的危机之中。次贷证券的毒性和传染性来自它的隐藏方式，次贷证券是人类史上最复杂的金融衍生工具。首先，它不是资产，而是债务。将债务包装成资产已经错误，还将它评为顶级证券，更将它渗入其他衍生工具之中，将它隐藏起来。香港的银行客户买入的雷曼迷你债券，其实是次贷证券的结构性票据，只是包装成债券那样出售给银行客户。

从2009年开始，有毒资产包括优惠级按揭贷款、商业贷款、信用卡呆坏账和一些已经没有流通性的证券。国际货币基金组织（International Money Fund，IMF）于2009年3月估计全球金融机构有毒资产的金额高达4万亿美元，较1月原先估计2.2万亿美元大幅提高81.8%。估计全球金融机构有毒资产规模高达4万亿美元，欧洲和亚洲占9,000亿美元，美国占3.1万亿美元。

由于次贷和信用卡债务的证券和衍生工具泛滥，夹杂在其他证券或者投资工具之中，连国际货币基金组织也严重地错误估计有毒资产的规模。银行业本身不想清理有毒资产，因为银行知道这些有毒资产一旦从资产损益表中扣除或者以实际价值入账，银行就会资不抵债。为此，银行都想将有毒资产掩盖起来，不让外界知道实情。

美国财政部为了搞清如何向银行体系注资，要求美国19家最大规模的银行进行压力测试，看看这些银行在可能出现的恶劣环境中，资产和债务出现什么变化。2009年4月初，美国财政部长盖特纳突然要求银行不要将压力测试的结果公开。那样做当然是不想公众对银行失去信心，言下之意，很多银行承受不起新一轮的金融风暴冲击。

2009年4月7日，金融大炒家索罗斯接受彭博电视访问，谈论美股及经济形势时表示，自己看淡美国经济，觉得它今年不会复苏，而银行业坏账实在过于庞大，整个银行业基本上可谓资不抵债，不少银行依靠政府注资才能生存。他批评美国监管当局放宽市价入账会计条例，只会纵容“僵尸银行”苟且偷生，妨碍美国经济复苏。索罗斯认为美国楼市尚未见底，必须阻止断供问题恶化。索罗斯又称，中国政府推行大规模刺激经济计划，中国经济年底前增长步伐加快，主要是受惠于巨大经济刺激方案。他相信中国领导人为了要重新刺激经济增长，将会加大救市力度。

2009 年 3 月 23 日，美国财政部长盖特纳宣布允许私人机构参与的“公营私人投资伙伴计划（Public – Private Investment Partnership，简称 PPIP）”购买银行的有毒资产。消息公布当日，美国股市大升超过 6%，金融股领涨。最初投入的资金为 5,000 亿美元。诺贝尔经济学得奖者克鲁格曼（Paul Krugman）大力批评这项购买金融机构有毒资产计划。计划推行之后，银行的反应欠佳，因为银行以市价出售有毒资产之后，必须将亏蚀入账，这样做等同于清理银行账簿上的有毒资产。银行业的资不抵债情况会立即浮现出来。这次美国政府的金融业排毒政策没有预期中的成效，银行业仍然是恶毒缠身。

很多人想知道美国的银行业问题有多么严重，以下的事例可以说明一切。

美国的大规模银行摩根大通于 2007 年持有极高风险的衍生工具总值 92,000,000,000,000 美元，即 92 万亿美元，相当于当时该银行资产值的 74 倍，美国国民生产总值的 7 倍。技术上，摩根大通不可能对冲所有 92 万亿美元衍生工具的风险。笔者没有最新的数字，可以说，没有人会知道美国三大银行——摩根大通、花旗集团和美国银行到底持有多少衍生工具，因为那是完全没有监管的银行业务。2008 年的全球衍生工具市场规模约 596 万亿美元（资料来源：*How can the Derivatives Market be Worth More than the World's Total Financial Assets*? By Jacob Leibenluft, Wednesday, Oct. 15, 2008），相对的，全球金融市场的规模只有 167 万亿美元。这些衍生工具之中，只要有 1/10变成有毒资产，已经足以使全球金融业陷入崩溃。

其中一项衍生工具的风险来自信贷违约互换证券（CDS），买入 CDS 等同承担信贷违约的保险责任，供款人断供时，持有证券的人要负责赔偿。这些 CDS 已经成为银行业的有毒资产。有趣的是，CDS 将违约赔偿责任推来推去，最终受害人还是华尔街。欧洲五国债务危机之中，欧洲的银行可以说是首当其冲，因为借钱给欧洲五国的金融机构是欧洲的银行，但是为这些贷款进行担保的机构却是远在华尔街的金融机构。结果是美国华尔街大户要承担欧洲债的违约赔偿责任。

4.3 金融业的系统性缺陷

美国和欧洲各国政府滥发货币和国债之外，这些国家的银行也滥发信贷。由美国的次贷滥发程度看来，简直是疯狂借贷，银行全无风险管理可言。次贷证券只是一堆没钱还的人借了钱之后签的借据，竟然被国际评级机构评为最高等级的 AAA 级投资证券。

各国政府、银行和保险公司都盲目地买入那些次贷证券，根本没有细心查证那些证券的真正投资价值。雷曼毒债在香港经主要银行发售，香港政府没有花时间去看那些雷曼毒债到底是什么，就让它流入市面。

金融风暴让全世界看清华尔街的真面目——一伙骗子、疯子和傻子，可是华尔街如今仍然是世界金融核心。全球金融业灾难的起因正是人们对华尔街和美国金融制度的迷信和崇拜。

欧、美、日各国的金融管理如何差劲，举目皆是：

巴林（Barings Bank）的新加坡分行交易员尼克·里森（Nick Leeson）（外号“神奇小子”），在衍生性金融商品的违法交易损失 14 亿美元，令巴林银行于 1995 年 2 月 26 日倒闭。

1996 年，日本住友商事交易员滨中泰男违法炒期铜，亏空 26 亿美元。

安然（Enron）曾经是美国最大的能源公司，资产值 650 亿美金，因为假账丑闻而破产。投资者的血汗也化为乌有。

2008 年 12 月，麦道夫（Bernard LMadoff Investment Securities LLC，BLMIS）500 亿元庞兹骗案举世震惊。麦道夫是人类史上金额最大的个人骗案。骗局受害人基金经理德拉维莱切特，因为投资在麦道夫的基金，损失 14 亿～21 亿美元。他愧对客户而自杀身亡。1960 年至 2008 年 12 月，麦道夫在美国政府的监管之下大搞庞兹骗局。麦道夫曾经是华尔街的第六大投资者。美国政府的金融业监管能力顿时被质疑。

执笔的时候，又爆出一宗交易员违规交易事件。2011 年 9 月 14 日，瑞士联合银行（UBS）前交易员阿多博利承认违规交易活动造成 23 亿美元损失。“痞子交易员”阿多博利是加纳的数学神童，得到瑞士联合银行重用。瑞士银行重用这样的人才，难怪瑞士银行在 2008 年金融风暴期间遭受重创，需要瑞士政府出资救助。

案例太多，只能从简。如此金融系统，如何值得信任？

4.4 全球金融业灾难

想知道全球金融业烂到什么程度，看看油价吧。商品一直是华尔街的赌博工具，可是，商品也是人们生活的必需品。将必需品用做赌注，人们的生活可以说是毫无安全感。受到华尔街用油价来赌博的影响，油价的波动可以用天翻地覆来形容。2008 年 7 月，石油价格升至每桶 147.5 美元，全球石油消耗国陷入石油恐慌之中。但是仅 5 个月后，油价下跌至每桶 35 美元。这次油价波动也引起了恐慌，不过，这次不是石油消耗国的恐慌，而是产油国的恐慌。世界上最重要的单一商品竟然出现如此急升和暴跌，石油期货市场和赌场没有分别。

这场惊天动地的油价对赌是高盛子公司杰润（新加坡）与中国企业深圳南山热电股份（深南电）通过累计期权对赌。杰润（新加坡）的主管杰·阿隆（J. Aron）曾经通过石油期权合约于 2005 年捞走中航油 5.5 亿美元。2008 年 7 月，他故技重施，使用评级逆向操作，唱好油价的同时，放空油价。高盛再次得手。高盛与中国的企业订立累计期权之后，原油的目标价由 200 美元一桶变成 50 美元一桶。3 月份交货轻质原油期货价格只有 33.98 美元一桶。2008 年 10 月 17 日，中国证监会深圳证监局整顿深南电，深南电于 2008 年 10 月 17 日起停牌。10 月 23 日，证监会勒令深南电终止与高盛子公司订立的累计期权合约。高盛的原油价格操控是赤裸裸的事实。

以金融骗案而言，高盛和深南电对赌只是小事。2008 年 12 月的麦道夫 500 亿美元庞兹骗案是人类史上金额最大的个人骗案。企业骗案则以安然最大，安然曾经是美国最大的能源公司，资产值 650 亿美元，因为假账丑闻而破产。安然的执行长利坚尼夫是个证券界的大人物，他 1999 年的年薪是 4,240 万美元。

全球金融机构做的错事，绝非只是骗案那么简单，还有滥发信贷和胡乱使用金融衍生工具等。2009 年 1 月 28 日，国际货币基金组织将全球银行界在金融风暴中的损失预测，由 2008 年 10 月时估计的 1.4 万亿美元，上调至 2.2 万亿美元。连国际货币基金组织也错误估计银行业的损失，竟然低估了 8,000 亿美元。由此可见银行业在金融风暴之下受到的冲击如何严重，各方面对此问题又是多么无知。

日本20世纪90年代的经济泡沫是由于银行滥发信贷引起的，已经令日本政府付出88万亿日元的代价去拯救日本金融业。2008年的美国次贷危机和2009年的金融风暴也是银行滥发信贷引起的。美国政府在2008年开始的次贷危机和金融风暴中，先后两次拨款共计约1.5万亿美元拯救美国的金融业。银行做高风险生意就是将风险放到存款客户那里去，银行资不抵债时，政府要注资拯救。结果，银行业可以输打赢要，因为有纳税人的补贴，那是必赚的生意，谁去理会风险。

2008年金融风暴的导火线是美国金融业滥发次贷。2007年次最先受灾的是美国金融业，接着拖垮全球金融业。2009年1月，银行股在标普500指数内的成分只有10%，对比高峰时期的20%，暴跌一半。从全球银行的悲惨情况，不难看出金融风暴的灾难有多么严重。

请看看以下资料：

2008年2月22日，英国北石银行（Northern Rock）被英国政府接管。

2008年4月1日愚人节，美国投资银行贝尔斯登（Bear Stearns）被摩根大通（JP Morgan Chase）收购。

2008年6月7日，全国财务（Countrywide Financial）被美国银行（Bank of America）收购。

2008年7月14日，英国联合莱斯特银行（Alliance & Leicester）被西班牙国家银行（Banco Santander S. A.）收购。

2008年7月14日，美国苏维瑞银行（Sovereign Bank）被西班牙国家银行收购。

2008 年 8 月 26 日，丹麦罗斯基勒银行（Roskilde Bank）被丹麦中央银行（Danish Central Bank）收购。

2008 年 9 月 14 日，美国美林投资银行（Merrill Lynch）被美国银行收购。

2008 年 9 月 16 日，全球最大规模保险公司美国国际集团被美国政府接管。

2008 年 9 月 17 日，美国投资银行雷曼兄弟（Lehman Brothers）被英国巴克莱银行（Barclays Bank）收购。

2008 年 9 月 18 日，苏格兰哈里法克斯银行（HBOS）被英国劳埃德银行（Lloyds Banking Group）收购。

2008 年 9 月 26 日，美国华盛顿互惠银行（Washington Mutual）被摩根大通收购。

2008 年 9 月 26 日，荷兰政府宣布将富通银行（Fortis）荷兰业务部门收归国营。比利时政府与法国巴黎银行（BNP Paribas）收购富通股权。

2008 年 9 月 26 日，法国、比利时和卢森堡收购比法合营的德克夏银行。

2008 年 10 月 3 日，美联银行（Wachovia）被富国银行（Wells Fargo）收购。

2008 年 10 月 7 日，冰岛国民银行（Landsbanki）被冰岛政府接管。

2008 年 10 月 8 日，冰岛格里特利尔银行（Glitnir）被冰岛政府接管。

2008 年 10 月 9 日，冰岛的克伊普辛银行（Kaupthing）被冰岛政府接管。

2008 年 10 月 9 日，苏格兰哈里法克斯银行旗下的西澳银行（Bankwest）被澳大利亚联邦银行（Commonwealth Bank of Australia）收购。

2009 年 1 月 10 日，美国盈泰银行（IndyMac）被美国 IMB 管理控股公司（IMB Management Holdings）收购。

除了被接管或者被收购的银行之外，还在经营中的银行也大幅度撇账，规模可谓前所未有。

以下是 2009 年 3 月初，已知的部分银行累计撇账数字：

瑞士联合银行（UBS）撇账 2,286 亿美元

瑞士瑞信银行（Credit Suisse）撇账 945 亿美元

美国花旗集团（Citigroup）撇账 3,010 亿美元

美国高盛投资银行撇账 985 亿美元

美国摩根大通撇账 687 亿美元

法国国家巴黎银行（BNP Paribas）撇账 104 亿美元

德国商业银行（Commerzbank）撇账 321 亿美元

美国美林投资银行撇账超过 1,154 亿美元

美国富国银行撇账 1,386 亿美元

美国投资银行摩根士丹利撇账 1,073 亿美元

德国德意志银行（Deutsche Bank）撇账 680 亿美元

英国汇丰银行撇账 277 亿美元

4.5 救市措施收效不大

美国政府在银行体系注资数千亿美元，但是银行业一点儿起色也没有。原因是银行的坏账撇之不尽。单以房屋抵押贷款而言，

2008年是因为息口上升和楼价暴跌而出现断供潮。息口上升令供楼的人无法偿付房屋抵押贷款，楼价暴跌令供楼的人无法及时将物业出售。

美国政府不停地拯救金融业，但是各大银行和金融机构依旧受到房屋抵押贷款坏账的困扰，绝大部分甚至已经资不抵债。银行坏账进一步恶化，金融风暴蔓延至保险业、汽车制造业、零售业和建造业等，终于导致整体经济陷于万劫不复的境地。

美国国际集团就是一个绝佳例子。2008年9月开始，美国政府不停地拯救全球最大规模的保险公司美国国际集团。它在2008年第四季度的亏损高达617亿美元，等于每分钟亏损465,000美元，打破了单一私营机构的季度亏损纪录，完全可以申请列入吉尼斯世界纪录大全。

2009年3月2日，美国政府再度向美国国际集团注资300亿美元，总投入拯救资金达1,800亿美元，成为美国历史上拯救单一私营机构付出的最大代价。由此可见，楼市泡沫能够对世界最庞大的经济体系施以沉重打击，对整体经济的伤害也远远超过任何资产泡沫。

美国国际集团得到美国政府的注资之后，2009年3月14日，竟然向公司高层人员发放高达1.65亿美元的分红！美国财政部也表示没有权力阻止美国国际集团发放分红。各位一定会怀疑，每分钟亏损46.5万美元的机构，能以什么理由发放分红。这笔分红大部分是支付给附属机构美国国际集团金融产品，奖励该公司高层人员经营引发次贷危机和金融风暴的信贷违约互换证券（Credit Default Swaps）业务。美国国际集团正是因为信贷违约互换证券的业务，而蒙受天文数字的亏损。向金融风暴始作俑者发放高达2亿美元分红，简直就是人类财经史上最恶心的事件。不过，更令人恶心的事还在后头，美国国际集团甚至还公布将会在 2009 年继续向其金融产品高层人员发放分红，只是金额会减少约 30% 。

如果笔者是美国财政部长，早在 2005 年就接管美国国际集团，并且将它分拆。只可惜，美国财政部长没有笔者的远见。从经济角度去看，即撇开政治因素，美国国际集团早就不应该存在。美国政府实在没有必要不停地向它注资，维持它的运作。

2011 年 9 月 22 日，美国网民发起“占领华尔街”示威，警方铁腕镇压，拘捕示威者。示威者高喊的口号是“Banks got bailed out, we got sold out. （银行得到拯救，我们却被出卖）。”由此可见，美国人对华尔街是如何的反感。

4.6 衍生工具泛滥

美国金融业内的衍生工具泛滥已是人所共知的事实。衍生工具被称为金融业的大杀伤力武器，因为它是危险的金融业资产。这也是人所共知的事实。

请看看美国的衍生工具如何泛滥：

美国财富及衍生工具对比世界财富

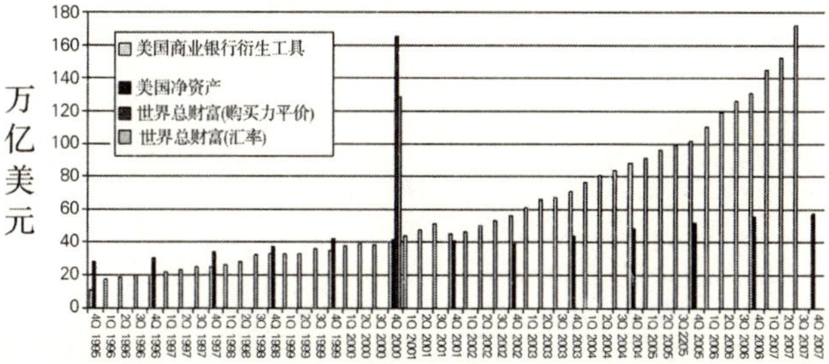

数据来源：维基百科 Analoguni

根据上页图表，至2007年底，美国的总财富约60万亿美元。其中，衍生工具的价值约180万亿美元，是美国财富的3倍。2001年之前，美国财富的价值高于衍生工具，但是短短7年之间，美国金融业内的衍生工具价值飙升3倍。显而易见，这些衍生工具若有失误，足以拖垮全球经济。

[第五章]

粮食的重要性

经过 2008 年的残酷教训之后，世人终于明白华尔街不可靠、美国金融制度千疮百孔、美国发债发钞太多，美元危在旦夕。笔者在迄今为止几乎所有的著作中，都好像没有说过关于美国经济的正面信息。

5.1 美国是农业大国

经过2008年的残酷教训之后，世人终于明白华尔街不可靠、美国金融制度千疮百孔、美国发债发钞太多，美元危在旦夕。笔者在迄今为止几乎所有的著作中，都好像没有说过关于美国经济的正面信息。现在，笔者要介绍美国的主要经济优势，那就是美国的粮食生产和出口。

美国是全球最大粮食出口国，2001年的农产品和牲畜出口总金额是411亿美元；2005年，升至443亿美元。美国的粮食出口金额约为中国的一倍。2005年，美国的小麦产量57,105,550吨，全球排第三；全球大豆产量以美国为首，为82,820,050吨，中国只有16,900,300吨；美国的玉米产量为280,228,400吨，多过全球所有其他国家产量的总和；牛肉产量也是美国最多，达到11,140,000吨。2007年，美国出口到中国的大豆，总价值41亿美元。同年，中国出口到美国的食物总金额只有约40亿美元。

2010年，美国出口农业产品，包括鱼类和木材，总金额 657 亿美元，急升 18%。2010 年总农产品相关出口达到 1,220 亿美元。美国农产品出口价值急升的原因不是美国农产品出口量增加了 18%，而是农产品价格上升。

粮食价格上升，美国会从出口粮食中得益。那些贫穷而又需要从海外进口大量粮食的发展中国家，则会陷入困境。以海地为例，2008 年初，因粮食价格急涨而引发一连串暴乱。

5.2 世界人口增长

现时粮食需求与人口增长成正比，即使农产品的产量增长能够短时间追得上人口增长，长期而言，人口不停地增加必然引发粮荒。

最令人关注的是中国、美国和欧洲的人口增长甚少。日本和德国的人口增长是负数。人口增长集中在发展中国家，尤其是非洲和东南亚地区。人口增长会增加粮食的需求。粮食和原油不同，原油是从地底喷出来，技术上来说喷多少都可以。粮食是要种植出来，不是想种多少就有多少。耕地和水源是重要的资源，只会越来越少，不会增加。近年气候反常令很多地方的农作物失收。

2011 年 7 月，美国普渡大学的三位农业经济学家发表了农场基金（Farm Foundation）委托他们进行研究的研究报告。报告指出，美国 2011 年粮食价格再度飙涨，其中玉米价格已经超过 2008 年的高峰；大豆与小麦价格接近 2008 年的价位；只有白米的价格持平。导致粮价飙涨的主要因素是需求增加、美元疲软与全球经济局势导致通货膨胀。

部分国家尤其是非洲和东南亚国家会出现货币贬值的危机，粮价会暴涨。对于发达国家和地区，包括中国，粮食价格的涨幅对经济的影响不大。问题出在明年，即 2012 年，粮食价格跟随需求不断上升，对比 2009 年，粮价的升幅会是 20% ~40% 。那时候，连发达国家都会感受到粮食价格急涨的痛苦。发展中国家肯定闹粮荒，也会出现政局不稳。

请看看世界人口增长的预测：

人口增长预测图

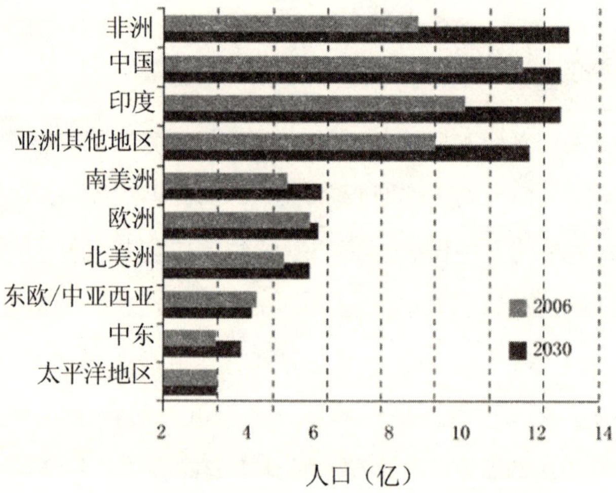

资料来源：Population Reference Bureau, IEA WEO，2008

美国、澳大利亚和俄罗斯等地大，人口稀少的国家会受惠于粮价上升。其中以美国的得益最大。中国人口众多，粮食的需求巨大，必须从外国进口部分粮食。这时，中美贸易会进入新的时代，真的是互惠互利。美国有能力大幅度增加粮食产量和出口数量。美国有机会成为世界粮仓，为全球提供最重要的商品。

反过来，石油的重要性不断下降，主要原因是全球升温令各国限制石油的使用量，引起石油产品的需求量大减。对于美国来说，进口石油减少，出口粮食增加，确实是最佳的经济环境。

美国拥有大量天然资源，例如木材、原油、矿物、水源等。中国和俄罗斯有陆地相连，可以增强双边贸易。中国的人口控制做得很好，轻工业也有优势，粮食问题不会严重。南美洲国家也是粮产丰富，人口不多，能够在粮食方面自给自足。

东南亚国家人口过度膨胀，卫生和教育落后，连粮食供应都会出现问题，情况不容乐观。中东国家受到原油价格急跌和粮价急涨的拖累，经济会不断恶化。最惨的可以说是非洲，2009 年的情况已经够糟，如果再糟糕下去，真的难以想象。

2011 年 7 月 29 日，德国《法兰克福评论报》、《明镜》周刊等媒体报道，超级大国中国的影响正在非洲扩大。与此同时，非洲的饥荒却在加剧。德国联邦官员认为，中国对东非饥荒负有责任。报道引述德国联邦政府非洲事务专员的话说，一些非洲国家向中国大量出售农用土地是导致非洲之角出现严重饥荒的原因之一。但是，我却认为非洲的饥荒主要是来自农产品价格上升，不是中国在非洲购买农地。

谈到农产品价格急升，令人联想到 2008 年的粮食危机。联合国粮农组织（FAO）的全球粮食价格指数追踪 55 种粮食商品价格变动，于 2011 年 5 月升至 231. 4 点，已超越 2008 年的 224. 1 点高位，创下 1990 年以来最高纪录，粮食危机再次出现。2011 年 6 月，该指数进一步上升至 233. 8 点。

2010 年 12 月 6 日，汇港通讯报道，中国环境资源执行董事长兼行政总裁金圆表示，2010 年农产品价格上升不少，在新疆种植的棉花由 2009 年每公斤 4 ~5 元大幅升至 2010 年的每公斤 12 ~14 元，而苹果价格则每公斤上升1~2元，预期下半年销情也不错。

在发达国家，粮价对通胀的影响不大，主要影响通胀的因素是楼价和燃油价格。即使部分粮食价格一年上升20%，发达国家的通胀也可以维持在健康的4%以下。发达国家对控制粮价的决心不大，美国甚至希望粮食价格持续上升。美元贬值，农产品价格自然会上升，这是美国求之不得的好事。对于贫穷又缺粮的非洲国家来说，这就是饥荒。

人口急升会令资源缺乏，资源充沛的国家则相对受惠。石油出口国除外。除了美国之外，澳大利亚、新西兰、加拿大和俄罗斯等国家都会得益。

5.3 粮食生产的预计

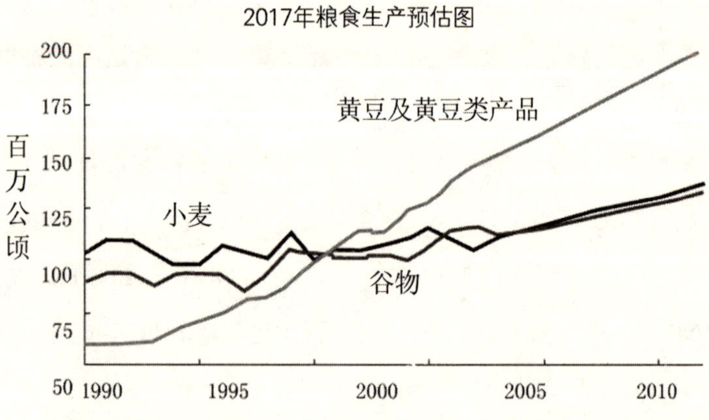

数据来源：2008年2月，美国产业部公布至2017年的粮食产量预估

美国农业部的粮食产量估计非常乐观。这里看到粮食产量急升，速度超过人口增长，其实粮食供应并不理想。2007 年的全球总谷物产量只有 20.75 亿吨，其中 1 亿吨被用做生物燃料烧掉，占总产量的 5%。估计用做生物燃料的谷物数量会大幅增加，再加上人口增长，相信不久的将来，粮食供应会出现问题。2008 年 7 月，世界银行发表的报告说粮价增加的原因，75% 来自生物燃料。

除了农产品被用作燃料之外，大量谷物用做饲料，生产肉类。宠物饲料生产的增加也会减少粮食供应。最令人关注的问题是不用肥田料和杀虫剂的环保农产品，以耕地面积产量计算，环保农产品的产量远远低于一般的农产品。环保农产品大行其道时，农产品的产量也会下降。

5.4 食物价格暴涨

请看一下联合国粮食及农业组织（FAO）的食物价格指数：

年份	2000	2001	2002	2003	2004	2005	2006	2007	2008	2009	2010
食物价格指数	90	92	90	98	111	115	122	154	200	157	185

2011 年的粮食价格波动情况如下：

月份	1	2	3	4	5	6
指数	231	238	232	235	231	234

2009年3月的食物价格指数是157。虽然食物价格相对2008年大幅回落，但是仍然高过2006年的水平。2011年6月的指数是234，是2005年指数的两倍。

食物价格急涨时期和原油价格急涨时期吻合，显示两者的密切关系。生产和运输粮食需要消耗燃油，但是另外一个原因是生物燃料。当原油价格急升时，用粮食生产生物燃料有更高的成本效益，于是出现大量农作物被炼油公司收购的情况。生物燃料的生产有异于石油产品。生产石油产品的炼油厂是投资巨大的复杂企业，不是随时可以建立和投产的。生物燃料则是小规模及产量有弹性的企业，在原油价格急涨时，生物燃料的产量可以大增，直至粮食价格升至无利可图或油价跌至低于生物燃料的时候，生物燃料的生产才会停止增加。

美国炼油设施老旧而且产量不足，所以，美国过去十多年一直将生物燃料掺入一般汽油。近年的掺入量越来越多，因而大量粮食被转换成燃料烧掉。

[第六章]

美 国 楼 市

美国楼市是金融风暴的根源所在。虽然金融风暴已经传染至各行各业，但是美国楼市仍然是美国经济的一大忧患。此患不除，美国经济很难指望有所好转。

6.1 楼价跌势持续

美国楼市是金融风暴的根源所在。虽然金融风暴已经传染至各行各业，但是美国楼市仍然是美国经济的一大忧患。此患不除，美国经济很难指望有所好转。

美国楼价变化图

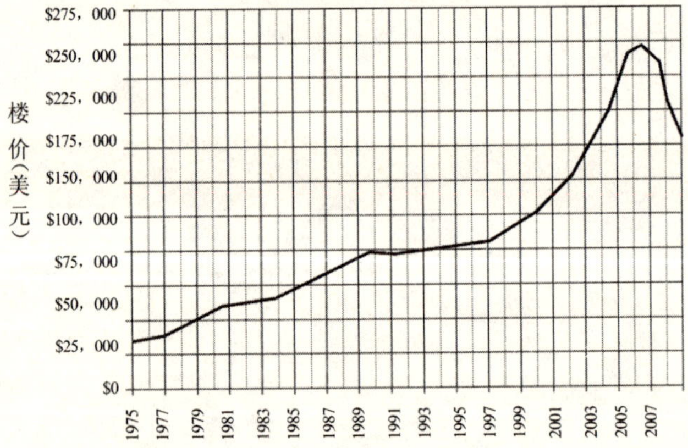

资料来源：http：//housingbubble. jparsons. net

由上图可见，美国楼价早在 2007 年初就开始暴跌，而且跌势持续。很多人说没有人能预见次贷危机的出现，事实上，次贷危机早在 2007 年中已经出现，问题是有没有人花点儿时间去看看美国楼市的数据。

美国楼贷对比国民生产总值

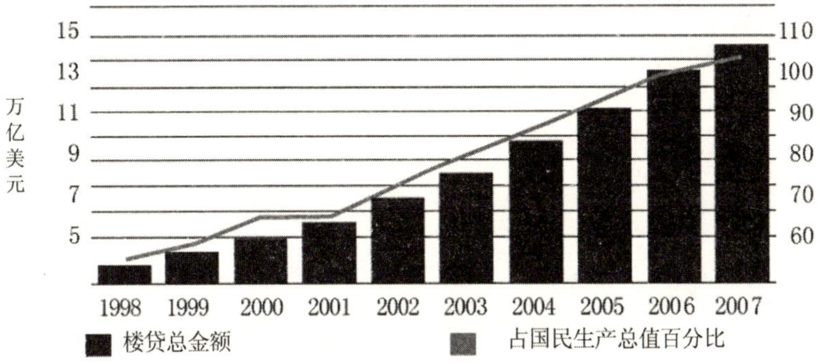

资料来源：美国联邦储备局

从上图可见，2007年，美国房屋抵押贷款金额高过国民生产总值。1998年—2007年，美国房屋抵押贷款金额上升10.5万亿美元！这样的房屋抵押贷款金额肯定不健康，即使没有金融风暴，美国经济也会出现严重问题。

美国10大城市的楼价变化百分比

城市	2008年10月	2007年9月对比上年度	2008年9月对比上年度
SPCS-10指数	143.8	-5.5	-18.6
拉斯维加斯（Las Vegas）	110.7	-9.0	-31.3
旧金山（San Francisco）	149.6	-4.6	-29.5
迈阿密（Miami）	156.0	-10.0	-28.4
洛杉矶（Los Angeles）	193.1	-7.0	-27.6
圣地亚哥（San Diego）	161.0	-9.6	-26.3
华盛顿（Washington D.C.）	143.4	-6.3	-17.2
芝加哥（Chicago）	79.4	-2.5	-10.1
纽约（New York）	143.2	-3.6	-7.3
波士顿（Boston）	108.5	-3.2	-5.7
丹佛（Denver）	63.9	-0.9	-5.4

上表的数据是 2008 年 10 月股灾前的 SPCS - 10 指数。SPCS - 10 指数是显示美国楼价的重要指标。上表显示，美国楼价在 2008 年 10 月股灾前已经暴跌。不少人以为美国楼价在 2008 年 10 月股灾后才暴跌，是完全错误的理解。

6.2 楼市断供严重

美国的住房之中，60% 是单一家庭独立房屋。根据美国全国地产从业员协会（National Association of Realtors）的数据，2009 年 1 月美国的住宅价格中数是 170,300 美元，对比 18 个月之前的高位，下跌了 26% 。美国的楼市重灾区亚利桑那州凤凰城（Phoenix）、内华达州的拉斯维加斯（Las Vegas）和密歇根州的底特律（Detroit），楼价跌幅远远超过以上幅度。由于楼价跌幅大，美国有 830 万宗房屋抵押贷款的物业成为负资产。

2009 年 3 月初，美国房屋抵押贷款银行家协会（Mortgage Bankers Association）指出，美国每 8 个家庭就有一个欠付房屋抵押贷款，或者已经进入断供收楼程序。就是说，美国有 540 万置业者，即总房屋抵押贷款的 12% 在 2008 年已经断供最少 1 个月或者已经进入收楼程序。2007 年年底，断供比率只有 8% ，升幅达到一半。数据又显示，48% 的浮息次贷置业者出现断供情况。

以美国佛罗里达州为例，每 5 位供楼人之中，有 1 位已经断供。借了浮息次贷的人就更严重，断供比率高达 60% 。楼市一直良好的大城市也无法置身事外，到了 2009 年 3 月，楼市灾难已经扩散至纽约。

美国房屋抵押贷款银行家协会的首席经济师布林克曼（Jay

Brinkmann）说，如果失业率持续上升，2009 年将会有更多人欠付房屋抵押贷款，收楼数字也会上升。整体经济欠佳，楼市的灾难也在扩散中。

美国房产供过于求也是美国楼市的重大困扰。美国人口 3 亿，平均每个家庭的人数是 3. 19 人。假定美国每个家庭都有能力买房，而且只买一栋房子，美国的住房数目应该是约 9,400 万栋。可是，美国的住房数目是 12,600 万栋。那就是说，美国住房供过于求，多了 3,200 万栋住房。即使次贷危机没有爆发，金融风暴没有出现，美国住房的供应量要比实际需要高 25%，楼市灾难迟早出现。令情况更加糟糕的是美国的家庭人数正在增加。年老的人不能单独生活，只好搬到子女家中居住。失业的人也被迫搬回父母家中居住。美国人对住房的需求不断下降，住房数目却不能跟着需求下降，于是供求问题越来越严重。

美国楼灾的情况和香港不同，美国楼市的隐忧是供大于求，香港的住房供求问题，即使是供过于求也不至于像美国那样严重。另外，美国的法拍屋数量持续高企，令楼市无法复苏。中国没有这样的问题。美国和中国的共通困难是失业率高企，而且还在持续上升，影响市民的购买能力。

6.3 楼市问题复杂

美国楼市问题复杂，政府不可能用简单方法解决楼市问题。美国 50 个州各有不同楼市法规，每个郡和市又有不同税制和规定。再加上美国各地经济环境截然不同，楼市的情况也有很大差异。要了解美国整体楼市已经不容易，证券化的次贷就更加复杂得千头万绪。

笔者在这里举一个很好的例子，说明美国楼市如何复杂。

美国有房车，名为RV康乐用途车辆（Recreational Vehicle），每年产量约40万台，部分只是装在拖架上的房屋。美国旅游地区有房车区，但是房车大都停留在当地几天就会离开。

房车不算在美国住房数据之内。美国很多地区的贫民却是住在房车内。有些情形是房主将陈旧的房车，通常只是拖卡式房屋，放在屋旁草地上，租给贫民居住。水电和排污都经过住房引入房车内。金融风暴之后，失去房屋的人如果不想露宿街头，最佳的选择是栖身于房车之中，因为破烂不堪的房车根本不值钱，要买便宜的房车也不难。买了之后，将它拖到没有人管的地方去就可以居住。

笔者估计，2009年初，居住在房车内的美国人数以百万计。如果将房车的数字也加入住房数目之中，美国楼市的供过于求的严重情况会相当严重。

想要知道美国房车的确切数目并不容易，因为很多人改装货车成为房车，亦有人将船艇用做居所。美国人叫的“Camper”是小货车上加个盖作为临时居所，像是露营的帐篷一样。

6.4 种族问题的困扰

笔者每本财经著作都讨论美国黑人种族问题，这个问题一天不解决，美国经济和楼市都会受到影响。请看以下实例：

香港曾出现“一蚊（一元）一只鸡”的大减价。金融风暴之下，美国却出现“一蚊（一元）一间屋”的大减价。美国底特律市房市呆滞，不少房产的售价只及高峰期的10%，甚至出现一元一间屋的情况，英国和澳大利亚的买家千里迢迢地跑到底特律市大手买入廉价房屋。有买家要求一次性买入 1,000 间房屋，还有买家说只要价钱便宜，有多少就买多少。要是各位想知道底特律市的楼市差到怎样的地步，请看看该市的楼价。2003 年，平均房价是 46,702 美元，约 36 万港元。2008 年，平均楼价下跌至只有 8,692 美元，约 6.7 万港元。以英尺价计算，只有 60 港元，底特律的平均楼价低于香港市区楼价 2%。各位一定以为楼价跌到只有那一点点的时候，便再也不会跌下去。那样想的话，就大错特错了。2009 年，楼价继续下跌，1 月的平均售价只有 6,035 美元，约 4.7 万港元。

底特律市房价急跌的原因是人口流失严重，对比 20 世纪 50 年代的人口，该市人口流失一半。

问题出在 60 年代的黑人民权运动，1967 年，底特律市爆发种族暴动。警察在底特律市黑人聚居地的酒吧拘捕了一批黑人。当然，既然是种族暴乱，一切责任都在白人警察身上。笔者不想卷入任何种族问题，只是想指出，1967 年开始，底特律市出现"黑权（Black Power）"的种族斗争社会问题，并且成为美国的黑人主义核心。白人居民纷纷迁离底特律市，由那时开始，底特律市的黑人人口比例不断上升。

很多人将底特律市的楼市灾难归咎于美国汽车业不景气，笔者认为黑权泛滥才是主要因素。因为，没有人想搬到有种族冲突的地方去住，也不想看到种族矛盾和斗争。笔者不想说黑权是对还是错，只是想说当一个地方种族斗争不绝，楼市一定遭殃。即使 1 元一间屋，笔者也要仔细考虑是否搬到那里去住，因为种族冲突是最可怕的事情，比治安差还要恐怖。如果某市出现白权泛滥，黑人居民大量迁走，笔者也无意搬到那里去居住。在搬出多、搬入少的情况下，楼价自然下滑。金融风暴之下，楼价就更加不堪想象。要是经济持续不景气，相信底特律市的房产会进一步贬值，说不定 1 元可以买一条街，还要买一送二。

6.5 美国楼市前景

美国的楼市灾难扩散得很快，跌幅亦出乎意料之外。美国 20 世纪 30 年代大萧条时期，楼价只下跌了约 30%。至 2009 年 1 月为止的 18 个月中，楼价只下跌了 26%。相信到了 2009 年中，楼价下跌幅度将会超过大萧条时期。

到 2009 年为止，除了大萧条之外，美国楼市出现的问题都是局部地区性质。2007 年金融风暴的楼市崩溃是自大萧条之后第一次全国楼市出现严重问题。美国的 150 个大都市之中有 90% 在 2008 年第四季度出现实质性的楼价下跌。美国住宅供楼人之中有 12%，即 540 万人在 2008 年断供或者被收楼，也是前所未有。美国不一定因为大萧条楼价才会再下跌一半。关键在于失业率，只要短期失业率急升，房产滞销一段短时间已经足以令数以千万计房产成为法拍屋。当市场上欠缺买家时，楼价会突然急跌。银主不能不卖掉手上的房产，但是拍卖所得又少。最终，法拍屋主要大手撇账或者破产。这样会严重打击股市和金融体系。美国的金融体系已经体无完肤，不堪打击，任何进一步的摧残都会令美国银行业出现急速的系统性崩溃和结构性赤字。

美国楼市又受到信贷紧缩影响，银主要求置业者有良好信贷记录、支付大笔首期、还要证明入息。2008 年全年的房屋抵押贷款金额只有约 1.4 亿美元，比 2007 年下跌了 1/3。要是信贷仍然紧缩，美国楼市或许会再跌一半。从经济角度去看，银行借出房屋抵押贷款金额的安全标准是供款人 3 年的总收入；楼价的安全标准是 15 年租金的总和。即使到了 2009 年 5 月，美国很多城市和地区的房屋抵押贷款金额是供款人 6 年的总收入；楼价仍然是 30 年租金的总和。换句话说，美国楼价仍有下跌空间。

即使到了 2009 年 5 月，除了一元一间屋的底特律市之外，在美国，租楼比买楼便宜。在加州各城市，租金只是楼价的 3%，供楼的利息最低是 6%。以 30 万美元的住宅为例，租金约 800 美元。如果买下那 30 万元住宅，每月供款的利息已经是 1,600 美元。另外，业主需要支付物业税、各式各样的税项、保养维修和保险等费用，合计约楼价 9%。在加州买住宅是极不合乎商业原则的投资。

现在的房屋抵押贷款利率可以说已经到底，利率没有向下调整的空间。只有两条路可以走，利率稳定和利率增加。对于置业的人来说，供款只会增加。

6.6 令美国经济复苏的重要手段

美国经济复苏的其中一项关键条件是美国楼价稳定下来，不再下跌。要美国楼价稳定下来，就要让楼价下跌至美国人可以负担的水平，不是美国政府提供担保让人借更多钱去购买住宅。这样做的结果，只会压低房屋抵押贷款利率和增加信贷额，让人们能够借更多钱，欠下更多债，以债务支持楼价。

在正常情况下，楼价与美国的生产力应该成正比，鼓励生产才是弥补金融风暴所带来损失的正途，正确的做法是令楼价有秩序地下跌，让市场调节。可惜，奥巴马政府走错路，将数以千亿美元计的资金丢进银行体系，用纳税人的钱填补银行业闯下的祸。美国的财经专才异想天开，以为大撒金钱就可以让美国走回往日的经济道路。理论上，那样的日子再也不会回来，美国人不能一错再错。再说，用纳税人的钱为不负责任的借款人埋单结账，绝对不合常理。

可是，美国政府没有鼓励生产，生产力每况愈下、出口疲弱、失业率急升、房产供过于求，即使能够通过政府干预稳住楼价，楼价仍会再次下跌。除非楼价有秩序地回落至普通人能够负担的水平，美国经济将会无可避免地硬着陆。

“两房”，即房利美和房地美，是推高美国楼价的黑手之一，应该立即关闭及清理账目。

加强监管银行和证券业，简化税制和法制，提高效率和生产力，阻止说客在国会山的游说工作，撤换失职的政府官员等，才是帮助美国经济复苏的正道。现在美国政府的金融和房屋政策正在将美国推向经济大灾难。

[第七章]

美国的经济灾难

2008 年，美国输出服务有 1,441 亿美元盈余，但是商品贸易出现 8,212 亿美元赤字；石油产品贸易的赤字是 3,863 亿美元；对华贸易的赤字是 2,663 亿美元；汽车贸易的赤字是 1,071 亿美元。

7.1 美国经济数据

2008年，美国输出服务有1,441亿美元盈余，但是商品贸易出现8,212亿美元赤字；石油产品贸易的赤字是3,863亿美元；对华贸易的赤字是2,663亿美元；汽车贸易的赤字是1,071亿美元。

2000—2008年，美国的制造业流失工作岗位460万个，而且职位流失速度不断加快。单是2008年的工作岗位流失量就有120万个。

过去20年的对外贸易赤字令美国的经济规模缩减约3万亿美元。

根据美国国债时钟，美国加州时间2011年8月9日清晨2时28分，美国未清还的国债是14,589,040,000,000美元。145,890亿美元，每位美国人身上的债务是46,767美元。

最可怕的是国债增长速度，自从2007年9月28日开始，美国国债平均每天增加37.2亿美元。奥巴马上任之后，即2009年1月1日开始，美国国债平均每天增加41亿美元！

美国在过去 30 年，发行的美元货币急升超过 900%。再这样滥发货币，超级通胀是唯一的结果。

2006 年至 2009 年初，美国楼市出现超过 100 万宗住宅断供收楼个案，银行当然吃不消。到了 2009 年，情况恶化，楼市的断供已经由息口上升和楼价暴跌转为失业和中小企业倒闭。这是楼市最可怕的情况，即置业意愿下降。当倒闭潮和失业潮冲击美国经济时，美国人的置业意欲也因此急降。即使有能力置业，而且有置业需要的人也不买房子。这样的情况与息口和楼价没有直接关系，所以银行仍然有一段时间要啃那些楼市烂账。估计 2009 年年初至 2012 年底，美国仍然会有约 600 万宗法拍屋主收楼个案相继发生。

7.2 2008 年的财富蒸发

2007 年 10 月 31 日（以财政年度计算），全球股市总市值 62.57 万亿美元。2008 年 9 月 30 日，即 2008 年 10 月股灾之前，全球股市总市值只有 42.21 万亿美元，股灾未爆发之前，市值已经蒸发掉 20.36 万亿美元。对比 2008 年 10 月股灾之前一年的 52 周高位，美国股市市值损失 26.94%，即 5.13 万亿美元；英国损失 1.49 万亿美元；法国损失 1.1 万亿美元。2008 年 10 月，全球爆发金融风暴之后，2008 年全年，全球股市市值蒸发超过 29 万亿美元，约跌了一半市值，亦等同于失去 2007 年全球经济增长率的 50% 以上。

全球主要股市，跌幅前 5 名是：俄罗斯（71.9%）、中国上海（65.2%）、印度（52.1%）、意大利（50.3%）和阿根廷（50.0%）。

对香港股市来说，2008 年是鼠年，简直像是爆发鼠疫！鼠年最后一个交易日，港股收报 12,578 点，恒指全年累计跌掉 10,890 点，跌幅46.40%，蒸发财富 8.32 万亿港元，即蒸发掉总市值的 47.69%。国企指数收报 6,661 点，全年累计跌幅 49.02%，跑输大市。

2008 年，台股下跌 3,426 点，跌幅 44.64%，市值损失 9.4 万亿新台币。单是台塑集团就在这一年损失市值 9,607 亿元新台币。

2008 年，日经指数由 15,307 点暴跌至 8,859 点，创下一年 42.1% 的跌幅纪录，市价总值由 483.828 亿日元减至 283.46 万亿日元，市值蒸发 200 万亿日元，蒸发率为 42%。

2008 年，美国楼市因为楼价下跌，而失去总值 8 万亿美元的资产；股市方面的损失则是 10 万亿美元；私人信贷方面出了问题的贷款，更高达 14 万亿美元。以上的数字包括美国人的退休金损失 8,750 亿美元。

雷曼等已经破产的金融机构的股份已成为废纸，即使没有破产的金融机构，股价亦一蹶不振。以花旗集团（Citi Group）为例，股价于 2009 年 3 月 5 日曾经一度跌破 1 美元，成为仙股。收市时，花旗的股价只有 1.02 美元。2006 年，花旗集团的市值超过 2,700 亿美元，到了 2009 年 3 月，市值只有约 540 亿美元。单是花旗集团就已经蒸发掉 2,160 亿美元的财富。

根据美联储的美国家庭净资产数据，2008 年第四季度（10—12 月），美国家庭净资产值是 514,800 亿美元，对比上一季度的数字，跌幅是 9%。对比 2007 年第三季度（4—6 月）的 643,600 亿美元，下跌超过 20%。这是自 1951 年开始有此数据以来，下跌幅度最大的一个季度。家庭净资产是住房价值加银行和投资账户等资产减去债务，例如房屋抵押贷款与信用卡欠款。

在财富蒸发情况日益严重的情况下，美国政府应该紧缩开支才对。然而，美国总统奥巴马竟然在推出7,870亿美元振兴经济法案之后不久，又推出4,100亿美元增加开支法案。这样看来，即使金融风暴不把美国经济拖垮，奥巴马的挥霍也会令美国金融体系崩溃。

7.3 失业问题

哈佛大学（Harvard University）房产研究联合中心（Joint Center for Housing Studies）的总监尼古拉斯·雷特西纳斯（Nicolas Retsinas）说："历史告诉我们，只要人们继续失去工作，楼市就不会有好消息。"

失业是楼市的致命伤，因为失业率飙升会直接打击置业意欲，令房产滞销。2008年金融风暴是来自美国的楼市问题，如果楼市无法稳定下来，美国经济会持续转坏。出口停滞和企业盈利下降等因素，都会是造成失业率飙升的主因，整体经济表现差会令金融和零售等行业受到冲击，产生第二波失业潮。

美国的失业问题越来越严重，2009年1月，美国有4个州的失业率超过10%，分别是加州、南卡罗来纳州、密歇根州和罗得岛。2009年2月，美国的全国失业率是8.1%，失业人口增加约65万，多达650万人。相比2008年同期，失业人口急升将近1倍。2009年年底全国的失业率会超过10%。失业人口增加之余，半失业和收入减少的数字也有相当惊人的上升。另外，失业人口分布也有变化。读过大学或者有技术训练的失业人口在2008年下半年增加将近一半。这些人最有机会拥有物业，他们的失业率增加会直接打击楼市。

美国在2008年12月至2009年2月的短短3个月之内，失去

200 万份工作，市场上有 1,250 万人寻找工作。失业问题的前景并不乐观，除各大企业裁员之外，还出现经营上的严重问题。例如，通用汽车的核数师在 2009 年 3 月初质疑通用汽车能否继续经营下去，并且建议通用汽车申请破产保护。通用汽车的股价在 2009 年 3 月 5 日跌破 2 美元。这些大企业出现经济问题，随时会演变成数百万人失业的经济灾难。

根据莫迪经济网站（Moody' s Economy. com）的估计，美国就业市场会在未来几年持续疲软。2013 年之前，失业率不会回复到衰退前 5% 的水平。

除了失业之外，有工作的人也少了收入。雇主减少雇员的工作时间等同于减薪。我在美国加州担任特约医务传译员已经 5 年。加州严重缺乏医务传译员，时薪 20 美元也聘不到人。不少病人看专科医生或者安排了手术，结果因为无法安排传译员而要取消预约，重新安排的预约竟然是 3 个月之后。然而在这 5 年期间，我的薪金没有调整过。2011 年 8 月 4 日，我接到翻译公司的通知，薪金下调 20%。在美国，有工作的人也有开工不足或者减薪的情况。

美国人在失业情况恶化之下，再也不像以前那样借钱消费，开始储蓄。2009 年 1 月的美国储蓄率上升至 5%，是自 1995 年开始以来最高的比率。本来美国人减少消费是件好事，可惜美国经济之中约 70% 是内部消费，只要美国消费下跌 10%，美国经济立即陷入严重衰退，甚至大萧条。崇尚消费的美国人在这个时候增加储蓄会伤害美国经济，是相当讽刺的事情。

2009 年 3 月的最后一星期，美国有约 67 万人申请失业福利。很多人误以为美国的失业福利金由政府支付。其实，失业福利金由州政府的失业信托基金（Unemployment Trust Fund）支付。基金的钱来自雇主的失业税，税率视个别雇主而定。越多雇员申请失业福利的雇主要承担越高的失业税。

香港人在美国做生意最常犯的错误是没有留下良好雇员记录，开除雇员之后无法证明雇员犯错，结果被州政府加收失业税。2009年的情况有点儿不同，无论雇主有没有理由开除雇员，甚至完全没有开除过任何人，失业税也会增加。那是因为失业信托基金缺少资金，大量企业倒闭及遣散雇员令失业福利开支急升。州政府无可奈何之下增加失业税的税率。对于雇主来说，那是沉重的负担。

7.4 美国的零售业

美国的零售业出现两极化。2009 年 2 月，以价廉物美著称的沃尔玛（Wal - Mart Stores Inc.）营业额上升约 5%。售卖较高档商品的百货公司则陷入财政困难。2009 年 1 月，工厂制品的需求下跌 1.9%，跌幅并不惊人，惊人之处是该比率已经连跌 6 个月。

跌幅最大的是汽车零售业。汽车滞销令汽车零售业出现大量倒闭。新车大减价促销，与二手车的差价已经很小。请看看以下实例，2009 年 3 月初，日本丰田房车在加州的标价如下：2009 年新车价格 19,787 美元；2008 年新车价格 18,665 美元；2007 年二手车价格 14,713美元；2007 年保用二手车（Certified Used Toyota）价格 18,114美元。2007 年的二手车价和 2008 年新车车价格相差只有约 500 美元。可见，美国的新车市场何等不景气。

由于营业额下跌，单位产品或者服务的工资会随之增加。自从 2008 年 10 月开始，美国工人每小时工作的平均产值以年率计，下跌 0.4%，单位劳动成本增加 5.7%。为了弥补营业额的损失，企业被迫裁员。美国各大机构的裁员之声不绝于耳。工人失业后，失去了收入，自然不会到餐厅用餐，更加不会购买非必需的消费品。餐厅和商场的营业情况越来越差，不少商场和餐厅已经在2008年圣诞节之后倒闭。

自从2008年开始，美国经历了两年的漫长经济复苏时期，零售业和失业问题没有改善。2011年夏季，市面情况突然恶化，亚拉美达市韦士大街附近亚拉美达大学的一家中国人经营的自助餐餐馆关闭。另一家在韦士大街的中餐馆以3.5美元的叉烧炒饭作为招揽顾客的方法，餐牌上的价钱极便宜，点个菜只要4美元。西餐厅的情况也是差不多，同一条街上，有60年历史的西餐厅亦宣布关闭。

零售店铺大量倒闭会给人萧条的感觉，直接打击置业意欲和投资信心。任何人都会因为常去光顾的店铺倒闭而感到市况萧条，而远在华尔街的投资银行倒闭却只是一则新闻而已。零售业不景气也会令很多人失业或者失去兼职工作。美国不少市镇的工作都集中在零售行业。零售业出现问题，就是社区的经济问题。

7.5 美国医疗制度崩溃

美国的联邦财政预算中，开支最大和增加得最快的是名为“Medicare”的联邦医疗福利计划。美国政府最终会因为无法支付医疗福利令整个医疗系统崩溃。

美国的医疗制度关系到国计民生。美国破产的人之中，有一半人的破产原因与高昂的医疗费用有关。每30秒钟就有一位美国人因为患上疾病而申请破产，情况非常严重。美国哈佛大学的研究显示，这些医疗破产的个案中，68%的破产人在申请破产时有医疗保险。

医疗破产人之中，超过25%的人说无法支付房屋抵押贷款或者房租。平均每年有150万个美国家庭因为高昂的医疗费用而失去自置居所。美国政府不尽力改革医疗制度的话，肯定会对楼市造成沉重打击，亦会令消费疲软。

美国政府的提高国债上限协议明确地规定削减医疗辅助。我可以肯定，这样做对医疗行业是沉重打击。2009年，加州政府削减加州医疗辅助的支出，完全停止21岁以上受益人的牙科福利，连拔牙都不包含在内。加州的牙医行业突然萎缩，很多牙医的收入大幅度下跌，尤其是那些专镶假牙的牙医。接下来，加州医疗补助的每年10次针灸也取消了。针灸行业也受到打击。因为美国的医疗费用太贵，医疗服务业提供者（美国人的说法，把从事医疗行业的人称为Medical Providers）不少是依靠政府的现金医疗补助而维持下去的。2011年8月，亚拉美达政府起码还提供医疗翻译服务的补贴，否则我的医务传译工作也可以告一段落了。

美国政府削减医疗开支不是开玩笑的事情。很多学校因为经费不足而裁掉校园护士，结果令一些学童丧命。2011年7月14日，美国有线电视新闻网络（CBS News）报道，2008年10月7日，一个10岁女孩在华盛顿州塔科马城（Tacoma）的克洛瓦克里克小学（Clover Creek Elementary）因哮喘发作而死亡。学校有处理哮喘发作的计划及药物，但是，当时学校只是叫了救护车，没有及时进行急救。当救护车到场时，女童已经失去知觉。翌日，女童死于医院。女童就读小学的贝塞尔校区（Bethel School District）只有11位全职护士，照顾区内18,000名学童。该学童病发时，学校内没有护士，无法即时抢救。

可能香港人会说，香港的学校内没有驻校医生，也没有护士，那不算什么。香港的情况和美国不同，香港的救护车可以在几分钟时间之内赶到学校，美国学校与消防局的距离比香港远得多，天晓得救护车要多久才可以到学校。再说，美国不像香港那样有特殊学校，集中照顾有健康问题的学生，美国将之视为歧视。现在的情况是将随时病发身亡的学童安置在距离消防局很远而又没有驻院护士的学校内。

说到救护车服务，在美国，不是免费服务，以布里瓦德（Brevard）为例，叫救护车收费 501 美元至 627 美元，视病人的病情而定，另加每英里 9.18 美元。根据 2011 年 8 月的数据，过去几年，郡政府消防署每年收不到的救护车服务费用约 450～550 万美元。其他郡政府的情况也差不多。布里瓦德消防署的财政状况已经算是很好了。

7.6 美国医疗保险的病态实例

加州有 1,500 个不同的医疗保险计划，医疗保险的复杂程度难以想象，保费之高更是难以想象。700 万加州居民没有保险，另外有数百万人属于医疗保险不足。医疗费用之中，大部分用于行政开支，例如高级行政人员的分红、薪金、股东的派息等，只有少部分用于医疗。2007 年，15.3% 的美国人口，即 4,570 万人没有医疗保险。据保险业人士估计，2009 年初没有医疗保险的美国人口约 5,000 万人。投保的人减少，医疗保险的保金相对地增加。绝大部分医疗保险已经超出一般人的承受范围。

最直接的例子是笔者本人的医疗保险，因为笔者是自雇者，没有雇主资助的医疗保险。2009 年 3 月，保险公司通知，保费由每月

600 美元增加至 800 多美元。到了 2010 年，保费增加至超过每月 1,000美元。笔者并非有什么疑难杂症，过去近 8 年只是交保费，不曾向保险公司索赔。美国人的死亡原因之中，排第 7 位的是缺乏医疗保险。

美国的医疗保险计划之多，规条之烦琐，可以说是一绝，例如加州，合格的医疗保险和医疗计划超过 2,000 个。以照顾 18 岁未成年人的医疗福利计划“健康家庭（Healthy Family）”为例，合格的家庭只要每月支付 20 美元就可以得到全面医疗保险。可是，各医疗项目的保险机构分得很散，例如在我居住的亚拉美达市，健康家庭会员的医疗服务由亚拉美达联会提供管理服务。选定一位家庭医生之后，所有专科服务要在指定的网络内进行，例如医疗网络（CHCN）。药物计划、牙科、视光、心理健康都由不同机构管理，例如，牙科可以由“DentiCal”管理，心理健康由“Pacific Care”管理。一个人可能同时有 6 张不同机构发出的医疗卡，甚至更多。

医疗计划的混乱直接导致医疗费用上升。很多医生的工作之中，有一大部分是做保险文件，处理各式各样的申请和上诉。每家医院聘请大量人员处理医疗保险索赔手续。美国的医疗保险制度越搞越糟，越搞越贵，这直接推高了政府的医疗保健开支。

美国的非法居民到急症室求医通常不付钱，2011 年 8 月的加州医院协会（California Hospital Association，简称 CHA）资料显示，每年加州的医院无法收取的非法居民医疗费用达 1.25 亿美元。单是温图拉（Ventura）郡的 8 家医院每年就啃掉 2,600 万美元非法居民医疗坏账。2003 年，非法居民拖欠的医疗费用令医疗机构美西南（A-merican Southwest）的 77 家医院申请破产。加州有 84 家医院因此关门。美国医疗费用高昂，其中一个原因是不付钱的病人太多，付钱的病人就要承担不付钱病人的医疗费用。否则，政府就要付钱。

美国的医疗费用高昂，原因非常复杂，不是一条法案或者丢些钱给医疗系统就可以解决问题。奥巴马想得太简单了。奥巴马竞选的时候，强调会改革医疗，令全民有医保，令医疗费用下降。很可惜，他上任之后的两年半里，我完全没有看到医疗方面的任何改革措施，医疗费用也没有下调。只是看到政府提供的医疗福利不断减少，不知道这是不是奥巴马一直在说的改革？

7.7 豪华邮轮比美国老人院便宜

美国法律规定医院不能见死不救，结果医院、急症室和创伤中心大量倒闭。根据2008年8月的《健康卫生》（*Health Affairs*）杂志估计，美国的医院于2008年为没有医疗保险的人提供的医疗服务之中，无法追收的医疗费用高达560亿美元，其中美国政府会承担430亿美元。再这样下去，美国的医疗制度很快就会崩溃。

如果各位想知道美国的医疗制度糟糕到什么程度，这个豪华邮轮的小故事肯定会让你明白其中一点儿情况。两年前，我的朋友珞巴乘坐豪华邮轮漫游地中海。在邮轮的餐厅中，他看到一位上了年纪的女士单独用餐。船长和船员对这位女士非常有礼貌，而且表现得相当热情。珞巴因为好奇，问船员那位女士是什么人。船员说前五次旅程她都在船上。珞巴更加好奇，上前问她是否对地中海情有独钟。她说自己选择不停地搭乘豪华邮轮是因为无法负担美国老人院的费用。居住在美国的老人院，每天住宿费是250美元，而且医药费和日用品还要自己负担。住在豪华邮轮上每天只需135美元，并且包括医疗费用和所有日用品。住在邮轮上，床单、毛巾每天更换。只要吃得下，每天可以吃十餐，想吃什么都可以，甚至可以在房间内用餐。在船上，船员对老人的照顾可说是无微不至。床褥不舒服或者电视机画面欠佳，立即有人前来更换，而且不停地道歉。看厌了地中海可以去加勒比海。

住在老人院，用餐的时候，单是等一杯水可能也要半小时，要换床褥更是比登天还难。

7.8 美国医疗亟待解决的问题

2008 年，美国的医疗开支是国民生产总值的 17%。其他工业国的开支约是 10%。美国雇主的单一项目增长得最快的是医疗保险开支。2008 年年底，很多美国企业的医疗保险开支已经超越赢利，令本来有利可图的生意变成亏本生意。

美国的医疗制度有以下问题亟待解决：

a. 医疗保险的保费和医疗费用急涨，已超越雇主、雇员和自雇者的负担能力。

2008 年，美国全国的医疗费用上升 6.9%，比通胀率高两倍。2008 年，雇主提供的一家四口医疗保险的全年保费约为 12,700 美元，个人的疗保险保费是 4,700 美元。

b. 医疗费用太高，看一次急诊要支付数千美元。

难以置信的是医疗费用仍在急升之中。美国的药物比加拿大贵将近一倍，不少美国人会跑到加拿大买药。美国医疗费用昂贵是人为因素为主，但是奥巴马没有决心解决这个问题，只想做些小动作讨好选民。最终，高昂的医疗费用会拖垮美国经济和楼市，令数以百万计的人破产。

7.8.1 护士人手不足

2009年，美国医院有超过11万个注册护士空缺，护养院的护士空缺约10万个。美国人口老化，未来数年，护士短缺情况会更加严重。美国人不想正面面对护士短缺问题，因为美国人的扭曲正义感让他们全力保护病人权益。病人住在医院或者护养院，心情必然欠佳，找护士麻烦是常有的事。黑人病人只要指着非黑人护士说“You are racial（你种族歧视）”，无论事情是否属实，作风像盖世太保的政府人员就会立即出现，毫不留情地寻找护士的错处。美国医院人手不足，要找错处，肯定不愁找不到。就是这样，很多家境不错的资深护士宁愿放弃白衣天使的工作。选民喜欢保障病人权益，美国政府当然不会针对这个问题惹选民不满。

c. 美国人口老龄化，再加上美国人肥胖问题严重，医疗系统受到考验。有长期病患的人口急升，医疗设施却减少，医疗人手短缺，医疗事故层出不穷。2009年2月，牙买加裔的纽约女性市民艾思明·格林（Esmin Green）在纽约布鲁克林区（Brooklyn）的京士县医院（Kings County Hospital）急症室求医，医生安排她入院。她呆坐在急症室24小时，无人理会。结果在候诊室暴毙，伏在地上一小时之久，才有人上前察看究竟。

d. 购买医疗保险的人越来越少。根据美国统计局（US Census Bureau）2008年8月的数据，美国总人口的15.3%，即4,750万人没有医疗保险。比起2006年的数字，增加了130万人。没有医疗保险的人口增加会出现社会及经济问题，因为医疗费用而破产的人数会增加，直接打击楼市发展。

7.8.2 私营医疗保险公司投向政府的真相

美国总统奥巴马在美国政府的严峻财政环境之下，于 2009 年 5 月提出 10 年内花费 1.5 万亿美元提供全民医疗保险。

2009 年 5 月 10 日，美国的医疗保险公司代表主动投向奥巴马，声称会在未来 10 年减少成本 2 万亿美元，协助奥巴马改革美国的医疗制度。他们还声称会为奥巴马寻找全民医疗保险的资金来源，还会和美国政府一起分担全民医疗保险的成本和责任。同样是这伙人，20 世纪 90 年代时，他们成功地阻止美国前总统克林顿实行全民医疗保险计划。

让笔者告诉各位，这伙医疗保险业的大亨到底是什么葫芦里卖什么药。主要原因是他们将医疗成本抬得太高，现在无法全身而退。

2008 年，美国的医疗开支是 24,000 亿美元，有 1/3 是医疗保险和医疗业的行政费用。美国的医疗行政费用比欧洲国家高约 6 倍。估计到了 2016 年，美国的医疗开支会是 43,000 亿美元。单看这些数字，各位未必知道情况如何严重。让我们从另一角度去看美国的医疗开支。美国的医疗开支是国防开支的 4.3 倍，是国民生产总值的 17%。美国之外，全球医疗费用占国民生产总值最高的国家是瑞士，也只占国民生产总值的 10.7%。2008 年，美国医疗开支的增幅是 6.9%，雇主负担的医疗保费增加 5%，是通胀的两倍。

医疗保险公司在过去几年成功地增加医疗保险的利润，同时也增加了医疗保险的保费。在经济环境好的时候，私营保险公司为了保住赚大钱的生意，当然极力抗拒政府提出的全民医疗保险计划，招揽人才在国会山大搞游说活动。

经济环境恶劣时，医疗保险公司的生意变得极为恶劣。医疗保费和失业率急升，令超过 5,000 万美国人没有医疗保险。倘若奥巴马真的搞全民医疗保险，私营医疗保险计划的投保人会集体转到公营医疗保险或者政府补贴的保险去。到时，美国私营医疗保险的时代将会成为过去。私营保险公司为了自保，积极地投向政府，企图加入公营医疗保险系统，然后把政府投入的资金吃掉。

有人以为我在经济著作中大谈医疗费用和医疗保险问题，和美国经济没有关联，算是离题。但是，2011 年 8 月，美国主权评级被标普调降，产生全球性股灾，起因是美国的国债和国债上限问题，国债就是累积的赤字，而美国的赤字有一部分来自医疗费用失控。医疗保险是美国经济的重要一环，医疗费用高的话，美国难以在经济衰退中复苏，企业也难以摆脱高医疗福利成本的困扰。更加严重的情况是医疗费保和保费太高令美国人的工资高过其他国家，美国货失去竞争力，也增加了美国的失业人数。

[第八章]

美元危机

谈到美元，各位应该知道美元钞票背面中央位置写着“IN GOD WE TRUST（以我等信奉之神之名）”。让我简单地说清楚这句话的意思吧，美元是基督信徒的钞票。美国的硬币正面也有“IN GOD WE TRUST”的字样。

谈到美元，各位应该知道美元钞票背面中央位置写着“IN GOD WE TRUST（以我等信奉之神之名）”。让我简单地说清楚这句话的意思吧，美元是基督信徒的钞票。美国的硬币正面也有“IN GOD WE TRUST”的字样。美元是世界储备货币，竟然有强烈的宗教色彩。对伊斯兰教徒来说，使用基督信徒的钞票是耻辱。这样的钞票却是中东和北非等伊斯兰教国家的主要贸易和储备货币。

8.1 人类经济史上最危险的赌局

美国的赤字和国债失控会令美元丧失国际货币地位，全球经济随时会陷入大混乱。无论各位是否愿意参加这场豪赌，各位都已经在这场赌局中下了注。

自从 2003 年财政年度开始，美国的总国债以每年 5,000 亿美元的速度增长。2008 年的国债增长是 1 万亿美元，2009 年是 17,000 亿美元。2011 年 8 月，美国累积的总国债突破国内生产总值。赤字和国债的急升已经超越美国经济可以承受的程度。很明显，这是一次以全球经济作为赌注的豪赌。美国政府的政策是期望美国经济急速回升，但美元未崩盘前，美国赤字和国债急速回落的情况，似乎不大可能发生。

8.2 美国发债太多、储备太少

以下是部分国家和地区持有的美国国库债券（2011 年 6 月）：

国家/地区	亿美元	百分比（%）	国家/地区	亿美元	百分比（%）
中国	11,655	25.9%	中国香港	1,184	2.63%
日本	9,110	20.2%	俄罗斯	1,098	2.44%
英国	3,495	7.7%	瑞士	1,082	4.40%
巴西	2,071	4.60%	加拿大	844	1.88%
中国台湾	1,534	3.41%	卢森堡	690	1.53%
泰国	626	1.39%	荷兰	234	0.52%
德国	620	1.37%	菲律宾	226	0.50%
新加坡	617	1.25%	法国	224	0.50%
土耳其	419	0.93%	瑞典	213	0.47%
印度	389	0.86%	挪威	204	0.45%
爱而兰	361	1.63%	哥伦比亚	201	0.45%
比利时	336	0.74%	智利	184	0.40%
韩国	299	0.66%	以色列	183	0.41%
墨西哥	292	1.14%	澳大利亚	139	0.30%
波兰	285	0.63%	马来西亚	120	0.27%
意大利	237	0.53%	埃及	114	0.25%

数据来源：美国财政部

2008 年财政年度，美国政府为国债支付的利息高达 4,120 亿美元。

2008 年 3 月，美国库存黄金价值 2,615 亿美元、外汇储备 630 亿美元。

8.3 中国的忧虑

2008 年开始，美国楼市和金融业迅速瓦解。奥巴马总统上任后，美国经济急速恶化，情况之糟，实在令人难以置信。当美国在全球经济的领导地位动摇时，美元的地位也开始动摇。

2009 年 2 月，中国银行业监督管理委员会（China Banking Regulatory Commission）国际部主任罗平在纽约说：“你们一旦开始发行 1 万亿至 2 万亿美元，我们知道美元会贬值。因此，我们讨厌你们，但是我们无可奈何。”

中国持有大量美元资产，美元贬值的话，中国受到的伤害会非常严重。为此，中国正在计划将资产转为多元化，减少美元资产。

2011 年 8 月 6 日，美国信用评级首次被标准普尔下调之后，中国官方新华社措辞严厉地批评华盛顿。新华社认为，美国的举债成瘾对世界经济造成威胁，华盛顿如果不减少其高昂的军费和社会福利开销，将会面临更加灾难性的降级。中国目前的外汇储备之中有大约 1/3 是美元，即 12,000 亿美元。评论还说，中国作为美国最大的债权人，有权利要求美国解决其结构性债务问题，以确保中国美元储备的安全。中国要求就美元问题有更多的国际监督，并建议需要一种新的全球储备货币。

中国的货币忧虑不是只有美元，欧元也令中国担心。2011 年 9 月 21 日《华尔街日报》报道，中国银行告知瑞士银行和法国巴黎银行将会停止与两家银行在中国衍生工具市场的合作，原因是中国银行给这两家银行的信用额度已经用尽。中国银行这样做，可能是想阻止欧债危机波及中国银行业。为了自保，中国银行限制欧洲银行在中国进行的衍生工具业务。

自从2008年世界经济陷入衰退开始，美元汇价极为稳定。即使美元汇价下跌，也是有秩序地下跌。原因可能是各国从发展中国家撤资、美元成为资金避难所，等等。

请看看以下的负面因素：

a. 美元利息只有约0.5%，短期国库债券利息低至接近零息。低息令美元大量外流。

b. 美国国债不断增加。2009年3月16日，美国的联邦总债务是110,425亿美元，2008年的美国国内生产总值是142,000亿美元，美国国债是国内生产总值的78%。2011年8月终于突破国内生产总值100%。国债太多会令美元地位动摇，人们对美元失去信心，令美元贬值。

c. 美元流通量大增，过很多国家的人都存有美元作为对抗通胀的资产。但自2009年开始，这样的情况可能会转变，要是美元流通量继续增加，通胀也会加剧。

d. 2011年的美国联邦财政赤字高达15,000亿美元，破了历史新高。在美国赤字高企之下，美元贬值看来是不可避免的事情。

8.4 美元贬值

2007年10月8日，曾经参选美国总统的美国国会议员朗·保罗（Ron Paul）在阿历克斯·琼斯节目（Alex Jones Show）中说："一旦他们知道美国人看清这场正在进行中的骗局，我认为那些控制银行及货币系统的人会感到不高兴。"

同时，他指出如果现行的美国货币政策不变，美元会不停地贬值，直至贬到全无价值为止，美国经济需要重新开始。“现在是人类历史上首次完全没有真正价值的货币，这样的情况已经持续了35年。”

2009年1月6日，一位前英伦银行（Bank of England）的货币政策委员会（Monetary Policy Committee）成员专家预言，美国总统奥巴马的增加开支的政策会给美国经济带去灾难，美元将会在未来2~5年内彻底崩盘。

发表言论的人名叫韦林·标达（Willem Buiter），1997年6月至2000年5月任职于英伦银行货币政策委员会。他预期国际投资者会放弃包括美国国库债券在内的美元资产以及会对美元失去信心。标达教授现在于伦敦欧洲经济学院任教，曾经担任世界银行、国际货币基金组织及欧洲委员会的经济顾问。

2008年12月，联合国赞助的发展融资会议（Development Financing Conference）在卡塔尔首都多哈（Doha）举行，联合国经济与社会事务部（Department of Economic and Social Affairs）、贸易暨发展会议（UNCTAD）及联合国地区性机构发表年度调查报告，部分内容如下：

“2008年秋季的美元强势只是暂时性的，美元在2009年有严重的贬值风险。美元债务程度已接近无法持续的程度。美元汇价急跌将会引发新一轮金融市场灾难。2008年秋季，金融风暴扩散至全球，各国外汇储备增持美元资产作为避险手段，推高美元汇价。2009年的情况将会是投资者再次避险，但是这次是离开美元资产，迫使美国经济硬着陆，而且拖累全球经济加剧衰退。同时，美国外债已达新高，可能令美元崩盘。国际储备系统应该彻底改革，脱离完全依赖美元的机制，改为全球性多货币系统。”

8.4.1 美元崩溃的著作

虽然笔者的著作之中也有美元崩溃的预测，但是，这里说的著作并不包括笔者的作品。这些畅销著作绕过主流媒体，将美元危机和美国经济问题带到社会的各层面去。主要的著作包括《美元大崩溃》和《货币战争》。

2006年出版的《美元大崩溃》(*Crash Proof: How to Profit from the Coming Economic Collapse*)。作者希夫(Peter D. Schiff)和唐斯(John Downes)是美国人，被称为“资深华尔街预言家”。他们预言美国迟早要出现货币崩溃和经济崩溃，可能是突发性崩溃，即美元突然失去世界储备货币的地位，或者出现美元挤兑；也可能是渐进式崩溃。他们深信中国经济发展良好，预测人民币会取代美元。

2007年，旅美华人作家宋鸿兵编著的《货币战争》预言，一旦发生金融风暴，最后阶段将是美元崩溃，所以认为中国应放弃美元，改买黄金，才可避过大劫。宋先生只以“编著”一词交代他在《货币战争》一书上的角色，并非作者，可说是中国出版界的一件奇事。虽然这本书的内容引起不少争议，但是宋先生能够早在2007年指出美国的经济问题，并启发读者对美国经济及美元提出疑问，是了不起的事情。

8.4.2 美元的购买力

自从美国美联储于1913年成立以来，将近100年，美元不停地贬值。由1913年到2011年，美元累计贬值2,188.3%。可能各位不知道这个通胀百分比有什么意思。我用另一种方法表示出来。2011

年的1美元的购买力只及1913年的4美分。原因是美元发行量太大，通胀推低美元的价值，即购买力。

参考资料

想知道美元贬值多少，我建议读者使用网上资源，美国通胀计算器：
http://www.usinflationcalculator.com/

这个计算器可以计算1913年开始的任何年份的通胀比较。例如，1945年的100美元等同于2011年的1,258.58美元，通胀率是1,158.6%；1971年的100美元等同于2011年的559.37美元，通胀率是459.4%；2000年的100美元等同于2011年的131.56美元，通胀率是31.6%。

谈到购买力，有些事情非常有趣。当我还是小学生的时候，那是20世纪60年代中期，只有富人才能拥有汽车。有车阶级是了不起的身份象征。我移民到美国买的汽车只是1万美元，有约1,000元退税，以当时我的月薪1,500美元计算，只是6个月工资，不算是什么奢侈品。廉价的二手汽车，只是大约3,000美元，只是一般工人的两个月工资，而且是很好的汽车。在酒店工作时，连清洁工人都有自己的汽车。香港的情况也是一样，不少年轻人存了一点儿钱就买一辆汽车。除非是昂贵的名牌汽车，汽车已经不是什么身份象征。

电脑的降价情况就更令人吃惊。我还记得90年代初期，我买的第一台电脑是没有硬盘的XT电脑，功能极差，而且没有上网功能。当时根本没有互联网。这台电脑的价格是3,000港元，是我的一个月工资。2002年移民美国时，买了一台当时很先进的电脑，只是约1,500美元，也是一个月工资，但是功能极强。2011年，要买一台那样的电脑，只需500美元。

我最初在商行工作的时候，即70年代后期，使用国际直拨电话要得到经理批准，因为那是很贵的服务。一家只有几个人的小商行，一个月的国际直拨电话费要几万港元。当时的工资只是1,000多港元。传真机面世之后，不少贸易行集中使用传真通信，因为传真可以节省不少国际电话费。时至今日，几乎所有的国际通信都是通过电子邮件，完全免费。

报章的情况也有很大的变化。60年代，报纸是奢侈品。看完之后，中午之前可以将报纸退回报摊，得到一半退款。而现在，香港有多份免费报章。

购买力的差异被这样的科技和商品或服务价格关系扭曲，如果只是计算住房、食品和能源等非核心通胀，真正的通胀会高得相当惊人。核心通胀就是利用科技和商品或服务价格关系玩数字游戏，故意撇开食品和能源等容易出现通胀的东西，压低通胀率。

8.4.3 货币与通胀

货币发行量与通胀的关系到底是怎么一回事？这个问题看来显浅，事实上很深奥。理论上，货币多了，物价上升，就是通胀。

假如我们在一个没有货币的社会，所有的人都用以物易物的方法交易，通胀和利息就根本不存在。通胀和利息就是货币的衍生物，即只有使用货币的经济体系才会出现通胀和利息。1971年之前，美元以黄金为本位，换句话说，美元是黄金票据。难怪香港人俗称美元为美金，因为美国当时使用真金白银作为货币，基本上不存在通胀。当然，物价也会和黄金的产量出现供求问题，一单位黄金能买多少白米，不是恒定不变的。不过，那样的价格变化是商品供求产生的现象，与货币产生的通胀是完全不同的两码事。

货币流通量下降，即货币发行量下降或者货币被人储存起来，就会令物价下跌，出现通缩。在通胀的环境下，货币的购买力下降，储蓄货币成为最坏的投资，于是收取存款的银行会向储蓄货币的人支付利息，抵消通胀。如果银行支付的利息低于通胀，那就是负利率。

严重通胀会影响经济发展，所以各国政府的经济政策以控制通胀为主。控制通胀有两种方法，减少发行货币和加息。大量滥发货币会出现超级通胀。最近 20 年出现两次超级通胀，第一次是 1989 年至 1990 年的阿根廷，第二次是 2005 年至 2009 年的津巴布韦。

加息即人们向银行借钱要支付更多的利息，存钱进银行时可以收取更多利息。当人们将货币存入银行时，流通的货币就会减少，物价亦会相应地回落。

一般情况下，利息由中央银行决定，但这只算是指标，每家银行有自己订立的利率。在通胀上升的情况下，中央银行会加息，吸引更多货币被存进银行，减少银行放款。由于市场上少了流通货币，物价会下跌。消费在某程度上取决于货币供应量，货币供应量减少时，消费自然会减少。消费减少对经济来说是负面影响。

当通胀受到控制或者经济收缩，即通缩的情况下，中央银行会减息，增加市场上的货币流通量，令物价上升。通胀不好，通缩也不好，因为通缩意味着经济出现问题，物价下跌令生产商品或者种植农作物的人收入减少，需要减产。失业是通缩的并发症，失业又会带来另一轮通缩，例如楼价下跌。要打破通缩的恶性循环，中央银行必须增加货币供应，又称放松银根或者量化宽松。

以 2009 年的美国经济为例，经济急剧转坏，信贷紧缩。美联储为了推动经济发展，大力减息，增加市场上的美元供应，令物价有所支持，阻止楼价和物价下跌。但是，情况并非单纯减息可以改变的，因为美国经济的困难不是单纯货币供应，而是数十年来消费大于生产。

8.4.4 美国的消费者物价指数

增加货币供应有很多副作用，对美元来说，问题更加复杂。首先，美元是各国的储备货币，又是主要国际贸易货币，美元在美国以外大量流通。美元供应量大增会令世界各国担心美元是否会贬值，而且在恐慌之下，各国会抛售美元。

1971 年，美国放弃黄金本位之后，美元由金钱变成货币，只是美联储的一纸承诺，美元没有任何实质储备。美国美联储可以毫无节制地随意发行美元货币。事实上，美国也的确是这样做的。美元和国库债券泛滥，美元的购买力相应地下降，这就是通胀。通胀以消费物价指数（CPI）作为指标。请看图表：

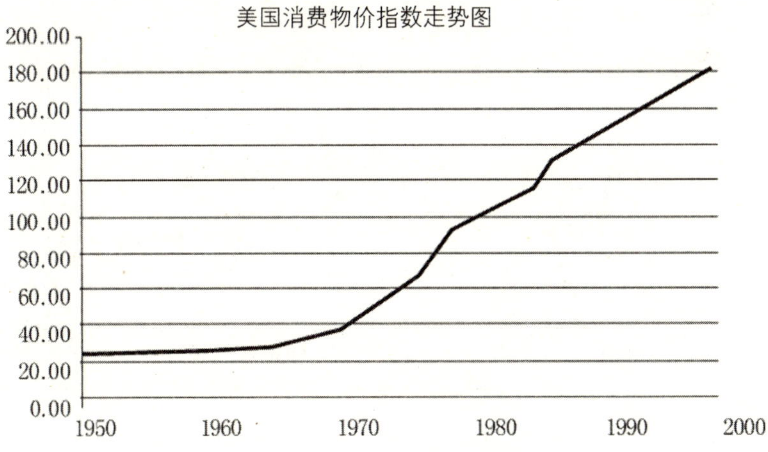

资料来源：美国劳工统计局

从上图可以看到，美国的消费物价指数一直平稳，直至美元脱离黄金本位之后，消费物价指数急升。2009 年的 1 美元只相等于 50 年代的 5 美分。美元是国际储备货币，又是国际贸易主要货币，美元的贬值率之大，实在令人难以置信。

通胀可以说是生产价值的增加追不上货币供应的增加。美国长期的外贸赤字和财政赤字令国库债券供应增加。美国的出口金额不断下降，只依靠进口国将美元留在美国，即购买美国的国库债券，美国才免于爆发超级通胀。

8.4.5 美元的供应与通胀

美联储同时发行国库债券和美元，发行债券的好处是不会引起通胀，坏处是要有买家才能以国债填补赤字。国债的孳息会推高房屋抵押贷款利率，损害美国经济。

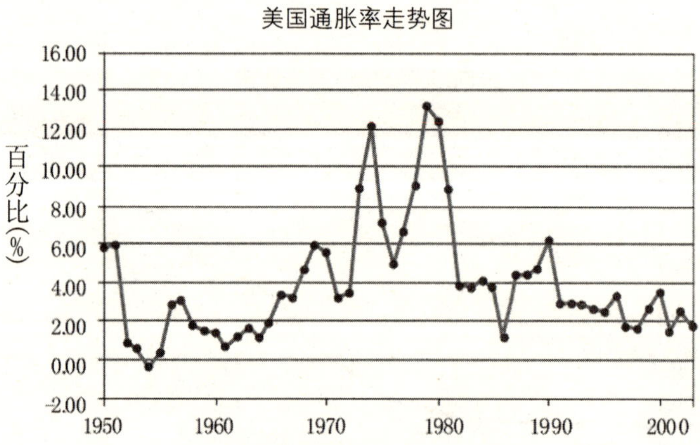

资料来源：美国劳工统计局

美元于 1971 年脱离黄金本位之后，美国滥发货币令通胀急升，到了 1980 年才稳定下来。

由于美元是国际货币，美国的通胀会影响全球经济。港元汇价与美元挂钩，所以通胀也会和美国挂钩。

2003 年至 2009 年，美元相对欧元汇价已经暴跌 34%。2003 年，1 欧元只能兑换 87 美分。2009 年 1 月 24 日，1 欧元兑换 1.2986 美元。2003 年前，黄金是每盎司 390 美元。2009 年 1 月 24 日，金价是每盎司 860 美元。2011 年 8 月，金价突破每盎司 1,800 美元的高位。无可否认，美元贬值是铁一般的事实。

1959 年 1 月，美国 M3 货币供应是 2,888 亿美元，库存黄金是 17,335 吨，平均每盎司库存黄金有 518 美元货币。当时的黄金价格是每盎司 35 美元。2005 年 8 月，美国 M3 货币供应是 98,739 亿美元，库存黄金是8,113吨。平均每盎司库存黄金有 37,831 美元货币。当时的黄金价格每盎司约 450 美元。美国滥发货币的情况已经到了相当危险的地步。

从资本离开美国可以看到，投资者和各国央行对美国政府滥发美元的忧虑。2009 年 1 月，美国资本净流出金额高达 1,489 亿美元。2008 年 12 月，美国的资本是净流出 862 亿美元。

美国政府在奥巴马的领导下，大撒金钱，赤字急增。美国财政年度是 10 月 1 日开始，至 2009 年 2 月底为止的 5 个月内，美国的联邦赤字是 7,650 亿美元。总统奥巴马的 2008 年 10 月至 2009 年 9 月财政预算是赤字 17,500 亿美元。2011 年的赤字高达 13,000 亿美元，由于美国大量发行国库债券，债券孳息肯定要飙升。美债孳息与金融局势有关，金融动荡的时候，美债成为资金避难所，孳息下降。因此，美国国债太多，全球出现经济危机反而有助于美国解决发债危机。只要全球经济情况稳定下来，美债息口就会急升至严重损害美国经济的地步。

2009年3月13日，中国总理温家宝表示，将巨额资金借给美国，持有大量美债“确实有些担心”。2008年底为止，中国持有美国国债7,274亿美元，为美国第一大债权国。

温家宝总理担心的应该是美元贬值。如果美元大幅度贬值，例如1,000万美元只能买一个鸡蛋，美国政府可以随便到农场拿箱鸡蛋便能还清中国持有的美国国债。即使是温和的美元贬值，例如10%，中国持有的美元资产损失便会高达千亿美元。

8.4.6 低通胀的假象

从上一节的通胀图表来看，美国的通胀长时间温和，滥发美元和美债对通胀没有多大影响。事实上，那只是假象。美国人用会计手段改变了通胀的计算方法。最佳的例子是尼克松总统的“核心通胀（Core Inflation）”概念。核心通胀是在计算通胀率时，撇除食品和能源价格，让通胀数字看起来低得多。真的不能不叫一句“老天爷救命”。计算通胀竟然撇除食品和能源价格。提供通胀数字时，不声明那是核心通胀。

负责计算通胀的美国劳工统计局（Bureau of Labor Statistics），计算通胀时，用低价产品取代高价产品，例如以鸡肉取代牛肉。到了再没有低价产品可以采用时，劳工统计局采用“随喜好调整（Hedonic Adjustment）”的会计手段扭曲物价。以电脑的价格为例，随喜好调整的原理是以电脑的运算速度作为价格单位，当电脑的运算速度加快时，单台电脑的价格急升，但是单位电脑价格下降。随着电脑科技的发展，电脑的运算速度急速增加，电脑价格急升的同时，经调整后的价格急跌。通过这样有创意的计算改革之后，美国的官方通胀率一直维持在低水平。

8.5 通往地狱之路

2009年3月25日，欧盟轮值主席捷克总理米雷克·托波拉内克（Mirek Topolanek）公开指责美国将近2万亿美元的振兴计划，是“一条通往地狱的路（The Road to Hell）”。他以美国的巨额赤字作为说明，美国目前为止推出的所有振兴方案，都是通往地狱的路。“我们需要好好研读历史，并从中吸取教训，欧盟最大的成功就是拒绝与美国走上相同的路。”

他又表示，美国为了筹集振兴方案的资金需要举债，包括出售国库债券，这样做会进一步破坏全球金融市场的流动性。

欧盟轮值主席托波拉内克的发言不无道理。美国无止境地发债，已经令世界各国担心美国经济的稳健性。经济学家认为，年度赤字在国民生产总值4%以上属于“不可持续”，超过5%属于高赤字“危险”状态。将美国政府的占国内生产总值13%的联邦赤字说成是“通往地狱之路”，应该说是恰当的形容。

第二次世界大战后到2000年前，美国为全球发行国际货币，美元充当全球储备货币和贸易货币的角色。美元每次贬值都会令持有美元的国家受到严重损失，这就是人们经常说的“铸币税”。美国一方面滥发国库债券与美元货币，另一方面极力维持相当程度的通胀，又令国库债券息率追不上通胀，让买入国库债券的人得不偿失。美元的购买力不断下降，持有美元储备的国家和机构变相为美国填补国债。美国控制全球商品交易，只要将主要商品价格抬高，美国国债就会相对地减少。这里说的“减少”是指购买力，不是金额。美国是农产品主要出口国，推高农产品价格对美国最为有利。其中一个方法是将玉米用于再生能源，即把玉米当汽油烧掉。

奥巴马政府的滥发国债程度，令人怀疑他是否有意偿还国债。美国的经济问题是来自过度消费，鼓励美国人消费，甚至用公款消费，这样真的能够拯救美国经济吗？

8.6 美国过度消费和借贷

美国的经济问题根源是过度消费和借贷。大多数美国人崇尚消费，借钱消费已是美国文化的一部分。美国人没有储蓄的习惯，却有借贷的门路。只要走进任何车行或者财务公司，总有办法借到一些钱，例如，发薪日贷款（Pay Day Loan）。在加州，发薪日贷款店铺的数目比快餐店还要多。

发薪日贷款是借款人向贷款人提供身份证明及最近期的银行月结单，将两个星期后的期票交给贷款人，金额是本金加费用。在加州，借款人通常是借 254 美元，为期 30 天，费用是 45 美元。那就是说，借款人收取贷款人的 254 美元即期支票，同时将 300 美元的支票交给贷款人。根据加州法律，支薪日贷款收取的费用不能高于借款金额的 15%，借款期不能超过 30 天，本金连费用的总金额不能高于 300 美元。如果借款人将这笔 254 美元的支薪日贷款重复借贷，一年的费用高达 495 美元。在美国其他州，部分发薪日贷款的年息超过 800%。在加州，虽有法律监管，但是年息亦是将近 200%。发薪日贷款是名副其实的高利贷，在中国香港绝对犯法，但是在加州是合法经营。加州有约 200 万人借下高息发薪日贷款。

信用卡是美国的伟大发明，一个美国家庭平均拥有 8 张信用卡，而且大部分美国人都喜欢使用信用卡。信用卡是部分美国人消费毫无节制的原因之一。不少美国人因为信用卡债务而走上破产之路。

请看下图：

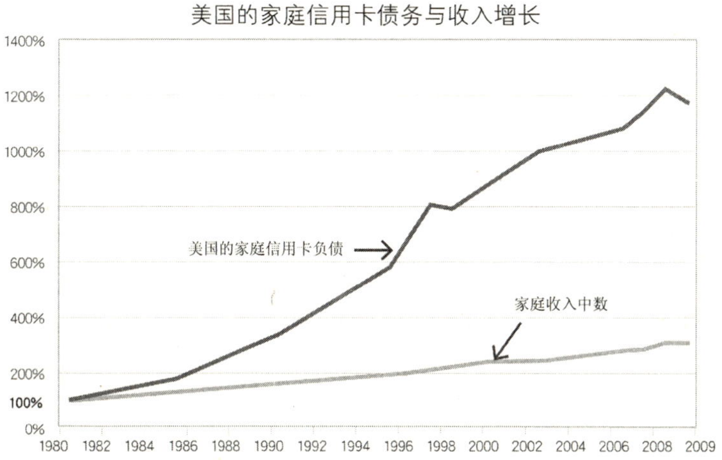

资料来源：Gabelli Mathers Fund

20 世纪 30 年代的美国大萧条与美国人过度借贷有关。30 年代的债务泡沫高峰期时债务金额达到国民生产总值的 270%。2002 年 12 月，美国打破了这个大萧条的纪录，信贷债务的总额突破国内生产总值的 300%。

笔者选择 2002 年的数据是因为当时次贷借贷金额还未实质性地增加。由此可见，次贷膨胀之前，美国已陷入比 30 年代大萧条还要严重的债务泡沫危机。

第二次世界大战之后数十年，美国人平均赚取 100 美元就花费 107 美元。美国鼓励消费，不断以内部消费推动经济发展。只要消费不断增加，经济就会不断增长。这样做有两个问题，那就是债务太多或者天然资源消耗太多，消费就无法增长下去。消费停止增长，美国经济就会垮下来。

最讽刺的是美国的拯救经济政策要增加消费，企图维持甚至加速债务泡沫膨胀。这样做肯定是饮鸩止渴，只会令美国的经济情况越来越糟。

8.7 M3 货币供应之谜

先让我们看看货币供应的定义。

香港的货币供应数字有以下几项：

M1 = 公众持有的货币 + 活期存款。

M2 = M1 + 持牌银行的客户储蓄及定期存款 + 由持牌银行发行并由公众持有的可转让存款证。

M3 = M2 + 有限制牌照银行及接受存款公司的客户存款 + 由有限制牌照银行及接受存款公司发行，并由公众持有的可转让存款证（这些总体数字可进一步细分为港元及外币等部分）。

美国方面，美联储对 M1 的定义是现金、旅行支票及来往户口存款。2008 年 9 月的 M1 货币是 17,000 亿美元。

M2 货币供应包括 M1、储蓄户口、10 万美元以下的定期存款及货币市场期金（IRA 持有的例外）。2008 年 9 月的 M2 货币是 77,000 亿美元。

M1 和 M2 货币没有计算股票或者基金。美国人的储蓄之中，大部分是股票和基金，所以 M1 和 M2 的货币供应不能全面评估美国的实际财富。

好了，美联储给 M3 货币供应的定义是什么？

答案是没有定义。

美国美联储于 2006 年 3 月停止公布 M3 货币的统计数字，原因是统计 M3 货币供应数字的成本远超过它带来的利益。

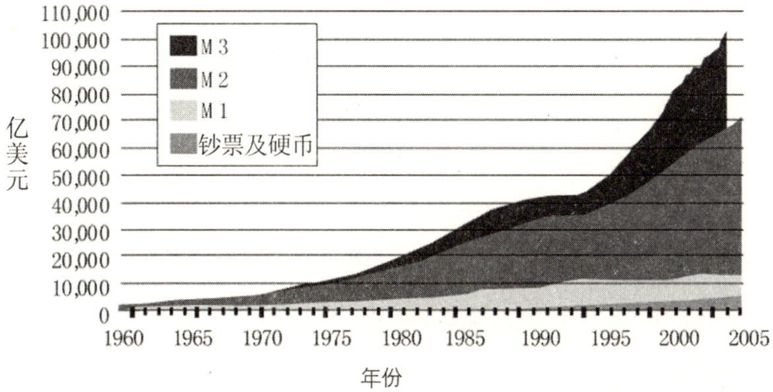

图表中的 M3 货币供应数字是：

M2 + 所有定期存款、Eurodollars 存款（美国和加拿大以外的美元存款）及回购协议（Repurchase Agreements）（以证券作为抵押借钱的协议书，因为借款人签署协议书将证券卖给放款人，在日后某一时间，以另一价钱回购该证券，所以被称为“回购协议”）。

请各位看看过去的 M3 货币供应量数据（亿美元）：

M3货币供应量数据（亿美元）	
2005-01-01	$94,793
2005-02-01	$95,118
2005-03-01	$95,847
2005-04-01	$96,605
2005-05-01	$96,546
2005-06-01	$97,343
2005-07-01	$97,457
2005-08-01	$98,528
2005-09-01	$99,387
2005-10-01	$100,057
2005-11-01	$100,772
2005-12-01	$102,014
2006-01-01	$102,219
2006-02-01	$102,761

从以上数据来看，似乎看不到什么特别之处，只是看到 M3 供应不断增加。但是如果仔细看看 1960 年 2 月 1 日的 M3 供应量，大家就会大吃一惊，因为当时的 M3 供应只有 3,004 亿美元。

美国政府以挥霍无度著称，以省钱为理由停止公布 M3 货币供应的统计数据实在令人难以置信。M1 和 M2 货币供应只是冰山一角的数字，M3 货币供应才是整体货币供应的重要数据。

2006 年 3 月，美联储停止公布 M3 货币供应的统计数据，时间上和次贷危机的开始时间十分吻合，不禁令人怀疑美联储是否看见 M3 供应出了乱子，蓄意隐瞒货币供应的实际情况。如此重要的数据竟然被美联储隐瞒，笔者以为财经专才会大做文章，传媒会争相报道，怎料美国财经界专才对此不闻不问，传媒又对此漠不关心。

M3 货币供应关系到通胀和利率，同时亦会显示美国的国库债券是否靠得住。如果美国发行国库债券过多，会立即在 M3 供应中显示出来。没有了这个重要数据，投资者及各国政府买入美国国库债券时，就会被蒙在鼓里，买了什么都不知道。另外，美元外流也会显示在 M3 货币供应数字上。

楼市方面，M3 供应量显示通胀的基本因素，即货币供应量。要是通胀加剧，加息机会将会大增。

美联储于 2009 年 3 月宣布在市场购买总数 12,500 亿美元的国库债券和房屋抵押贷款证券，M3 供应必然会增加。美联储因为要遏止金融风暴的影响和拯救楼市，被迫大量增加货币供应。虽然美国大量增加 M3 货币供应，但是因为没有 M3 的实际统计数字，没有人知道现在的情况会是怎样。其中最令人难以估计的 M3 成分是欧洲美元（Eurodollar）存款，即美国和加拿大以外的美元存款。

虽然美联储由 2006 年开始不再公布 M3 货币供应，但是美联储和美国财政部公布的数据之中，仍然可以显示美国的货币供应情况。

由上页图表可见，美国的整体货币供应，即M3货币供应加上衍生工具再加信贷额，由1992年的25万亿美元急升至2009年的250万亿美元以上。短短17年时间里，美元供应急升10倍。

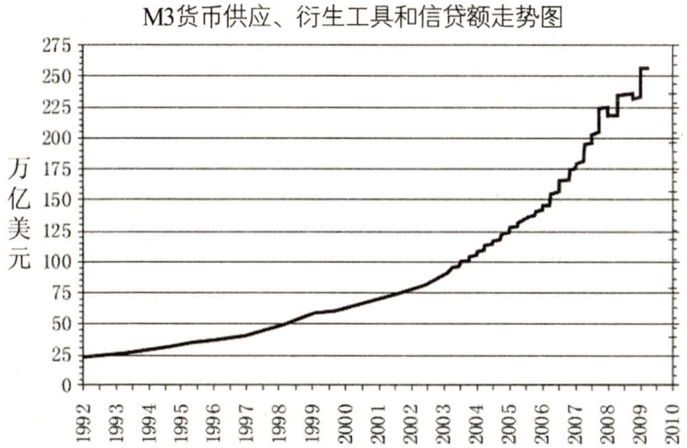

资料来源：Fed, M3b, US Treasury

如果以1992—2002年的美国货币供应增加速度计算，2009年的整体货币供应应该是150万亿美元以下。美国货币供应的急升分为两个阶段：第一阶段是2002—2006年，第二阶段是2006年开始。单是2008年10月的单月货币供应量增加，已经超过1992—1998年的6年总和。2011年8月11日，美联储发表的货币供应数字显示，2011年1月的M2货币供应量是88,415亿美元，到了6月，M2货币供应量增加至92,817亿美元。M1货币供应量的增长更加惊人，2009年8月是16,498亿美元，到了2011年6月，M1货币供应量增加至19,566亿美元。这样的增长幅度远远超过美国的经济增长，绝对不健康。

M1、M2、M3货币供应比较表

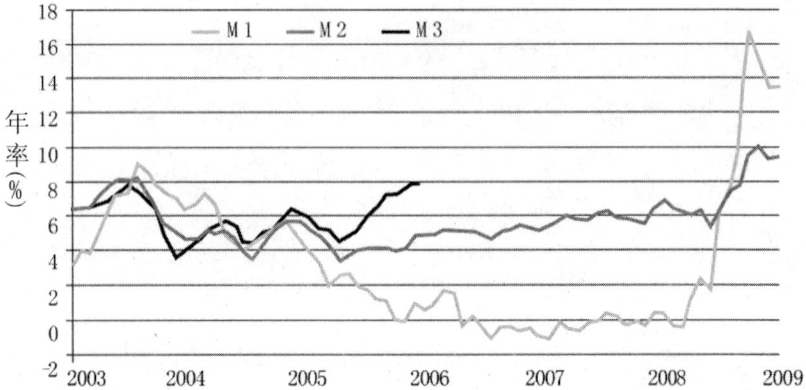

除了整体货币供应量急升至令人担忧的程度之外，M1 货币供应量亦出现不正常的急升。

M1 货币供应是最大流通性的货币，即美国人持有的美元现金、银行支票账户内可以开出支票的金额等。

M2 货币供应是 M1 货币再加上 10 万美元以下储蓄账户存款、定期存款和货币基金。

M3 货币供应是 M2 货币再加上 10 万美元以上储蓄账户存款、定期存款和货币基金及美国居民在海外的美元存款——欧洲美元。

由 M1、M2、M3 货币供应比较表中可以看到，M2 货币供应在 2008 年中急升，显示了美国人增加储蓄；同一时期 M1 货币供应大幅度急升，显示了美国人增持现金。2008 年信贷紧缩与美国人增加储蓄一起出现，相信两者有密切关系。

[第九章]

其他国家的货币危机

“古巴能够在经济制裁 40 年中，又在过去 5 年相对美元重订币值 7 次，却成功地推行教育、医疗、文化、科学、体育及其他计划。世上没有人会质疑古巴的成就。那是古巴不是国际货币基金组织成员国所带来的有利地位。”

“古巴能够在经济制裁40年中，又在过去5年相对美元重订币值7次，却成功地推行教育、医疗、文化、科学、体育及其他计划。世上没有人会质疑古巴的成就。那是古巴不是国际货币基金组织成员国所带来的有利地位。”

以上是2000年4月12日卡斯特罗（Fidel Castro Ruz）在古巴哈瓦那（Habana）的七十七国集团（The Group of 77）会议上的发言。

美国和欧洲等发达国家控制了全球的金融业和商品交易，国际货币基金组织和世界银行都受到发达国家的控制。发展中国家在经济上处于完全被动状态，货币危机不断深化，通胀失控，经济一蹶不振。但是，更令人担心的是发达国家的货币危机，主要是国债和赤字太多。自由市场加上民主体制，再加上使用的货币是国际储备货币，国债、外债和财政赤字都会无止境地上升。美元和欧元的国际货币资格实在值得质疑。

9.1 日元危机

至2007年为止，日元汇价与美元汇价大致稳定，而且日元息率低至0.25%，美元国债息率约5.5%，市场上有大量套息活动（Currency Carry Trade）。到2007年初为止，日元套息活动的金额估计高达1万亿美元。套息活动的杠杆比率相当高，有些高达30倍，原因是套息活动的风险较低，较容易取得高杠杆比率的贷款。

日元套息活动主要集中在借取低息日元，换成美元买入高息美国国债，赚取息差。日元套息活动亦有用于次贷借贷业务。次贷危机爆发前，在美国金融市场，日元套息活动被视为低风险投资。可是，美联储在2007年中开始大力减息，同时美元汇价相对日元大跌，日元套息活动成为次贷危机下构成巨额亏蚀的高风险投资。相信不少银行和基金因为日元套息活动而遭到重创。

最坏的情况是美元与日元息差收窄至约1%，套息活动可以说是无利可图。再加上美元汇价相对日元大幅下跌，银行和基金中止日元套息活动，将美元国债兑换回日元。日元兑美元汇价，被进一步推高，令原先参与日元套息活动的投资机构受到更沉重的打击。

除了金融机构因为日元套息活动蒙受亏损之外，美元汇价缺乏最重要的支持，那就是大量日元换成美元存放在美国赚取息差。美元低息维持的时间越长，对美元汇价的打击就越大。美国滥发国库债券，而国库债券又是负利率（利率低于通胀）。所以，投资者宁愿买入较为强势的货币，例如日元，或者买入可能会脱离联系汇率的港元——较为高息的货币，甚至干脆买入黄金。由此可见，美元实在有必要与日元维持一定程度的息差。

2008年开始，日元和美元的息差基本不存在，套息活动陷入停顿。2011年3月，日本东北地区发生大地震和海啸之后，日元汇价急升。当时我在Now电视台的《隆中对》环节中说不要期望日元出现阪神大地震时的汇价急升，呼吁不要投机性质地买入日元。因为

2011 年 3 月，日本政府承担地震和海啸的理赔责任，民间保险公司有足够资金理赔，当时日本没有即时将海外资金调回日本的需要。2011 年 3 月的日元汇价急升只是投机性质，日本政府的干预日元汇价行动会相当有效，所以当时不值得买入日元。日本政府联同欧美等国家入市干预日元汇价，成功地将日元汇价推到约 1 美元兑换 80 日元的价位。当时日本政府的入市金额不足 1 万亿日元。

2011 年 8 月，日元汇价急升，日本政府入市干预。但是，这次日元汇价急升是美元贬值引起，日本政府可以把日元推低到什么水平，能够维持低汇率多久，是个很大的疑问。请看看日本过去 10 年入市干预日元汇价的记录。

时间	汇率（USD/JPY）	投入金额（亿日元）	日元汇价急升的原因
2001 年 9 月 17 日至 28 日	119	32,107	美国遭到恐怖袭击
2002 年 5 至 6 月	125	40,162	美国经济衰退
2003 年 1 至 3 月	119	23,867	伊拉克危机
2003 年 5 月至 2004 年 3 月	117	328,697	美国经济衰退
2010 年 9 月 15 日	83	21,249	欧洲金融不稳定
2011 年 3 月 18 日	80	6,925	日本大地震（欧美介入）

日本政府不是开动印钞机印日元就可以推低日元汇价，印出来的日元要买美元，日元汇价才会相对美元下跌。所以每次入市，日本政府就会增持美债。2011 年 8 月 4 日，日本政府开始入市，4 日之后，美国主权评级被评级机构标普下调，大手买入美债并非明智之举。所以，我认为日本政府的干预力度不会很大。

干预日元汇价最积极的日本首相是小泉纯一郎。他于 2001 年 4 月上任，同年 9 月就大举入市，企图压低日元汇价。2001—2003 年，他年年入市，金额约在三四万亿日元之间。但是，日元汇价仍然不断上升。2003 年，小泉尽其所能干预汇市，在短短一年半时间内，日本政府投入资金超过 35 万亿日元。日本的经济规模约 50 万亿日元，而一年半之内竟用 35 万亿干预日元汇价且彻底失败，可以用疯狂来形容小泉的入市行动。

小泉这次入市之前，日本持有 3,000 多亿美元美债。入市之后，变成 6,000 多亿。但是，日元汇价由 1 美元兑 119 日元，升到 2004 年 3 月底的 1 美元兑 104 日元。经过 2004 年的惨痛教训之后，小泉再也没有干预汇市，一直到 2006 年离任，他再也没有入市。之后的多位日本首相也没有兴趣干预汇市。

日本政府干预日元汇价的警戒线越降越低，而且投入金额亦越来越少。过去 5 年里，日本政府基本上是任由日元汇价上升。

日本是出口为主的经济体系，日元汇价太强会打击日本经济，无论日本政府如何不情愿，都要入市干预日元汇价，但是，大幅度推低日元汇价的机会不大。2011 年之内，日元汇价有机会升破 1 美元兑 70 日元。

日元汇价上升，或者说美元汇价急跌，会打击日本经济，进一步阻碍日本出口，令日本工业萎缩并加速日本工业外移。2012 年，日本经济有可能出现严重倒退。

9.2 货币汇率的疑惑

既然全世界主要货币都是不能兑换的货币，如何订立汇率？笔者曾经向有识之士请教这个问题。答案是：汇率由投资者决定，投资者确定的出价，就是当时的汇率。

那么投资者又是什么人？答案：主要是美国的对冲基金。

任何货币，尤其是底子较差的发展中国家货币的汇率，可说是任由市场上的投机者摆布。一个国家的货币汇率如果被国际投机者操控，即经济受到外国势力操控。

任何在国际市场上自由兑换的货币，其主权国经济都会受到投机者主宰。1998 年 1 月 12 日，《印度斯坦时报》（*Hindustan Times*）指出，如果印度货币能够完全自由兑换，印度现在已经被列入危机国家的名单。

美元汇价由 2009 年 3 月 8 日的 1 美元兑 0.79396 欧元急跌至 3 月 19 日的 1 美元兑 0.73148 欧元。在短短 11 天时间里，美元兑欧元汇价下跌8.5%！两者都是世界主要货币，波动之大，实在难以想象。主要货币兑发展中国家货币的汇价就更加叫人瞠目结舌。由投机者决定的全球货币汇率不可能有稳定汇率，没有稳定的汇率就不会有稳定的经济。单看这样的汇价波动，已经可以断定全球金融体系出了严重的问题。

以印尼为例，若以美元计算工资，印尼工人一年的工资只及得上一位同工种及同职位美国工人的一周工资。这就是全球不能兑换货币的汇率订立工资制度所带来的结果。

9.3 2008 年金融风暴、货币危机

货币危机不单是出现在美国，与发展中国家货币比较，美元已经算是稳定。让我们先看看 1997 年金融风暴时，亚洲地区的货币贬值情况：

1997 年金融风暴的亚洲区货币相对美元贬值百分比

印尼	-84%	1997 年 7 月至 1998 年 7 月
泰国	-53%	1997 年 7 月至 1998 年 1 月
韩国	-51%	1997 年 7 月至 1998 年 1 月
马来西亚	-47%	1997 年 7 月至 1998 年 1 月
菲律宾	-40%	1997 年 7 月至 1998 年 1 月

接着看看 2008 年 7 月至 10 月，在金融风暴前的 4 个月，一些国家和地区货币的情况：

1998 年 7 月至 10 月货币相对美元贬值百分比

冰岛	-51%	智利	-28%
南非	-38%	巴基斯坦	-20%
巴西	-34%	印尼	-18%
波兰	-34%	印度	-16%
土耳其	-33%	俄罗斯	-15%
韩国	-32%	菲律宾	-11%
墨西哥	-29%	新加坡	-11%
哥伦比亚	-28%	中国台湾	-10%

从表中可以知道，全球货币基本上陷入危机，只有少数货币升值，其中包括人民币和日元。

发展中国家的货币经常在金融灾难中出现大幅度贬值，原因是发展中国家需要发达国家的投资。每次金融灾难出现时，发达国家都会减少对发展中国家的投资，令发展中国家陷入经济困境。2009 年 1 月 3 日，世界银行发表题为《2009 年全球经济前景》的报告，预测 2009 年全球经济陷入衰退，情况严重的程度堪称数十年来之最。该报告指出，由发达国家流向发展中国家的投资，会由 2008 年的 1 万亿美元急降至 2009 年的仅仅5,300亿美元。《2010 年全球经济展望报告》预测，2010 年全球国内生产总值增长 2.9%，2012 年逐步增强至上涨3.2%和3.5%。这与2009年的下降2.1%形成极大的反差。该报告指出，融资缺口将继续影响许多发展中国家。2009年流入发展中国家的私人资本为4,540亿美元（发展中国家国内生产总值的2.7%），而到2012年为止仅小幅上升至7,710亿美元（国内生产总值的3.2%），相比2007年的水平为1.2万亿美元（国内生产总值的8.5%）。发展中国家2010年的融资缺口预计将为2,100亿美元，2011年会下降到1,800亿美元。

9.4 货币管理不善的后果

货币管理不善的后果是超级通胀。2008年11月，津巴布韦的按年计算通胀率是89,700,000,000,000,000,000,000%。该月份的单月通胀率是796亿%。津巴布韦发行1,000亿元钞票作为对抗超级通胀的手段。

如果讲到全球流通货币之中最大面额钞票（不是价值，只是面额），应该是2008年7月1日津巴布韦发行的1,000亿津巴布韦元钞票。面额比香港常见的阴司纸（地府通用货币）还要大。虽说是1,000亿津巴布韦元，只能买到4个橙子或者半个面包，可是钞票上竟然还写明2008年12月31日到期，只能在到期前使用。

人类史上最大面额的钞票是匈牙利于1946年推出的1万亿潘戈（Pengo）钞票。由于100,000,000,000,000,000,000有很多零，钞票上只印着B。这张钞票见证了不能兑换钞票而引发超级通胀的残酷现实。

可是，这样惊人的超级通胀无法打破匈牙利于1946年创下的纪录。请看以下的超级通胀历史记录。

以上的超级通胀只是一段时间的经济情况，印尼是长期货币管

理不善的最明显例子。自从印尼货币印尼盾（Indonesian Rupiah）发行当日开始，印尼就一直被通胀困扰。货币出了问题，经济自然陷入困境，最直接的后果是通胀。

1945 年，英国人向印尼政权指出，在只控制爪哇岛的情况下急于发行钞票是经济及政治自杀。印尼政权忽视英国人的忠告，一意孤行。1946 年 10 月 3 日，印尼发行印尼盾，每印尼盾相当于 0.5 克黄金的价值。以 2009 年 3 月的黄金价格计算，即每印尼盾值 14 美元。印尼盾发行之后数年，日本军票和前荷兰殖民地时代的钞票仍然大量流通，导致经济和货币大混乱。1953—1959 年，印尼通胀达到 3 倍。1959 年 8 月 1 日，实际汇率（不是官方汇率）由 11.4 盾兑换 1 美元跌至 45 盾兑换 1 美元，印尼盾贬值 75%。此后，印尼通胀加剧，1961 年是 27%；1962 年是 174%；1965 年是 600%。1998 年 6 月，印尼盾曾经贬值至 16,800 盾兑 1 美元。印尼盾在 1997 年 7 月之后一年竟然暴跌 84%，在此期间，印尼盾汇价波幅由 2,450 ~ 17,500盾兑 1 美元。到了 2008 年金融风暴时又跌掉 11%。2009 年 3 月 28 日的官方兑换率是 11,481 盾兑 1 美元。由于印尼盾曾经将 1,000盾旧货币转为 1 新印尼盾，现在的 1 美元相当于印尼盾发行初期的 11,481,000 盾。

印尼政府厚待非华裔印尼人，向他们贷出大量印尼盾，还有政府的补助。这样做的原意是令非华裔印尼人受惠，怎料印尼盾汇价波动、高息、通胀波动等问题反而令借款人莫名其妙地陷入经济困境。另外，印尼早年大量借取低息日元，当时的日元汇价约 300 日元兑 1 美元。印尼政府无力还债，于是将日元债务滚存。到 2009 年，日元相对美元升值 3 倍，相对印尼盾升值数十倍。印尼在 1997 年金融风暴之后数年，印尼失去的工作岗位达到 4,000 万个。1998 年 7 月，印尼国会通过的财政预测中，资金来源有 43% 是外国经济援助。2002 年，70% 印尼人住在乡村，平均收入少于每日 2 美元。印尼外债高达 1,520 亿美元，财政预算的 41% 和税收的 61% 用于偿还外债。自立国开始，印尼人将经济灾难的责任归到印尼华桥身上，爆发一连串的排华运动。

各位读报时或许会看到印尼的经济问题，主要是外债太多所引起的。这些问题拖累经济发展，印尼政府不断要求外国经济援助。

其实，印尼的外债情况只是一般。2007 年，印尼外债总金额是 1,407 亿美元，以欠债金额计算，全球排行第 30。根据国际货币基金组织公布的数字，2007 年印尼的国内生产总值 4,329 亿美元，全球排行第 20。相对美国的 13.8 万亿美元国内生产总值，有 12 万亿美元外债，印尼的外债情况，可以说健康得多。日本的 14,920 亿美元外债也是非常厉害。日本的 2007 年国内生产总值是43,815亿美元。中国的国内生产值是 32,802 亿美元，全球排行第 4，外债只有 3,630 亿美元。

9.5 发达国家和地区都外债累累

以下是世界一些发达国家和地区的外债金额最新数据。除了荷兰的数字是 2009 年 12 月的，日本和爱尔兰的数字是 2010 年 9 月的之外，其他数字是 2010 年 6 月的。由于各国的财政年度不一，更新日期又各有不同，所以统计数字不是同一日期的计算结果。

国家/地区	外债（美元）	国家/地区	外债（美元）
美国	14,300,000,000,000	瑞士	1,200,000,000,000
英国	8,981,000,000,000	比利时	1,241,000,000,000
德国	4,713,000,000,000	澳大利亚	1,169,000,000,000
法国	4,698,000,000,000	加拿大	1,009,000,000,000
荷兰	3,733,000,000,000	瑞典	853,300,000,000
日本	2,441,000,000,000	奥地利	755,000,000,000
爱尔兰	2,253,000,000,000	中国香港	750,800,000,000
挪威	2,232,000,000,000	丹麦	559,500,000,000
意大利	2,223,000,000,000	葡萄牙	497,800,000,000
西班牙	2,166,000,000,000	中国	406,600,000,000

资料来源：CIA World Fact Book

从上表可以看到一个怪现象，中国香港的外债比内地高得多，达到7,508亿美元。中国台湾的外债是914亿美元，不足香港的1/8。澳门则没有外债。

最令人吃惊的是欧元区的总外债金额。2008年，欧元区的外债超过美国很多，单是德国、法国、意大利、荷兰、西班牙和爱尔兰的总外债约20万亿美元。如果把英国及瑞士的外债约10万亿美元计算在内，总外债约30万亿美元。整个欧洲地区的外债远远超过这个金额，但是其中有不少外债是欧洲国家之间的债务。中国和日本的外债合起来只相当于爱尔兰的外债。到了2010年，欧盟外债总金额只有137,200亿美元，低于美国的143,000亿美元。只是短短的3年时间内，美国和欧盟的外债位置就对调了。这是美国外债增长速度超过欧盟的结果。

世界各国的外债情况令人担忧，全球经济像是随时引爆的外债炸弹。只要其中一个主要经济体系无法偿还外债，连利息也无法清还时，国与国之间的三角债就会引发外债连锁反应，可能一发不可收拾。

9.6 中国香港联系汇率机制隐忧

中国香港于1983年实行联系汇率机制。港元汇率是7.8港元兑1美元，与单一美元挂钩，容许港元汇率在7.8港元±0.05港元范围内波动。联系汇率机制是要确保香港经济不受汇率波动的影响。因为香港是个规模极小的经济体系，又是世界的主要贸易及金融中心。稳定的汇率能够保持香港的竞争优势。当时，香港的最大贸易伙伴是美国，与单一美元挂钩是最合理的机制。

25年后，中国内地已取代美国成为影响香港经济的最重要地区。香港的食物及民生用品主要来自内地，港元与人民币保持稳定汇率才能控制通胀。单从2005—2008年的香港物价急升就可以明白，人民币汇价相对港元上升会对香港经济造成打击。

香港的经济基本因素与美国严重脱节时，联系汇率便容易成为投机冲击的目标。在最恶劣的情况下，香港经济会出现混乱。现在的问题不是香港能否维持联系汇率，而是香港有没有理由和必要捍卫与美元单一挂钩的联系汇率。香港地区是重要的国际金融中心。港元汇率与美元挂钩的后果是，美国滥发债券和经济下滑令香港的国际金融中心地位受到质疑。美元地位动摇会连带香港的金融地位也出现问题。

2009年3月27日，香港财经事务及库务局局长陈家强出席珠三角发展规划工商界论坛时宣称香港能保住国际地位时，同场的汇丰亚太区业务策划及经济顾问梁兆基提出异议，认为香港没有实体经济支持，连作为深圳金融中心都不可能。他认为，香港在人民币业务方面，人民币储量只有约500亿元，与上海的数万亿元人民币储量相差很远。香港缺乏主权货币的支持，应该奋起直追，争取成为人民币中心，否则10年后香港难与上海竞争。

香港一直是中国通往国际的门户，亦是国际企业进军中国的第一站。随着中国现代化进程的加速，又增加了外资银行及金融业相关机构，香港对中国的重要性相对下降。2008年金融风暴就证明，中国企业在香港股票市场集资有其风险性。中国内地的股票市场逐渐成长，相信很快就会超越香港。

除此之外，加息是控制通胀和稳定美元汇率的有力工具。货币供应增加，通胀自然会增加，加息是必然之道。笔者认为2009年3月的近乎零利率，不能够在美国财政赤字高企及滥发国债的情况下维持一段比较长的时间。通胀和美元汇价下跌亦是随时会出现的问题，美联储绝对不会眼巴巴地看着通胀上升，或者美元汇价下跌而不加息。

要是美国经济状况持续恶化或者美国滥发国债令美元贬值，香港的国际金融中心地位将会受到考验。由于联系汇率，香港被迫持有大量美元资产。要是美元贬值，香港除了经济上的损失之外，港元还会被国际投资者冲击，并被逼迫与美元脱钩。

香港的货币危机源自与美元单一挂钩的联系汇率制度。笔者实在不明白为何香港政府不在2008年年中与美元脱钩，仿照内地的做法，与一揽子货币挂钩。更加令笔者不明白的是，香港政府为何不配合时代发展，在内地扩大内需市场时担任重要角色，反而投向英美等经济泥足深陷的国家。

2011年8月8日，美国主权评级被标普调降之后，港元与美元单一挂钩的联系汇率的可行性受到质疑。当日，香港金融管理局总裁陈德霖重申，香港联系汇率一直行之有效，是香港金融和货币稳定的基石，当局无意作出改变。他认为，这次评级下调不应对美国国债息率造成冲击。国际投资者仍然会视美国国债为非常安全和流动性最高的投资和避险工具。陈德霖说，这次美国主权信贷评级被下调一级，不应动摇到美元作为国际贸易和金融市场计价和支付货币的地位。

我对陈总裁的言论不敢苟同，因为美元能否继续担任国际贸易货币和国际储备货币不是香港应该关心的事情，那是美联储的事情，美国人应该关心的事情。美国国债安全、流动性高不代表香港应该继续维持港元与美元单一挂钩的联系汇率。最重要的考虑因素是美元是否会大幅度相对人民币、欧元和日元贬值。美元贬值的话，香港会出现严重的通胀，香港没有美国的楼市暴跌，港元贬值就会立即带动通胀，影响香港人的生活，危害香港经济的稳定性。陈总裁应该评估港元与美元单一挂钩的联系汇率是否在未来数年适合香港的经济发展需要，而不是评估美债的流动性和安全性。连大方向都搞不好，说什么都是空谈。

凯恩斯政策（Keynesian Policy）

第一次世界大战之后，美国成为世界第一大债权国，世界经济的中心从伦敦移到纽约。1930 年世界经济大萧条时期，英国经济学者凯恩斯（John M. Keynes）主张由国家增加开支、扩大内需来推动经济。这样的政策被称为凯恩斯政策（Keynesian Policy）。美国罗斯福总统对付大萧条的“新政策（New Deal）”和“大政府（Big Government）”就是典型的凯恩斯政策。自从罗斯福总统之后，每当美国出现问题，美国政府立即大量注资和增加政府开支，以此推动经济发展。

[第十章]

建立新的储备货币

从全球货币储备数据看，美元的重要性逐渐被欧元取代。美元在全球货币储备中，由 1999 年的 70.9% 急跌至 2008 年的 64.1%。

10.1 美元的重要性下降

请看一下各国外汇储备的货币组成比例：

年份	美元	欧元	英镑	日元	瑞士法郎	其他
1995	59.0%	17.9%	2.1%	6.8%	0.3%	13.6%
1996	62.1%	18.8%	2.7%	6.7%	0.2%	11.7%
1997	65.2%	19.8%	2.6%	5.8%	0.4%	10.2%
1998	69.3%	24.2%	2.7%	6.2%	0.3%	6.1%
1999	70.9%	25.3%	2.9%	6.4%	0.2%	1.6%
2000	70.5%	24.9%	2.8%	6.3%	0.3%	1.4%
2001	70.7%	24.3%	2.7%	5.2%	0.3%	1.2%
2002	66.5%	25.2%	2.9%	4.5%	0.4%	1.4%
2003	65.8%	26.3%	2.6%	4.1%	0.2%	1.9%
2004	65.9%	26.4%	3.3%	3.9%	0.2%	1.8%
2005	66.4%	27.6%	3.6%	3.7%	0.1%	1.9%
2006	65.7%	26.2%	4.2%	3.2%	0.2%	1.5%
2007	64.1%	26.6%	4.7%	2.9%	0.2%	1.8%
2008	64.1%		4.0%	3.1%	0.1%	2.2%
2009	62.1%		4.3%	2.9%	0.1%	3.1%
2010	61.5%		4.0%	3.8%	0.1%	4.4%
2011Q1	60.7%		4.1%	3.8%	0.1%	4.7%

数据来源：1995—1999 年及 2006—2010 年来自国际货币基金组织；1999—2005 年来自欧洲中央银行。

从全球货币储备数据看，美元的重要性逐渐被欧元取代。美元在全球货币储备中，由1999年的70.9%急跌至2008年的64.1%。美元在全球货币储备中减少的幅度和欧元上升的幅度几乎一致。由此可见，很多国家将美元储备转为欧元储备。2008年金融风暴之后，美元在全球外汇储备中的地位进一步下降，由2008年的64.1%下降至只有约60%。欧元和英镑的比例没有改变，美元减少的部分由日元和人民币占据。

日元本来是相当重要的储备货币，但自从2000年开始，其重要性急降，由全球储备货币的6.3%急降至只有约3.3%，跌了将近一半。这是因为日元的储备只是用于日本贸易，不是正式的货币储备。日本对外贸易额急降的同时，各国对日元储备的需要亦下降。相信再过5年，日元将会步瑞士法郎后尘，失去全球主要储备货币地位。

2007年，英镑的比重提升至4.7%，那是因为经济动荡，资金需要避险，各国政府用英镑取代美元。2011年，这个比重回落至4.1%，但是，仍然高于2000年的3.3%。英镑的比重增加只是暂时性的。瑞士法郎的情况和英镑差不多，主要是贸易和金融服务引起的储备增加。瑞士法郎的地位已经不算是主要储备货币。

10.2 欧元挑战美元地位

10.2.1 欧元已是区域性储备货币

第二次世界大战之后，美元是全球主要贸易货币和储备货币。但是美国的经济困境和国债加剧，令很多国家将部分美元储备转为欧元。欧元的历史并不长，1999年1月1日，欧洲多国成立作为计算用途的虚拟货币欧洲货币单位ECU。2002年1月1日，欧元钞票正式流通，当时的兑换价是1美元兑1.128欧元。2008年1月，1美元兑0.68欧元。2009年4月2日，1美元兑0.744欧元。2002年1月至2009年4月，美元相对欧元贬值达34%。2011年8月，美元兑欧元汇价比2009年4月还要低，欧洲五国债务危机阴影之下，欧元仍然相对美元走强。由此可见，美元的国际货币地位并不稳健。

欧元区包括奥地利、比利时、塞浦路斯、芬兰、法国、德国、希腊、爱尔兰、意大利、卢森堡、马耳他、荷兰、葡萄牙、斯洛伐克、斯洛文尼亚及西班牙。欧元在另外5个欧洲国家流通，总人口达到3.32亿。至2010年6月为止，流通的欧元达到8,000亿，以价值计算，欧元是全球流通量最多的现钞。欧元区是全球第二大经济体系。如果以单个国家计算，中国是第二大经济体系。

以东欧国家为例，它们的贸易伙伴以欧元区国家为主，与美国的贸易额微乎其微。东欧国家以欧元为主要贸易货币及储备货币。东欧国家，例如波兰，以德语为主要外语。欧元已成为区域性主要货币，并正挑战美元的主要货币地位。

10.2.2 欧洲的经济困境

虽然美国引发金融风暴，可是欧洲的银行业情况比美国还要恶劣。原因是欧洲银行做生意的杠杆比率高过美国的同业。根据国际货币基金组织的数据，欧洲银行的杠杆比率超过美国及日本银行的杠杆比率约50%。另外，欧洲银行对贷款给发展中国家情有独钟。全球发展中国家的49,000亿美元外债中，欧洲银行的放款占74%。单是西欧借给东欧的17,000亿美元贷款，坏账的金额比起美国的次贷坏账，绝对有过之而无不及。

欧洲银行受到发展中国家的坏账影响而遭受严重损失。单以发展中国家的坏账计算，欧洲银行的潜在损失是美国及日本银行同业的5倍。西班牙在南美洲的贷款损失惨重，瑞士和英国则受到亚洲发展中国家的坏账拖累。

2007年，德国是全球第三大经济体系，国民生产总值比中国高。可是，德国的高产值有其缺陷，那就是以高档货为主。全球经济情况恶劣时，德国的经济处境比不上中国，因为中国以生产廉价实用产品为主，在经济环境恶劣时，受到的冲击较为轻微。2008年第四季度，德国的经济按年计算收缩了8.4%。

2009年，意大利的国债达到国民生产总值的112%，可说是水深火热。奥地利向东欧放款2,890亿美元，占奥地利国民生产总值的70%。奥地利银行借给东欧的钱之中，大部分是从瑞士的银行借来，又转借给东欧国家。只要这笔2,890亿美元的贷款中，有10%出事，已经足以令奥地利金融体系彻底崩溃。

2010年2月24日，希腊发生了全国性百万人大罢工，抗议希腊政府削减社会福利及紧缩政策，并且爆发严重警民冲突。4月27日，国际信用评级机构标准普尔公司将希腊的长期主权信用评级降至垃圾级，而对葡萄牙的评等降两级至A-，欧美金融市场受此影响很大。

5月2日，欧元区成员国和国际货币基金组织决定在未来3年内共同向希腊提供1,100亿欧元贷款。5月19日，欧元兑换美元汇价下跌至1.2144元。

欧洲有很多小国家拥有规模超级庞大的银行，那些国家没有能力拯救国内银行，也没有任何国家愿意施以援手。希腊是个1,100万人口的小国家，但是，它造成的全球性金融冲击规模大到难以想象。最惨的是欧洲虽然有欧元，但是并非每个欧洲国家都使用欧元，再加上没有欧洲的美联储统一货币和经济政策，救市时每个欧洲国家各自为政，甚至互相压制。当欧洲各国领袖走在一起时，不互相嘲笑和臭骂已经是万幸，要真诚合作很难。

欧元区可能抵挡不住金融风暴的冲击而瓦解，如果真的发生这样的情况，全球经济将会陷入黑暗时代，重见光明的日子将会遥遥无期，最低限度，笔者不期待能在有生之年看到全球经济复苏。现在，所有人只能够祈祷，期望欧元区可以继续撑下去。

如果你以为西欧的经济情况已经坏透了，请看看东欧的情况。东欧外债为 17,000 亿美元。2009 年的应偿还外债是 4,000 亿美元，还债或者滚存债务的机会不大，情况绝不乐观。俄罗斯于 2008 年 8 月开始至 2009 年 3 月初，为了捍卫俄罗斯货币卢布的汇价，已耗用外汇储备的 36% 。

东欧极可能引发西欧经济危机，再引发全球经济灾难。正是因为这个原因，西欧国家曾经拒绝拯救东欧国家，例如，波兰的房屋抵押贷款危机。

从经济的角度去看，美国的次贷危机和欧洲的经济灾难一起爆发，不是美国的经济问题拖累欧洲。欧洲的经济问题主要是内部引起，不是由美国传到欧洲去，只是欧洲的经济问题在美国次贷危机之后才暴露出来。因为经济灾难出现的时间和次序给人的感觉是欧洲受到美国次贷危机的池鱼之灾。

事实上，欧元和美元差不多，都是滥发货币、外债严重、经济隐忧太多，欧元也不是合适的国际储备货币。

10.3 以特别提款权作为储备

欧盟对美元的经济政策批评地非常凶狠。2009 年 3 月 25 日，欧盟轮值主席托波拉内克公开指责奥巴马的振兴经济方案是通往地狱之路。翌日，中国人民银行行长周小川在央行网站上发表文章，提议“创造一种超主权国际储备货币”，以改革现行的以美元为主导的国际货币体系。周小川提议扩大将国际货币基金组织特别提款权（SDR）的使用范围，为增加特别提款权配额奠定基础，从而逐渐取代现有的储备货币。

周小川在《关于改革国际货币体系的思考》的文章中指出，当前全球金融危机反映出国际货币体系的内在缺陷和系统性风险，而创造一种与主权国家脱钩，并能保持币值长期稳定的国际储备货币，是国际货币体系改革的理想目标。

周小川同时建议，应该进一步完善特别提款权的定值和发行方式，应将特别提款权定值的一揽子货币范围扩大到世界主要经济大国，可将国内生产总值作为权重考虑因素之一。

特别提款权是 20 世纪 60 年代国际货币基金组织创建的一种合成货币，它的定值基于美元、日元、欧元和英镑组成的一揽子货币。在这在一揽子货币中，美元占 40%。特别提款权可用来储备资产和作为记账单位，也被称为“纸黄金”。特别提款权建立的原来目的是作为国际储备的共享货币，不过这个作用从未真正实现。目前，特别提款权主要用于国际货币基金组织与成员国之间交易的结算。

以主权信用货币作为国际储备货币确实有缺陷。以美元作为国际储备货币会令全球经济受到美国的经济政策影响，甚至无辜地受到美国拖累。2008 年金融危机的爆发并在全球迅速蔓延，反映国际货币体系的内在缺陷和系统性风险。美元实在不是币值长期稳定的货币，由奥巴马大撒金钱来看，美元大幅度贬值已是无可避免，全球经济可能因此陷入混乱。

2009 年 3 月 27 日，美国财政部长盖特纳宣称对中国人民银行行长周小川呼吁建立新国际储备货币一事持“开放”态度。盖特纳的言论被市场解读为支持周小川的建议，刺激美元兑欧元与日元在短时间内急跌；其后，盖特纳改口说美元仍是全球最重要的储备货币。

2009 年 3 月 15 日，俄罗斯在公开发布的伦敦金融峰会文件中建议，创造由国际金融机构发行的新储备货币，以改变目前美元主导国际金融体系的局面。

诺贝尔经济学奖得主、美国哥伦比亚大学教授斯蒂格利茨力挺中国提出的新世界货币体系建议。“我们或许已站在一个（对美元作为储备货币）缺乏信心的起点上，建立新全球储备货币的建议应该得到支持。”斯蒂格利茨早就呼吁改变美元作为唯一储备货币的状况。他认为，全球经济和金融体系将储备系统建立在“依赖自身经济信心的单一货币基础之上”并不妥当。

汇丰中国区首席经济学家屈宏斌则表示：“中方最新的建议是个明确的迹象，表明作为美元金融资产的最大持有者，中国对美联储‘开动印钞机’行为的潜在通胀风险表示担忧。”当美国大印钞票振兴经济的同时，持有美元资产的国家要为美国出资救市。救市失败时，持有美元资产的国家要吃大亏。中国政府和中国的经济学家当然为此担心。

2009 年 3 月 31 日，阿根廷中央银行总裁马丁·里德拉多（Martin Redrado）声明阿根廷支持中国的放弃美元和建立新的全球储备货币的提议。

俄罗斯则在2009年4月在英国伦敦举行的G20峰会中提出一套全球储备货币的建议。俄罗斯认为金融风暴是既有的金融系统因为管理不善而崩溃，有需要放弃传统的金融体制及建立新的制度。

2009年4月2日，G20伦敦金融峰会闭幕。会上，俄罗斯总统德米特里·梅德韦杰夫建议召开国际会议以商定世界金融新秩序协议，讨论全球金融体系的主要构成，并制定国际金融新秩序协定。G20伦敦峰会没有讨论美元的国际货币地位问题，俄罗斯只是提议由国际货币基金组织或者G20研究建立新的国际储备货币。俄罗斯的建议得到中国支持。在开会期间，俄罗斯发表声明，指出强势货币是新的储备货币基础，另外可以和黄金部分挂钩。

全球性金融风暴之下，中国成为重要的经济力量。在这次G20伦敦峰会中，资金充裕而且经济持续发展的中国已经成为最关键成员。几个月前，西方国家首脑还在讨论是否让中国加入他们的小圈子。英国首相布朗积极主张在处理全球性事务时放弃G8峰会，改为G20峰会模式。他认为G8峰会只是发达国家的小圈子。英国《每日电讯报》在2009年4月3日的头版标题："G20：布朗宣布世界新秩序（G20 Summit：Gordon Brown Announces New World Order）"。

10.4 人民币闯天下

到执笔时为止，人民币并非国际上自由流通的货币，但是人民币的强势胜过不少自由流通的货币，比如印尼盾。一旦人民币成为国际自由流通货币，极可能迅速地像欧元那样成为区域性储备货币。发展中国家与中国的贸易额超过欧美各国，以人民币作为储备货币可以抵抗通胀。邻近中国的发展中国家都欢迎人民币。例如，柬埔寨吴哥窟的导游，会要求中国游客给人民币作小费，不想要美元。

2008 年，中国推动人民币国际化，将上海指定为国际金融中心。2008 年 12 月开始，中国与 6 个国家签订货币互换协议，让中国向这些国家的银行注入人民币。这样做可以绕过美元，直接以人民币购买中国商品。这 6 个国家中有韩国、马来西亚、阿根廷等。

货币互换的实际操作，是允许外国的金融机构以外币作为抵押，向人民银行换取等值的人民币，令该国金融机构或者企业直接兑换人民币，无须在贸易或者金融活动中采用美元作为结算货币。中国不断增加海外投资和贷款，能够直接在海外使用人民币是重要的金融战略。

虽然香港是中国一部分，但是在贸易上它与其他国家的关系非常紧密。当香港采用人民币结算，外国商人可以间接地进行人民币结算。

2008 年 12 月，中国国务院批准香港推行人民币贸易结算业务。中央公布 14 项内地香港金融合作项目，其中包括货币互换及允许以人民币作为内地香港贸易结算货币。香港有机会和上海一样，成为人民币结算中心。当香港成为人民币结算中心时，极可能会放弃港元与单一美元挂钩的联系汇率机制，变成与人民币挂钩。

2009 年 4 月 9 日，中国决定在上海和广东省 4 城市开展跨境贸易人民币结算试点，降低汇率风险，保持对外贸易稳定增长。交通银行、中国银行、中国建设银行、招商银行已初步确定作为人民币国际结算业务的首批试点银行。

跨境贸易人民币结算业务自 2010 年扩大试点之后，取得突飞猛进的发展。人民币在中国境内外的接受度正逐步提高，但全球综合来看，其使用比例相比美元和欧元仍较小。2011 年 7 月 11 日，汇丰香港区业务规划及策略主管潘汉生表示，人民币具有良好的潜能，它正发展成为主要的国际贸易货币及作为未来中短期的投资货币之一。全球贸易额中，约 7.5% 是以人民币结算，人民币有可能于 5 年内实现自由兑换。

人民币相对美元走强，2007 年金融风暴之前，1 美元兑 7.5 元人民币，到了 2010 年，1 美元兑 6.6 元人民币。2011 年 8 月 11 日，人民币兑美元汇价上升超过 6.40，盘中创下 6.3895 的历史新高。相信，人民币仍然会相对美元升值，主要原因是美元贬值。

美国的贸易和联邦赤字不断扩大，美联储滥发国库债券和美元，美元贬值极可能触发全球金融灾难。为此，不少发展中国家急欲以人民币作为储备货币。这些国家通过货币互换协议，将本国货币和美元作为抵押，借取人民币，另外又借入人民币贷款。人民币闯天下的时机可说妙不可言。一方面，人民币不是国际流通货币，可以抵抗美元引发的货币灾难。另一方面，人民币的认受性良好，被视为有实际价值的货币，有升值潜力。

一些财经专家估计人民币要到 2020 年才能取代美元的地位。那样的估计过于保守，如果美元引发全球性货币灾难，人民币不难在一夜之间成为国际主要货币。美元一旦失去国际储备货币的地位，美国人再也不能像过往数十年那样，每赚 100 元就花掉 107 元；再也没有外国人勒紧裤带，将辛辛苦苦赚来的血汗钱补贴给美国人挥霍。

10.5 亚洲自由贸易区

1967 年 8 月，印尼、马来西亚、新加坡、菲律宾、泰国 5 国外长在曼谷举行会议，发表了《曼谷宣言》，正式成立东南亚国家协会（Association of Southeast Asian Nations，简称东盟 ASEAN）。东盟最初的成立目的是以反共为主，主要任务是防止区内共产势力扩张。东盟各国只在军事安全上合作，政治方面则互不干涉。冷战结束后，东盟开始转为加强区域内经济合作，并且依附在欧美经济势力之下。东盟各国在 1997 年金融风暴中受到重创，亲欧美立场开始动摇。

东盟的经济竞争力不断减弱，贸易与投资停滞不前。东盟成为投资天堂的美梦被中国打破。1999 年，中国大陆外来直接投资金额达 400 亿美元，占流入亚洲地区资金的 42%。东盟的外来直接投资金额则有 160 亿美元，仅占 17%。

原本以反共为目标的东盟在经济压力之下，无可奈何地投向亚洲的新兴经济势力——中国。早在 2001 年，中国总理朱镕基和东南亚国家协会 10 国领袖达成协议，建立全球最大自由贸易区。同年，东盟高峰会在文莱举行时，东盟各国决定和中国建立拥有将近 20 亿人口的自由贸易区。

2008 年金融风暴之下，东盟各国感到货币危机一触即发，急于寻求区内有实力的经济体系合作，减少出现像 1997 年那样的经济灾难的可能性。中国、日本和韩国是亚洲地区的主要经济体系，东盟依附东亚三国一定比依附欧美强。

东盟成员国是文莱、柬埔寨、印尼、老挝、马来西亚、缅甸、菲律宾、新加坡、泰国和越南。东盟加三是在东盟成员国之上加入中国、日本和韩国。印度、澳大利亚和新西兰也有兴趣加入。俄罗斯极可能加入亚洲自由贸易区。如果亚洲自由贸易区的情况良好，东欧和中亚各国可能会脱离欧美的影响，加入亚洲自由贸易区。

2009年4月，代表全世界近半数人口的16个亚洲国家研究成立由中国延伸至澳大利亚的自由贸易区。自由贸易区的成员可能包括东盟10国、中国、日本、韩国、澳大利亚、印度、新西兰。当这个新的亚洲自由贸易区成立之后，中国将会成为雄霸亚洲的经济大国。亚洲地区经济将会脱离欧美的控制，成为独立的经济体系。相信日后亚洲经济自由贸易区会有脱离美元的储备和贸易货币。到时，全球经济将会三分天下，亚洲、欧洲和美洲鼎足而立。

10.6 伊朗的石油战争

反对美元作为国际贸易货币最激烈的国家是伊朗。伊朗总统艾哈迈迪·内贾德早在2007年11月20日就痛斥美元："他们拿了我们的石油，却给了我们没有价值的废纸（美元）。"为了避免因为美元贬值引发的经济危机，伊朗把大部分外汇储备转为其他货币。他建议石油输出国组织（OPEC）可以考虑自己推出新货币。2009年3月11日，内贾德更建议经济合作组织（ECO）成立经济合作发展组织和贸易银行。他说："应在成员国之间使用单一货币进行贸易，接下来在其他国家和邻国推行。"

伊朗与美国敌对人所共知的，美国的实力远超伊朗亦无可否认。军事上，伊朗可说弱不禁风。伊朗和美国的斗争大都显现在政治及经济上。美国遭到伊朗的挑衅，以2006年春季的情况最为严重。伊朗的石油交易所开始运作，国际买家可以在美国纽约商品交易所（NYMEX）及国际石油交易所（IPE）以60美元一桶的价格购买石油，亦可以通过伊朗交易所以45 ~ 50欧元一桶购买石油。

美国滥发国库债券，美元仍然能够保持强势，主要因为美元既是国际商品交易的货币，又是各国的储备货币。在此之前，任何人要在国际市场买石油必须以美元交易，推高了美元的需求之余，也巩固了美元的地位和汇价。美国可以凭着美元的优势地位，向世界各国征收铸币税。伊朗开设以欧元为交易货币的石油交易所，摆明向美国挑战美元的国际货币地位。假如美国不想办法阻止伊朗绕过美元的交易方法，下一步可能会以欧元买卖天然气、矿产等。到时，情况极可能一发不可收拾。

美国以伊朗发展核武为理由向伊朗实施经济制裁，冻结伊朗的海外账户、限制伊朗的贸易信贷等。伊朗的石油交易所即时停业，无法运作。美国对伊朗的经济制裁一开始就向伊朗在欧洲的银行账户和金融机构开刀，有效地切断伊朗的国际贸易。伊朗受到美国的经济制裁之后，与世界金融业完全隔绝。充分显示美国的金融和经济霸权，以及美元作为世界货币的力量。

伊朗要与美国抗衡的话，只能靠向中国及俄罗斯。2007 年，伊朗国家石油公司和中国石油化工集团公司签署了 20 亿美元的开发西亚达瓦兰油田协议。2009 年 4 月，伊朗国营天然气公司与中国的一个财团签署总值超过 30 亿美元的液化天然气协议。伊朗高调地宣传与中国达成的能源协议，对抗美国孤立伊朗的经济制裁。美国则敦促中国以及其他国家遵守联合国的制裁措施。

伊朗和美国的斗争是不折不扣的货币战争，可惜伊朗用做武器的货币是欧元。欧洲各国是以美国为首的北约组织成员国，政治及军事上都靠向美国。伊朗要用欧元作为武器，恐怕欧洲各国不会合作。这场货币战争一开始的时候，已经注定伊朗无法获胜。

伊朗企图以石油战争打破美国的经济封锁，又多次挑衅美国的霸权。美国当然要跟内贾德干上。2011 年 10 月 13 日，奥巴马在白宫与到访的韩国总统李明博召开联合记者会时表示，伊朗必须为策划刺杀沙特驻美大使的阴谋付出代价，美国将对伊朗实施“最严厉”的制裁，并且“不排除任何选项”。

奥巴马搞不好美国经济，民怨沸腾，战争是最佳的转移视线的方法。伊朗一直与美国为敌，当然是奥巴马的最佳转移视线工具。请看看奥巴马如何对付利比亚强人卡扎菲。以美军为首的北约战机对利比亚狂轰滥炸数月。美国又摆出攻打伊朗的姿态，时间和美国经济衰退及占据华尔街行动吻合。可能，伊朗要付出代价并不是因为策划刺杀沙特驻美大使，而是因为奥巴马搞不好经济。

奥巴马的办事手法相当单纯，不是一般政客的所为。出生证明书的问题闹大了，突然间又杀死美国头号敌人拉登，还迫不及待地毁尸灭迹，用航空母舰将尸体运到阿拉伯海，按照伊斯兰教的习俗将拉登遗体丢到海中。我不曾听闻过伊斯兰教有这样新奇的习俗。这一举动，立即将美国人的视线由他的出生证书转到拉登那里去，接着，所有人忘记了他的出生地问题。

这次，奥巴马攻打伊朗的话，美国人也会忘记经济衰退的事情。下一次，奥巴马用航空母舰运到阿拉伯海的尸体不知会不会是另一个美国的敌人——伊朗总统内贾德。

[第十一章]

货币危机的影响

黄金本位时代，美钞是黄金的票据，外国人以美元作为储备或者储蓄，等同于储存黄金。另外，第二次世界大战之后，美国的经济实力是全球最强的，各国对美元有信心，于是美元成为国际储备货币及国际贸易货币。

11.1 美元化及联系汇率

黄金本位时代，美钞是黄金的票据，外国人以美元作为储备或者储蓄，等同于储存黄金。另外，第二次世界大战之后，美国的经济实力是全球最强的，各国对美元有信心，于是美元成为国际储备货币及国际贸易货币。

美元拥有特殊地位，即过分特权（Exorbitant Privilege）。美元作为国际储备货币拥有的特殊权利，在国际市场上享有不公平的竞争优势。其他国家要以美元购买外国商品，承担外币兑换风险，美国则以美元购买外国商品，并以美元出售美国商品给外国人。

有些国家和地区为了避免国际贸易的外币兑换风险，将本国的货币与美元挂钩，甚至直接使用美元。巴拿马自从1904年开始使用美元和巴拿马货币巴波亚（Panamania Balboa），厄瓜多尔、萨尔瓦多及东帝汶都允许在国内使用美元。前美国托管的太平洋地区，帕劳、密克罗尼西亚联邦和马绍尔群岛在独立之后决定不发行本国货币，直接使用美元。另外，英属维尔京群岛（British Virgin Islands）及特克斯和凯科斯群岛（Turks and Caicos Islands）亦使用美元。

一些国家和地区的货币与美元有固定汇率，包括百慕大、巴哈马群岛、巴巴多斯、伯利兹及黎巴嫩。1983 年开始，香港的港元汇率与美元单一挂钩。波斯湾产油国，比如沙特阿拉伯的货币汇率与美元挂钩。

美元在秘鲁、乌拉圭、柬埔寨及阿富汗等国家自由流通，但是并非那些国家的法定货币。

曾经有过单一美元联系汇率的地区包括中国、马来西亚、科威特、叙利亚和阿根廷。

11.2 不能兑换货币

美国的钞票一直都是黄金和白银的票据，即可以用美钞兑换黄金或者白银。美国早期的一盎司重金币是 20 美元面额。黄金的价值很高，不适宜低价值的交易，所以出现银元钞票。早期的 1 美元钞票写明是银元（Silver Dollar），是 1 美元银币的兑换券。虽然原则上美国人不能将美元钞票兑换成黄金或者白银，但是外国银行可以通过贴现窗以美元换取黄金或者白银。

第二次世界大战之后，美国成为全球经济核心，成立布雷顿森林体系（Bretton Woods System）。根据这个系统，1 美元可以兑换 1/35盎司黄金（略低于 1 克黄金），因此被称为黄金本位（Gold Standard）。美国承诺让其他国家的中央银行在美国的黄金贴现窗以美元兑换黄金。国际贸易赤字要经由黄金储备填补或者由国际货币基金组织发出贷款支付。

美元的黄金本位机制保护美元资产持有人的财产利益，是重要的货币政策。可是，美联储发行太多美元钞票，美国无法履行美元兑换黄金的承诺。1971 年，尼克松总统宣布取消黄金本位，美元再也不能兑换任何实物，成为“不兑现纸币（Fiat Currency）”。换句话说，美国剥夺了美元资产持有人的财产利益保障。从此之后，美国政府可以印钞票，从美元资产持有人手中拿走财富。这样的财富转移被称为“铸币税”或者“通胀”，亦可以说是强夺。

由那时开始，美国滥发钞票，从好的一方面去看，美国政府不愁破产，因为发钞完全没有限制；从另一角度去看，不兑换的美元钞票像是不能兑现的银元券，可以说是官方发行的假币。

世界主要货币，美元、欧元、英镑和日元全都是不能兑换货币。根据人类历史，所有不能兑换货币最终的结局都是贬值然后变成废纸。上述的世界主要货币，最终亦会沦为废纸，那只是时间问题。

11.3 仙子效应

各位应该记得“小飞侠（Peter Pan）”故事中那位小仙子（Tinker Bell），她的存在是因为人们对她的信念。即人们不相信小仙子的存在，小仙子就不存在；人们相信她存在，她才能存在。仙子效应（Tinkerbell Effect）亦适用于不能兑换货币，比如美元。美元钞票不能兑换任何实物，亦不附带任何承诺，只是一张印刷精美的纸张。美元钞票的价值不在于那张纸，而是在于人们对美元的信心。只要人们对美元有信心，美元就有价值。仙子效应充分显示在发展中国家的货币汇率，任何信心危机都可以触发货币大幅度贬值。以 2007 年次贷危机为例，东欧、东南亚和南美洲国家没有次贷问题。美国的次贷危机爆发之后，这些国家的货币大幅度贬值。次贷危机的起源国家，美国的货币没有因为次贷危机而大幅度贬值，反而升值。

全球金融系统仍然使用黄金本位时的理念和计算方式。现在的金融系统已经变得面目全非，金融业的理论依旧。金融系统早就应该因为理念和运作方式过时而出现严重问题，但是，直到 2008 年问题还是没有浮现出来。到了 2008 年，金融业问题才在世人面前出现。到底是什么力量使过时的金融制度可以维持运作？那就是仙子效应。人们对金融制度深信不疑，金融制度才能由 1971 年美国放弃黄金本位之后苟延残喘至 2009 年。仙子效应的魔法不能在人们信心动摇时发挥效力。因此，经济情况不断恶化，人们对金融制度生疑的时候，仙子效应就会消失。

11.4 新的经济形势

自从美元脱离黄金本位之后，美国发钞的速度增加，美钞和债券泛滥，美元相对黄金不断贬值。美国成为全球最大的负债国，总负债约 50 万亿美元。美国的经济仍然正常运作，那是因为中国人、日本人和欧洲人让美国人用人民币、日元和欧元购买商品。这些国家用赚到的美元购买美国国库债券或者其他美元资产。

到底美钞的价值是什么？美元的价值分为两部分：

a. 美元是美国政府指定用作支付税项的货币；

b. 美国法律规定美元是支付债务的合法货币，如果债主拒绝接受美元付款，欠债方可以免除还款责任。

对于在美国生活的人来说，美元是法定货币，没有选择。某种程度上，美国人可以将美钞视为储税券。对于美国以外的人来说，美元的最大价值是可以用来购买美国的商品和服务。外国人卖很多商品到美国，美国却没有相应数量的商品卖到外国去。通过贸易逆差，美元大量流出美国之外。

原则上，美元是国际贸易货币，外国人可以在国际市场以美元购买任何商品。正是因为美元是国际贸易货币，美元才成为国际储备货币。

上述情况有个限制，那就是美元汇价要稳定。以中国为例，持有的美元资产数以万亿美元计。中国政府当然可以将持有的美国国库债券卖掉，在国际市场上买入石油和黄金等商品。问题出现在美元汇价之上，如果中国大手笔出售美元债券，美元会大幅度贬值。外国人通过对美贸易赚取大量美元又被迫将美元存储起来。

美国如果能够减少外贸赤字，美国政府能够从贸易的税收注销大量美元，美元供应量会减少。只可惜，美国出口业务不争气，没有外国人认为美国货价廉物美。美国商品和服务价格长时间维持在高位，外贸赤字不断扩大，美元供应量也相应地扩大。

持有大量美元资产的国家和地区出现进退两难的局面，一方面无法将美元资产套现，另一方面又无法使用美元购买美国商品。结果是美元资产越积越多，给美国人的账越滚越大。2009 年，所有人都知道，美国的外债已经太多，美元岌岌可危。

从另一角度去看，美联储可以任意发行钞票和债券，无须受到黄金储备的限制。美联储同时可以控制美元货币流通量和美元利率，控制经济的手段多了，游戏规则也可以任意调整。在黄金本位的时候，因为美国库存黄金的数量有限，货币供应受到限制，金融业不能无限制地放款，内需经济有一定上限。放弃了黄金本位之后，货币供应可以无上限，金融机构的放款也可以不设上限。美国的信贷市场不断扩大，维持庞大的内需市场作为美国经济的支柱。信贷膨胀是基于不能兑换的无价值钞票，全盘崩溃只是时间问题。

11.5 滥发钞票

每当美国发行新的钞票时，市面上流通的钞票和美元资产会相应地贬值。美元供应增加一倍时，美元贬值一半。但是，这样的贬值不是缓慢进行的。我们可以看看 1923 年德国的超级通胀。当时，德国马克突然贬值，来势之急，贬值之快简直让人难以置信，所有德国人都措手不及。马克兑美元的汇价急跌。1923 年完结时，4,200,000,000,000马克兑换 1 美元。当年德国滥发钞票，马克汇价没有立即下跌，超级通胀好像吹胀了的气球，要到爆破的那一刻才会出现问题。

美国滥发国债和钞票，M3 货币供应大到美国政府拒绝公布。最终的结局如何，没有人知道。但是，我们可以通过历史知道情况可能非常糟糕，变化也可能很急。

美国可能会在美元急速贬值时，勒令拥有某一数量黄金的人将黄金交出来换成美元。听起来，这样的事情好似大话西游。更有些人说，这样的事情绝对不会发生在美国。事实上，1929 年，在经济大萧条时期，美国真的曾经这样做过。美国总统罗斯福立法禁止私人拥有黄金，违法者会被罚款 1 万美元及（或）监禁 10 年。他又勒令所有人将黄金交到银行换取美元。最初是每盎司 20 美元，后来加至 35 美元。所有人要交出保险箱内的黄金，任何人在银行打开保险箱都有警察在场监视。美国政府当时还停止所有金币在市场上流通，并且收回。正是因为这个原因，美国金库内有不少美国金币，还不时拿出来拍卖。

如果害怕通胀或者大萧条而储存黄金作为储蓄，不一定是个好主意，也不是万无一失。笔者提出这样的事例，是想让各位明白，一旦货币危机出现时，难以想象的事情都会发生。

通常，政府会在货币大幅度贬值时限制银行储户提款金额。2002 年，阿根廷就曾经这样做。货币贬值时，在银行存有大量货币的人肯定是受创伤最深的一群人。

除了冻结或者半冻结银行账户之外，各国政府可能配给日常生活用品。货币贬值时，人们会尽快花掉手头上的现金，买入可以长期储存的必需品。即使新鲜蔬菜，也可以用来晒菜干。政府配给日常生活用品就是不让人们大量买入日用品。

言归正传，如果美元或者欧元出现大幅度贬值，情况将会如何发展？很多人以为贬值的速度会缓慢进行，因为一旦急速，政府会立即停止外汇交易。很抱歉，这样的想法不切实际。现在的外汇交易非常简便而且国际化，如果美元或者欧元受到冲击，可以在短短半小时之内跌掉超过一半的价值。政府连停止交易的举动都还没有，大势已去。

即使经济情况良好，对冲基金和国际大鳄也会冲击货币汇率图利。2008 年 7—10 月，澳大利亚元由 1 澳大利亚元兑换 97 美分贬值至 61 美分。澳洲的情况和冰岛有很大分别，澳大利亚的银行没有严重问题，也无大量有毒资产。没有人能够明确地指出澳大利亚元大幅度贬值的实际原因。

1997 年金融风暴时期，泰国货币受到冲击而贬值之后，印尼盾似乎没有贬值的理由。当时，印尼有 200 亿美元外汇储备、外贸盈余 9 亿美元，而且通胀率相当低。唯有印尼企业在美元相对印尼盾贬值的情况下，借取了大量美元贷款，因而印尼企业在汇价上获利不少。可是好景不长，1997 年 3 月 14 日，印尼盾突然遭到猛烈冲击。国际货币基金组织出资数百亿美元拯救印尼盾，可是印尼盾仍然一蹶不振。印尼盾汇价由 1 美元兑 2,000 盾急跌至 18,000 盾。这次事件又触发排华运动，单是首都雅加达就死掉 500 多人。

对冲基金和国际大鳄冲击东南亚货币时，来势之急难以想象。2009 年，美国和欧洲的经济情况早已水深火热。美元和欧元的发行量太大，各国的储备又多，要是美元或者欧元突然遭到冲击，极可能在半小时内出现美元或者欧元汇价崩盘。当世界经济因为主要货币崩盘而大混乱时，对冲基金和国际大鳄又可以在股市大捞一票。欧洲大鳄出手时，应该是推倒美元。反过来说，美国大鳄出手时，应该是推倒欧元。

主要货币崩盘，如果发生的话，极可能是奥巴马的政策上马、美国大量发行国库债券和货币的时候。亦有可能是欧洲某一国家出现经济危机的时候。因为货币危机以人为因素为主，出现的时间和可能性较难估计。无论货币危机出现在什么时候，货币大幅度波动的时间会很短，而且是经济环境最脆弱的时候。弱势货币和主要货币一起崩盘的可能性相当大。

11.6 黄金价格走势的预测

黄金一向是经济出现问题时的资金避难所。美国政府却对黄金没有好感，因为资金走向黄金就是将钱转成黄金放在保险箱，货币会因此相对黄金贬值。金价飙升代表资金紧缩，股价和楼价会暴跌。2011 年 8 月，金价升破 1,800 美元一盎司。原因是美国实行量化宽松、经济前景不明朗、美国国债急升、标普下调美国主权信贷评级、美国楼市低迷、欧元区债务危机等因素。这些因素在短期内不会消失。金价的升势可能会持续下去。2011 年金价有机会突破 2,000 美元一盎司。当金价飙升或者各国黄金储备下降时，美国极可能重新实施 1930 年的政策，勒令美国人交出黄金，换取美元。不少美国富豪已将黄金存进海外的保险箱。G20 峰会中，美国对于海外避税天堂穷追不舍，其实就是想在强制收购黄金时，连美国人在海外的黄金也强制收购回来。

2011 年开始，黄金的投资地位出现变化。美元不再是值得信任的货币，韩国政府于 2011 年 8 月抛售美元，买入黄金，证明黄金是美元危机之下的资金避难所。2011 年 7 月 1 日，金价是每盎司 1,500 美元，到了 2011 年 8 月 8 日，黄金价格是每盎司 1,713 美元。相对 2009 年的金价，2011 年的金价上升了约一倍。黄金得到投资者追捧的另一原因是货币失去唯一的资产优势，那就是利息。美元的利率超低，根本无法追上商品价格上升的幅度，持有美元等同于必然亏蚀的投资行为。用手上的美元买入商品可以保持资产价值，那就是黄金的商品价值。虽然持有黄金不附带利息，但是股市和货币的利息根本上没有吸引力，当股市和货币出现波动时，资金自然地流向黄金。

2012 年的合理黄金持有量应该是投资组合约 30% ~50% 。除非有特别吸引力的投资机会，否则，金价即使上升至 2,000 美元一盎司，仍然应该持有合适比例的黄金。

11.7 美元崩溃的传闻

美元崩溃的传闻和世界末日的预测一样多，灵媒、风水师、财经分析师、学者、政客等人不时粉墨登场说“美元很快就会崩溃”、

"美国会发行新的货币"、"美元即将大幅度贬值"、"美国已经印好了1万元面额的纸币"等。互联网上常出现不少专家，发表不少美国货币前景的预测，大部分可说是天马行空的胡思乱想。有些却是像模像样，十足一篇博士论文。

2008年开始美元货币供应急速增加，美国印钞的速度看来不断加快，持有大量美元资产的中国也表示忧虑。宋鸿兵在著作《货币战争》中呼吁中国放弃部分美元资产，购入黄金。中国领导人的担忧和宋先生的主张有实在的原因，美国大量发行钞票和债券，最终会令美元价值暴跌。

美国大印钞票，美钞的总价值没有增加。美国政府会从其他人手上的美钞抽取一点儿价值出来，即所谓的铸币税。奥巴马的数万亿美元振兴经济方案，用的资金不是来自美国政府，而是来自持有美元资产的人。美国政府发钞和发债越多，美元的价值就越低，持有美元资产的损失就越大。

以下是一些市场上流传的美元崩溃传闻。请注意，笔者只是如实整理这些传闻，无意支持这些传闻，也不会核查这些传闻是否真实。

11.7.1 Amero

可能你没有听过Amero这个名字。这是美国、加拿大及墨西哥组成的北美联盟（North American Union，简称NAU）的货币名称。符号是圆圈内有个大写A字母。有些人说，NAU已经有了计划发行新的货币Amero。当美元崩溃时，Amero就会取代美元成为区域性贸易货币，重要性和欧元差不多。

事实上，没有任何证据显示北美联盟的存在，也没有人看到过Amero纸币。美国、加拿大及墨西哥政府否认任何Amero的传闻。

笔者发现市场上有 Amero 硬币，上面写明“Union North American”。

100 Amero 纯银硬币的正反面

Amero 有不同面额的硬币，这是5 Amero硬币

网上流传一套 1 元至 100 元的北美联盟钞票样本，设计上与现在的美钞相似。由于钞票样本上有美国财政部的标记，持有这样的钞票应该是违法行为。

11.7.2 第纳尔金币

1997 年东南亚货币危机令马来西亚的货币林吉特汇价暴贬超过四成，把马来西亚的经济摧残至体无完肤。当时的马来西亚总理达马哈蒂尔·宾·穆罕默德（Mahathir Bin Mohamad）下决心要拔掉美元这枚眼中钉，提倡成立伊斯兰国家的共同货币——伊斯兰黄金第纳尔（Islamic Gold Dinar）。伊斯兰黄金第纳尔是黄金本位货币，1 第纳尔的价值是 4.25 克 24k 黄金，即足金。伊斯兰黄金第纳尔的提案是企图以黄金本位的货币取代美元，剥夺美元特权和特殊利益，从而铲除“美元本位”令发展中国家受到的不公平待遇。另一方面，黄金本位货币亦可避免类似 1997 年的货币危机再次出现。马来西亚总理马哈蒂尔宣布于 2003 年年中发行伊斯兰黄金第纳尔。

1998 年，马哈蒂尔拘捕副总理安华。1999 年，安华被判入狱 6 年。这时候，美国看准机会攻击马哈蒂尔。当时的美国国务卿奥尔布赖特（Madeleine Korbel Albright）在吉隆坡发言，她说安华是一位值得敬重的领袖，并应该得到公平审讯。美国在国际社会成功地孤立了马哈蒂尔，迫使其于 2003 年 10 月退休。2003 年，马来西亚总理阿卜杜拉（Abdullah Ahmad Badawi）上任，马哈蒂尔的第纳尔金币计划胎死腹中。

2009 年 9 月 20 日，马来西亚的吉兰丹州（Kelantan）发行第纳尔金币，但是，只能在该州的 8 家伊斯兰当铺买卖，不是真正的流通货币。第纳尔金币至今仍然只是有限度的流通。

11.7.3 新的美元

美国可能会发行新的美元，取代现在的美元。原则上，这只是新的钞票，用以取缔毒贩洗黑钱和美元伪钞。用旧美元换新美元，如果金额超过某一上限，要求换钱的人要出示金钱的来源和资料。实际上，发行新的钞票是要将数以千亿来路不明的美元蒸发掉，让新的美元有个新的开始。新的美元没有存在的证据。

11.7.4 美国不停地滥发钞票

欧洲及美日等国家的政客都以滥发社会福利作为争取选民支持的手段。这些政客根本上没有为国家的长远利益着想，只是为了眼前竞选得到选民支持而承诺增加福利。国家没有钱的时候，福利发不出去，政客又没有能力增加政府收入，就会失去选民支持。这些政客简直是爱上了不能兑换货币，因为不能兑换货币可以让政府无限制地发行钞票和国债。政府想用多少钱都可以，要发多少债都可以。于是，西方国家的议员不停地立法增加国民福利和政府开支，讨好选民。政府每年减税和增加福利，增加政府开支，完全没有想过政府会有破产的风险。

很多经济学家都反对滥发钞票，对不能兑换货币没有好感。前美联储主席格林斯潘曾经在 1996 年的文章《黄金与经济自由》（*Gold and Economic Freedom*）主张回归黄金本位，并且将支持不能兑换货币制度的人称为“福利主义者（Welfare Statists）”。

2009 年 1 月，奥巴马刚刚担任美国总统就推出 7,870 亿美元的振兴经济方案。2011 年 8 月，美国国债上限突破国内生产总值 100%，而且美国主权信贷评级被标普下调。奥巴马担任美国总统时候的平均年度赤字高达 14,000 亿美元。奥巴马没有为国家的前途打算，一点儿减赤的意图都没有，反而推出 10 年花费 15,000 亿美元的全民医疗保险计划。不少美国国会议员高声叫好，全力支持。这应该是对美国国债增长太快的警告。可是，奥巴马在 2011 年 9 月宣布的美国就业法案竟然狂砸4,470亿美元。

各位想想吧，政府滥发钞票支持赤字预算是否是明智之举？印钞票是否解决经济问题的最佳方法？不能兑换货币会令民主体制出现危机，人民想要福利，政客牺牲国家利益，增加赤字讨好选民，争取个人政治利益，选民和政客都开心。但是，经济的祸害慢慢浮现出来，最终会让国家破产。

美国政府和美联储知道美元大势已去，于是不停地滥发美钞，令美元价值暴跌。这样做可以让美国国债化为乌有。大部分人同意，对付超级通胀比对付 14 万亿美元国债容易。

请看看美国人如何处理经济危机：

a. 2008 年美国金融业出现次贷证券危机，布什总统砸 7,000 亿美元救市；

b. 2009 年美国经济衰退，奥巴马总统砸 7,870 亿美元振兴经济；

c. 2010 年，美国股市、楼市告急，美联储主席伯南克砸 6,000 亿美元实施量化宽松政策；

d. 2011 年，美国失业情况严重，奥巴马计划砸 4,470 亿美元推行美国就业法案。

看到了吗，只要美国出现经济危机，美国政府就会立即砸数千亿美元去救市。如果有一天，美国政府要量入为出，不能滥发钞票，应该什么事情都做不来。讽刺的事情是，美国现在的严重经济问题就是美国政府每年砸数千亿美元，连续砸了几年才砸出来的祸。从货币政策的理论去看，砸钱救经济就是让美元贬值，美国政府可以从持有美元的人手中取得财富重新分配。因为美元的特殊地位，美国可以从全世界持有美元资产的国家夺取财富，然后随意分配。美国政府可能只是借拯救经济之名去砸钱，因为砸钱就是圈外国人的钱。

11.7.5 发动战争

因为美国的20世纪30年代大萧条以第二次世界大战的开始作为终结，就说战争可以消除大萧条。这是很可怕的推论。只要世界出现战乱，人们竞相抢购美元和黄金，对美元汇价有支持作用。再说，战争会令大量人口死亡。人死了之后，他的银行账户内有多少钱也不会有人提取，变相地销毁大量货币，尤其是美元。战争也可以有系统地将美国国债一笔勾销。有人认为美国向伊朗施以怀柔政策，就是打算鼓励伊朗发展核武器，让美国可以发动战争。

西方学者都认为，第二次大萧条会引发第三次世界大战。英国伦敦的牛津研究组织（Oxford Research Group）发表的2008年国际安全报告警告说除非立即改变经济状况，否则战争无可避免。大规模战争之前会有社会动乱和武装冲突。大规模战争虽然还未爆发，但是报告书中说的社会动乱和武装冲突已经接连出现。

战争和经济危机的关系千丝万缕，美国的经济危机应该是来自多年来的穷兵黩武，在中东等地区发动多场没完没了的战争。接着，经济危机又反过来诱发战争，这样的事情可以说是现代经济的怪现象。

11.8 厚颜无耻的财经分析员

20世纪90年代末期，财经分析员唱好科网股，即使到了科网股热潮将要爆破时，这伙厚颜无耻的财经分析员仍然建议买入科网股。

到了现在，不少美国投资者仍然对那些财经分析员的建议深信不疑。

如今，这些完全与市场情况脱节的财经分析仍然随处可见。例如，通用汽车这家美国最大规模的汽车制造商有无数问题，包括产品不配合市场需要、工人的退休福利太多……经营上只会是连年严重亏蚀，真的没有什么赚钱机会。通用汽车得到美国政府注资上百亿美元才能在破产边缘徘徊了一段时间。可是，汤森路透（Thomson Reuters）竟然给通用汽车“中性”评级；标准普尔（Standard & Poor）对通用汽车的评级也有两颗星；标准普尔对股份的评级分为五级。由1星至5星，5星代表买入，1星代表卖出，2星评级代表不吸引。

美国三大评级机构之中，只有标普在2011年8月6日将美国主权信用评级下调一级至AA+，另外两家美国评级机构仍然给美国的主权信用评级AAA。AAA是最高评级，美国的主权信用评级绝对没有这么好。从赤字增长速度和国债规模去看，美国的联邦政府财政状况实在令人担心，美国主权信用评级应该很低才对。厚颜无耻的财经分析员却一起唱好美元的评级，确实令人感到恶心。

[第十二章]

欧、美、日企业的现状

美国的跨国企业能够垄断全球市场，因为在这些企业背后有美国控制的国际货币基金组织、世界银行、经济合作及发展组织（OECD）、世界贸易组织（WTO）等国际经济机构，以及担任国际储备货币和贸易货币的美元。

12.1 欧、美、日企业已夕阳西下

美国的跨国企业能够垄断全球市场，因为在这些企业背后有美国控制的国际货币基金组织、世界银行、经济合作及发展组织（OECD）、世界贸易组织（WTO）等国际经济机构，以及担任国际储备货币和贸易货币的美元。美国企业连同财雄势大的日本及欧洲企业进军世界各地脆弱的新兴市场。无论在商品市场还是在资本市场，美国为首的跨国企业都能摆布一切，决定发展中国家的经济走势。

事情在2008年开始有了转变，欧、美、日企业出现全盘崩溃的困境，中国和俄罗斯成为世界的新力量，敢于站出来质疑欧、美、日的领导地位。日后的发展如何，要看看金融风暴对欧、美、日企业和经济的冲击有多大。

12.2 美国投资文化转变

美国股市有其独特之处。首先，美国人的主要资产是房产和股票。不是开玩笑，美国人不存现金。原因可能是美元不断贬值，股市和基金有较高的回报。一般来说，银

行定期存款约年息3%，基金的回报是5%，股票回报率约7%。美国人的退休金主要是名为“401K”的存款，情况像是香港的强制性公积金（强积金）。401K存款以投资股票市场为主。2008年金融风暴时，不少人的养老金少了很多，被迫推迟退休计划。2008年，美国人的正式退休年龄是66岁，62岁已经可以退休，但是能够拿到的社会福利会大打折扣。2002年，美国人的平均退休年龄是62岁。香港人通常是55岁退休，初到美国的香港人知道要在67岁（美国不断提高退休年龄，以减少社会福利开支）才能退休，当然会吓一跳。

美国人的退休金都投资在股市中，无论美国人喜欢与否，完全没有选择。大部分美国人以为每月的社会保障基金供款是储存在政府的钱，到了退休的时候可以拿来用。美国前总统布什指出，社会保障基金的供款在供款那个月已经花掉，美国政府没有存起来。换句话说，社会保障基金是靠供款人的供款才能维持下去。金融风暴之下，供款人少了，提款人多了，必然入不敷出。社会保障基金已面临破产。

美国人除了401K存款之外，所有积蓄都会用来买入基金或者股票，作为长线投资。这是美国人的投资智慧，可是2008年金融风暴像是当头棒喝，让人们明白将所有积蓄放在股市里并不明智。美国人开始分散投资，401K退休金必须用来买股票和基金，那是动不得的钱，但是个人积蓄则可以自由运用。大部分人都会将个人积蓄换成黄金或者干脆存在银行的定期账户。

股票市场少了一大群投资者，不少基金已经长时间处于净赎回状态，有些基金支持不住已经倒闭。美国的基金投资者不像香港投资者那样热衷于赚取高回报。他们期望基金有稳定的回报，2008年的业绩令他们失望。这些投资者之中，不少人会永远脱离股票投资市场。美国人的投资态度转变会令市场气氛转变。

美国股市由2009年3月初低位上升，至5月初的短短两个月内，道指升幅达到31%，是1930年大萧条之后出现的短时间内最大幅度的股市上升。在这两个月时间里，美国的经济数据没有增长，但是明显地从低位回升。5月13日，市场上的数据突然恶化，包括零售数据和法拍屋主收楼数字。

买入美国的证券和股票，如同玩俄罗斯轮盘。在这样的金融业环境之下，股票市场上肯定又有一番风风雨雨，只是不知道这场风雨何时会吹倒哪些机构。

12.3 美国金融界丑闻众多

2011年9月，美国总统奥巴马吹嘘的美国加州太阳能发电管生产商索林佐在接受了美国政府超过5亿美元超低息贷款之后两年多内便倒闭了。共和党人大力反对这宗贷款，可是奥巴马上任的时候同时控制国会及白宫，共和党人反对无效。前总统布什已经拒绝索林佐申请的贷款。可是，奥巴马一上任就飞速批出贷款，连美国管理及财政预算办公室的审查都没有做好，超过5亿美元的贷款就批了出去。问题出在索林佐的商务，因为每生产1瓦特发电量的元件，中国生产商的成本是1美元，美国生产商的成本是1.25美元，索林佐的成本高达6.3美元。索林佐的太阳能发电元件售价约3美元，连成本的一半也收不回来。索林佐的发电元件在使用上有很大限制，因为它的发电效能低，必须360度角收集阳光，只要安装太阳能组件的地方有任何遮挡，就不能使用索林佐的产品。索林佐在加州费蒙市（Fremont）的工厂于2011年2月投产，9月就倒闭，只7个月就花掉了美国纳税人5亿多美元。

这家工厂投产时，索林佐得到美国能源部重组债务，将美国纳税人担保和直接由联邦融资银行借出的53,500万美元贷款的追讨还款权利排在乔治·凯泽（George Kaiser）后面。凯泽是奥巴马竞选经费的主要捐款人之一。奥巴马曾经在2010年5月高调参观索林佐在费蒙市的工场，极力推崇索林佐。这时候，外界已经有传闻，索林佐有倒闭危机。9月17日，美联社报道《奥巴马政府重组索林佐贷款，令捐款人得到优待》（*Obama Admin. Reworked Solyndra Loan to Favor Donor*）。这里说的捐款人就是捐钱给奥巴马竞选的凯泽。事情很快就演变成奥巴马的丑闻。执笔时，美国国会、联邦调查局、美国财政部仍在调查这事。

参考资料

想了解此事件更多内幕，请点击：
http://www.kolotv.com/home/headlines/Obama_Admin_Reworked_Solyndra_Loan_to_Favor_Donor_129984513.html

这宗丑闻充分显示了美国政治的黑暗，捐钱给美国总统竞选的人都在联邦政府的贷款上得到厚待，连一家没有竞争力的连年亏损的公司，早就被审计人员认定会在2011年9月破产的公司，也能够拿到美国纳税人超过5亿美元贷款。凯泽只是一个商人，没有公职，也没有任何公事，曾经16次出入白宫，与美国总统及他的助理碰面。难道他与总统“商讨国家大事”？

美国的金融丑闻多不胜数，但是，竟然有金融丑闻一直牵连到美国最高领导人，真是匪夷所思。

另一宗金融丑闻是关于美国医疗改革的，矛头亦是直指白宫。

OptionMonster. com 网站的创办人之一琼恩·纳加里安（Jon Najarian）指出 2009 年 5 月 14 日，美国人寿保险类股份有不寻常的大量买盘，情况如下：

Lincoln Financial（LNC） – 21,000 买盘，30 日平均买盘量是 5,500；

Prudential Financial（PRU） – 8,500 买盘，30 日平均买盘量是 6,500；

Hartford Financial（HIG） – 114,000 买盘，30 日平均买盘量是 21,100；

Principal Financial（PFG） – 8,700 买盘，30 日平均买盘量是 1,600。

2009 年 5 月 14 日，美国政府宣布会使用问题资产纾解计划（TARP）的 220 亿美元资金注入人寿保险行业。问题是大户何以能够在政府发表会影响股价的敏感资料的前一天，便大手买入受影响的股份。很明显，大户早就知道政府的行动。

除了官商勾结的疑云之外，奥巴马政府还企图取消人寿保险业 128 亿美元的减免税额，目的是将增加的税收用于补助医疗保险。而一方面，美国政府却又将 220 亿美元注入人寿保险业。

2009 年 5 月 15 日，联邦检察官和联邦调查局宣布正在调查两位美国证监处的执法律师，怀疑他们使用工作上得到的敏感内部资料进行非法内幕交易。这两位律师进行内幕交易已有一段时间，每年在股票交易上赚取 6 万美元。最有趣的是，这两位一男一女律师的职责正是调查及起诉股票市场上的不法内幕交易。

不要说美国银行业的监管完全失败，美国证监处的监管更不像样子，全部是靠自律，可以说是无主管的部门。证监处的任何员工都无须呈报股票交易。

2009 年 5 月 16 日，46 岁的比华利山基金经理布莱德利·鲁特曼（Bradley L. Ruderman）受到诈骗指控之后，向联邦调查局官员自首，其后以 50 万美元获保释。美国检察署怀疑他挪用基金客户的 4,430 万美元，包括在牌局中输掉 520 万美元、买入马拉布的沙滩豪宅和两台保时捷跑车。

以上只是 2009 年 5 月份两天之内发生的美国金融业丑事，连冰山一角也谈不上。笔者认为不值得将辛辛苦苦赚来的金钱交给这样的基金经理，也不会信任保险业及政府的人。这样的金融业，如果不及时整顿，只怕会拖累全球经济。

12.4 滥发美元不利股市

2009 年 3 月 18 日，美联储突然宣布向美国经济注入 12,000 亿美元，其中 7,500 亿美元用做购买房屋抵押贷款证券及 3,000 亿美元国库债券。美联储亦会增持“两房”债券，债券总金额会上升至

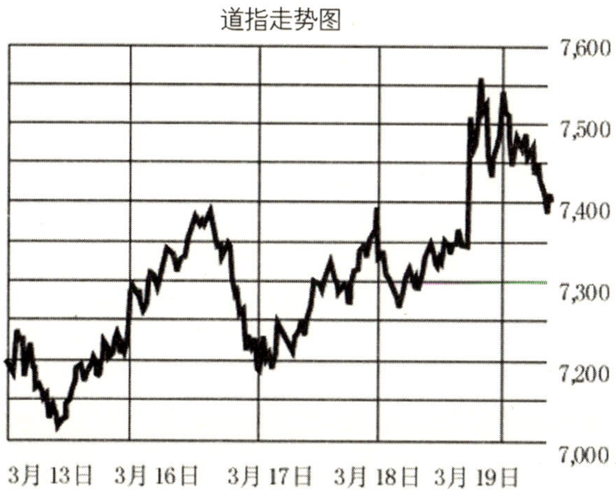

2,000 亿美元。消息传出后，美股道指急升超过 200 点，但是后来回落，大致回吐所有升幅。

上图可以看到 3 月 19 日的美股突然急升 200 点的情况。

各位一定会奇怪，发行国库债券的美联储为何要在市场上购买国库债券。原因是美联储发行太多债券令长期息率上升，打击楼市的重造房屋抵押贷款，即加贷。供楼的业主如果不能将物业加贷，断供和法拍屋主收楼机会大增。美联储这样做，目的是要遏制法拍屋主收楼潮。

美元货币和债券都由美联储发行，美联储是美国的中央银行，不直接隶属于政府。当债券供应过剩时，长息上升，房屋抵押贷款利息也会跟着上升。美国房屋抵押贷款利息与美联储订立的息率没有直接关系，反而和债券利息挂钩。货币供应增加时，利息会下降，同时也会令美元汇价受压，通胀上升。

美联储于 2009 年 3 月 19 日购买 3,000 亿美元债券，等同于增加货币供应 3,000 亿美元，亦减少债券流通量。单是这次购买债券行动，房屋抵押贷款利息应该可以下调 1%。3 月 18 日，美国 30 年定息房屋抵押贷款下跌约 1/4 个百分点，至 4.94%。请注意，不是所有置业者都能享受低于 5% 的房屋抵押贷款利息，只有信贷记录完美、入息稳定、资产充足的置业者才可以享受如此低息。总的来说，银根充裕，长期利息下降，必然有助供楼人加贷和增加供款人的供款能力。

美联储压低长息拯救楼市的同时，市场也会担心美元汇价和美国的通胀情况，股市下跌。消息传出后，欧元、英镑和日元汇价稳步上升，升幅相当大。原油价格亦急升约 3.5 美元，升幅约 7%。当美联储完成购入 12,000 亿美元债券和房屋抵押贷款证券之后，美元汇价可能会受重挫。

投资者的忧虑确实有其道理。到2009年3月为止，美国企业债高达22万亿美元。美国出口因为海外主要市场出现经济困难而遭受负面影响，估计2009年的企业赢利会由2008年的标普500股份每股赢利约50美元下跌至2009年的每股仅40美元。美国经济和信贷市场仍在收缩中，失业率不断上升，资产值下降严重。即使房屋抵押贷款利息下调1%，美国股市和楼市短时间内复苏的机会甚微。

不少投资者和市场分析员认为，美联储的行动可以扭转美国经济的劣势。但是，基本经济因素不佳的情况下，什么财政技巧都只是缓和经济情况而已。那就是说，自由市场的向下调节不会因为美联储买入债券而出现戏剧性的转变。以为美联储发钞就可以解决问题，肯定又是人们一相情愿的想法。

[第十三章]

美元的不归路

2009 年 1 月，俄罗斯总理普京在瑞士达沃斯举行的世界经济论坛的开幕礼中致辞：“我想提醒各位，只是一年前，美国的代表在这讲坛上强调美国经济基础稳定及前景毫无疑问；今日，华尔街引以为豪的投资银行实质上已经不存在了……”

2009 年 1 月，俄罗斯总理普京在瑞士达沃斯举行的世界经济论坛的开幕礼中致辞："我想提醒各位，只是一年前，美国的代表在这讲坛上强调美国经济基础稳定及前景毫无疑问；今日，华尔街引以为豪的投资银行实质上已经不存在了。在短短 12 个月内，他们的亏损已经超过他们在过去 25 年得到的利润。单是这个例子已经足以反映实际情况，好过任何批评。"

13.1 经济灾难的背景

2006 年，美国次贷的坏账增加，但是次贷放款金额没有减少。银行将次贷债务包装成极其复杂的次贷证券，投资者又乐于购买，这枚次贷炸弹没有即时爆发。无论银行如何复杂及巧妙地包装次贷证券，套用什么公式和什么对冲方法，次贷证券始终是无法还钱者写的欠单。

2007 年 6 月，贝尔斯登旗下两只主力次贷业务的基金破产，拉开了次贷危机的序幕。2007 年下半年的美国经济危机是次级贷款坏账和楼价急跌。次贷断供收楼潮一发不可收拾。当时，次贷业务和次贷证券已经没有市场，楼价急跌引发一连串的银行危机。处理次贷证券的投资银行全部陷入困境。这场经济灾难只是局限于金融业和地产业。

2008 年，数以万亿美元计的坏账和有毒资产冲击华尔街金融业，令美国陷入 20 世纪 30 年代大萧条以来最严重的金融危机。9 月，美国政府宣布接管美国房屋抵押贷款业务主力的半官方机构房利美和房地美。接着，出事的机构是投资银行雷曼和保险公司美国国际集团。美国经济危机由银行业和地产业扩散至美国内需消费层面，失业情况开始恶化。受灾层面扩散至美国以外，欧洲受到的影响尤其严重。美国国会于 2008 年 10 月通过 7,000 亿美元救市方案，但是无法阻止 10 月爆发的全球性股灾。各国货币出现重大的汇率变化，以东欧的情况最为恶劣。美国的消费持续呆滞，经济规模不断收缩，联邦政府和市政府出现集体性破产，金融业出现系统性崩溃，市场上出现信心危机。

2009 年开始，美国总统奥巴马拼命印美钞和国债，企图阻止美国经济萎缩。可是，这时候的美国经济灾难极其复杂，国债庞大、楼价和股价暴跌、失业率急升、消费疲软、金融业内的有毒资产无法清除、汽车工业陷于困境……数之不尽的经济危机。

美国政府对于通用汽车和佳士拿车厂的困境束手无策，奥巴马企图以破产法第 11 条强制汽车工会接受法庭的重组方案。可是，通用汽车的问题不是单纯的工会妥协就可以解决的。除了车厂之外，美国政府花费大量金钱拯救美国国际集团，但是美国国际集团的情况仍然泥足深陷，危机重重。美国银行业的情况比想象中差得多。

13.2 全球性经济衰退

正如笔者前作《大国衰落：美利坚合众国清盘前夕》的预测一

样，美股在2009年3月会急升而且升势持续。不过，笔者同时估计到了5月，股市会大幅度回落。原因是全球性经济衰退已经明明白白地摆在眼前，投资者不会盲目到将资金投进衰退中的经济环境中去。

中国内地和香港的情况跟美国不同，中国内地和香港没有11万亿美元国债，也没有举世震惊的法拍屋收楼潮；而且，中国内地和香港的银行体系内没有数以万亿美元计的有毒资产。

讲到全球性经济衰退，由于2008年的财富蒸发极为严重，美国经济结构出现重大问题，不要期望美国政府的政策可以在短时间内扭转形势。

13.3 经济危机对货币汇价的冲击

2008年10月，原油价格对比高位跌掉一半。各石油出口国陷入经济危机。以输出商品到美国为经济动力的国家，包括日本和韩国，因为美国减少进口商品而受到打击。欧美等发达国家又受到金融风暴的打击而收缩海外业务，只有中国除外。在这样的国际经济局势之下，发展中国家失去发达国家的部分市场和资金。发展中国家的货币惨被抛售，国际主要货币，包括美元、欧元和日元的汇价得到支持。2008年12月，美国的圣诞节销售行情是30年来最差的一次，不少美国著名零售店倒闭，例如专门出售电子产品的Circuit City和家庭用品的Linens'n Things。美联储针对经济衰退而将利率降至接近于零，这是很罕见的。

美元强劲和利率低的同时，美国政府的庞大赤字令经济学家震惊。2009年2月，美国财政部长盖特纳宣布奥巴马政府的2万亿美元救市方案，由美联储和私人投资者一起出资 1 万亿美元购买金融业内的有毒资产，亦会直接注资入银行体系。美联储和美国政府联手动用 2,000 亿美元向美国消费者提供信贷，例如房屋抵押贷款、汽车分期付款和信用卡贷款等。财政部长盖特纳只提供计划的方针，没有实际执行的具体计划。其后，在市场压力下，财政部长提出要求美国 19 家最大规模银行进行压力测试，看看在最坏的情况下，银行资产的变化。接着，奥巴马政府又推出 2,750 亿美元的拯救楼市计划，协助 900 万美国业主避免断供收楼。

这些耗资庞大的经济计划，令美国国债暴涨。2009 年 3 月份的美国联邦赤字将近 2,000 亿美元，全年赤字是 17,800 亿美元。美国财长的宏图大计还未实行，经济学家和投资者已担心美国国库债券销售行情不理想会打击美元，令美元大幅度贬值。

美国的赤字在奥巴马的领导下，每年的赤字是布什总统时代最高赤字的 3 倍。而且在 2011 年 8 月，美国国债突破国内生产总值，真的是国债和赤字失控。2009 年和 2010 年的经济复苏是假象，美国经济不曾在奥巴马上任之后复苏过，只是美国政府向市场大撒金钱，给人美丽的误会而已。2011 年 8 月金钱散尽，美国经济到了以真面目示人的时候。可能，美国经济的真面目相当难看。

13.4 新的希望和忧虑

2009 年 3 月，股市急升 6 周，投资者对经济的信心突然增强。美国各银行的 2009 年第一季度业绩都大幅度改善。市场气氛莫名其妙地由极度悲观变成非常乐观。有些投资者竟然盲目以为一切都时过境迁，经济会重新启动，不久之后就会重现旧观。

笔者坚信，2011 年 8 月执笔时，金融风暴仍未结束，次贷危机一直没有过去，美国的次贷证券遗毒仍在。金融风暴完全结束时，全球经济将会面目全非，金融体系亦会支离破碎。

2011 年 8 月，中国国家统计局公布 7 月经济数据，消费者物价指数按年增6.5%，再创37 个月来新高；生产者物价指数（PPI）和 6 月持平，年增7.5%，创下 34 个月来的新高。其中，食品价格上涨幅度高达 14.8%，洲价飙涨 56.7%。

美元贬值的同时，人民币不能不跟着贬值。当然，跌幅不一定要和美元同步，但是，人民币的贬值幅度和美元有很大差异的时候，中国的出口就会受到影响，失业问题也会出现。可是，人民币跟着美元贬值，意味着通胀不断升温，尤其是食品和纺织品。美国的宽松货币政策和庞大赤字对中国的物价造成很坏的影响。相信在 2012 年，中国的物价仍然会大幅度飙升，如何控制通胀、保持物价稳定是中国的当务之急。中国货币政策收紧也不会令通胀问题缓和，因为问题来自美元。

香港地区的情况就更加令人担心，港元和美元汇价单一挂钩的联系汇率令香港金管局无法控制货币供应，即无法控制通胀。香港的通胀随时会失控，这是联系汇率的双刃剑效果。我认为，以现在美国的经济情况来说，港元应该及早与人民币为中心的一揽子货币挂钩，不能再与美元坐在同一条船上。

香港的外汇储备以美元为主，亦是一大隐忧，因为联系汇率意味着香港不能像内地那样，收到美元之后就很快花掉。香港的流通货币——港元，其实就是美元，只是印刷不同，兑换率不同而已。美元出问题就是港元出问题，美国政府不会因为港元的问题而改变美国货币及金融政策。到港元跟着美元出事的时候，可以说是求助无门。及早脱钩是最佳的策略。可惜，金管局的大爷们不是这样想。我认为，香港人的最佳投资策略是尽量持有人民币资产、贵金属和其他有形资产等，股市的投资不要超过总投资金额的一半。这样做可以减少美元急速贬值时出现的损失。楼市投资方面，我认为香港地区楼价太高，不宜投资。

13.5 美国主权信用评级下调

美国主权信用评级下调是美元失去国际储备货币地位的第一步，至少已经是美元失去作为国际储备货币的信誉和资格。美国经济走上不归路，无论政府用什么政策都无法扭转局势。

美国一定要在多米诺骨牌效应出现之前，有效阻止经济危机进一步恶化。这一点，美国前财政部长普森有远见，但是他只知问题所在，不知如何阻止不幸的事情发生。早在 2008 年 9 月，普森已经要求动用 7,000 亿美元买入美国银行业内的没有流通性的财政资产。他知道这些有毒资产会拖垮银行业，导致信贷紧缩，又会引发更多的有毒资产。这个有毒资产的雪球会越滚越大。当时，普森遇到两大难题：第一是时机已过，如果早两三个月动手，还来得及。到了 9 月才递上救市方案，企图买入有毒资产已经太迟，不少银行早已倒闭，次贷证券市场已停顿一年多。

第二是缺乏买入有毒资产的具体计划。当时，普森根本不知道市场上有多少有毒资产，甚至连有毒资产的辨认也出现问题。普森要求国会给他全权处理有毒资产，法庭不得过问。这样的要求当然被国会拒绝。新任财政部长盖特纳是位不重视有毒资产问题的乐观派官员。上任后，他任由有毒资产留在金融业内，又忽视信贷危机。

他可能不知道信贷危机的后果有多严重。

当有毒资产大量出现在美国金融机构中时，财政部长盖特纳唯一可以做的事情就是接管几乎所有的美国主要银行，然后用纳税人的钱撇掉有毒资产。笔者看到美国的主要银行，除了3家之外，其他都有可能在信贷危机中倒下。

由于美国国债规模庞大，再加上不停救市，动用数以万亿美元计的资金，美元危机已经呼之欲出。次贷危机的有毒资产还未清除，信贷危机的有毒资产又涌现，相信美元货币危机会紧接着信贷危机而来。2009年5月出版的《大国衰落 美元归零》一书中，我曾预言美元货币危机出现的时间应该是2010年至2014年之间。2011年8月，美国主权信用评级被下调，已经证明这项预测正确。

美元贬值是相当明显的事情，2009年8月，一盎司黄金值950美元；2011年8月，一盎司黄金值1,742美元。美元在过去两年贬值差不多一半。再看得远一点儿，2002年一盎司金价约300美元，2011年300美元只能买约1/6盎司黄金。这样不停地大幅度贬值的货币还有前途吗？港元还要跟这样不争气的货币单一挂钩，港元还有前途吗？

13.6 美元危机

美元货币危机的本质有别于金融风暴，美元货币危机是全球性金融灾难。无论你身在何处，做什么工作或者生意，必然受到影响。汇市波动会令不少股票市场崩溃。有些市场为免混乱，可能无限期停市。

美元资产被抛售的同时，股市和楼市又陷入困境，相信只有积存商品才是最稳健的投资策略。有些投资者可能买下仓库积存的铜铝等金属或者粮食作为投资。

商品市场也会随着美元危机而出现炒高，因为有实际用途的商品是最保值的投资工具。到时，人们会将商品视为投资工具。

美元危机中，任何自由兑换的货币都会受到冲击，过往曾经被冲击的货币会首当其冲。令人最意想不到的是不能自由兑换的货币却相对稳定。有了稳定的货币，经济亦会较为安定。由此可见，中国的市场会较欧洲国家及美、日等国家稳定得多。全球发展中国家应该会向中国靠拢。

最后，全球经济一分为三：欧元区，包括英国和北欧国家；以中国为首的东亚地区；以美国为首的美洲地区。另外，还有一些非主要的经济体系，如东南亚地区、俄罗斯为首的东欧、非洲地区和太平洋地区。这些非主要经济体系会和主要的经济体系合作，如东南亚、非洲和太平洋地区会争取与东亚地区合作。

中东和非洲国家的情况最令人担忧，因为中东国家以出口石油赚取外汇，再用外汇购买必需的粮食和日用品。2005 年 12 月 30 日，油价是每桶 61 美元，小麦是每吨 164 美元，2.7 桶石油可以换 1 吨小麦。到了 2011 年 8 月 9 日，油价是每桶 82 美元，小麦是每吨 301 美元，3.67 桶石油才能够换 1 吨小麦。贫穷的非洲国家就更惨，因没有资金购买高昂的粮食而陷入饥荒。美国出现经济问题，其中一个解决方法是提高粮食价格，增加出口农作物的价值，同时推低石油价格，减少进口石油的开支。这样做确实可以改善美国的经济情况，但是，对于大量进口粮食的穷国来说，将会是一场惨无人道的饥荒。

对于投资者来说，新兴市场是高危市场，除非熟识当地的情况，尤其是农作物需求情况。否则，最好不要投资新兴市场。笔者不将中国视为新兴市场。

农地和渔业都是值得考虑的投资项目，以美国为例，地产价格大幅度下降，农地价格却逆市上升。从股票投资角度去看，美国经济和美元陷入危机，金融业和保险业是最不值得投资的范围。军事和医疗也是碰不得的东西，因为美国政府削减开支，这些行业首当其冲。与资源及农业有关的股份应该是首选。当然，那只是大方向，个别股份的情况需要细心研究。

13.7 不能回到黄金本位

黄金本位制度在 1971 年终止，已经终止了 40 年。现在的国际金融和经济情况绝对不能回到黄金本位的货币制度。美国当年的脱离黄金本位货币政策，确实是不归路。不能再次使用黄金作为本位的最主要原因是没有足够黄金满足货币供应的需要。人类的 6,000 年历史中，发掘出的黄金总量估计为 14 万吨，其中 15% 已经消失。全球的黄金总存量约为 12 万吨，其中约 2.28 万吨，即 19%，被世界各国中央银行存起来作为黄金储备。地球现今的黄金蕴藏量约为 9 万吨，每年开采约 2,500 吨。黄金的开采量和供应量不同，每年有数百吨黄金通过循环再造及央行抛售库存黄金，流进黄金供应渠道，黄金供应量每年约为 3,000 ~ 3,500 吨。除非发现新的金矿，否则 35 年后，全球再也不会生产黄金。以每吨黄金 3,000 万美元计算，20 万吨黄金的价值只是 6 万亿美元。即地球所有已知的黄金，包括已开采和还未开采的黄金，以 2009 年 6 月的金价计算，合计只有 6 万亿美元。对于超过 50 万亿美元的全球经济来说，6 万亿美元绝对无法满足全球货币供应的需要。各国增加黄金储备时，肯定会推高金价很多倍。从技术角度看来，100% 的黄金储备货币制度根本行不通。

单是美国 2007 年的 M1 货币供应已经是 13,720 亿美元，（M1 货币供应是公众持有的货币加活期存款），是全球黄金总量价值的 23%。即使全球货币发行需求只是 6 万亿美元，或者金价上升至满足全球货币供应的水平，可是黄金有实在的工业用途，有实质的消耗量。黄金的需求每年约 4,000 吨，其中部分用于电子工业和镀金首饰。这些用于镀金的黄金难以完全回收再造。35 年后，再没有黄金生产时，黄金存量会不断下降。到时，货币供应要与黄金消耗量同步下降，全球经济亦会同步收缩。黄金本位是不切实际的货币制度。

全球黄金总存储量非常稳定，但是货币供应的要求不稳定。为了维持汇价和阻止通缩或通胀，货币供应要非常灵活。一旦采用黄金本位，货币供应变得无法控制。各国政府会失去维持汇价或利率以及阻止通缩或通胀的灵活应变能力。有些经济学者认为美国政府在大萧条时期，因为采用黄金本位令政府无法控制货币供应和利率，导致大萧条无法终结。

在绝对的黄金本位制度之下，各国政府无法通过发行不能兑换货币，即滥发钞票，得到所需的资金。任何政府在财政困难时，唯一可以做的只是加税。当国家经济差的时候，财政上当然需要更多资金，政府偏要在这时候加税，阻碍经济复苏。要是经济困难延续的时间太长，政府最终会破产。

世界各主要经济体系没有资金增加黄金储备，只有少数几个国家，例如中国和日本，可以大量买入黄金同时又将货币汇率维持在合理水平。美国没有资金买入黄金，填补黄金储备，因为黄金本位的意思是不能滥发钞票，美国没有足够黄金，又不能发钞买金。只要美国和欧洲国家不回到黄金本位，其他国家就想也不要去想。要是某一经济体系采用黄金本位，此经济体系很快就会出现无法管理的通缩，因为其他国家使用不能兑换货币会引发通胀。使用黄金本位货币制度的国家，不能让本国经济跟着主要经济体系的经济一起膨胀。正是因为这个原因，单一国家或者少部分国家实行黄金本位是完全行不通的经济计划。

[第十四章]

人民币的前景

对老外来说，人民币是奇特的货币。2009 年之前，没有去过中国的外国人对中国货币全无认识，可以说见都没有见过，因为人民币在海外并不流通。

14.1 人民币是奇特的货币

对老外来说，人民币是奇特的货币。2009 年之前，没有去过中国的外国人对中国货币全无认识，可以说见都没有见过，因为人民币在海外并不流通。即使跟中国做生意的商人，对人民币的认识也非常肤浅，因为所有对华贸易都是以美元或者其他外币结算，外国商人在交易中根本没有接触过人民币。与外商交易的中国商人却以人民币结算。中国商人不能持有外币，外国商人不能持有人民币。到了 2009 年，广州和上海等地的一些企业可以直接用人民币与香港、澳门地区及一些东盟国家和地区做生意。2010 年，这项直接使用人民币的计划扩展至另外 20 个中国省份并更加国际化。2011 年 9 月，中国宣布其余的 11 个省份亦加入这个计划。

从外国人的角度去看，人民币是神秘又难以理解的东西。它是全球第二大经济体系的货币，同时又是不能自由兑换的软货币。人民币是中国的法定货币，但是台湾地区有新台币、香港地区有港元，澳门地区有澳元。人民币的名称和符号把西方人搞得很糊涂，不少美国人连

"Renminbi"这个名称都无法记住，只是说"中国货币（Chinese Currency）"或者"中国元（Chinese Yuan）"。老外对人民币的认识不深，碰到人民币债券时，一时间想不到如何表达，于是将人民币债券说成点心债券（Dim Sum Bonds），因为老外都知道点心是中国的东西。

日本人将人民币称为人民元。人民币的符号最初是"¥"，但是和日元混为一谈，于是在前面加上"CN"变成"CN¥"。结果更加混乱，有人以为人民币是日元的派生货币。有人把它写成"CNY"，但是，中国同时用"¥"和"RMB"。我通常用"RMB"代表人民币。

14.2 人民币急速国际化

我的著作《亚元面世》中谈及亚元面世的时间不用50年，可能只需要5~10年时间。这本书在2010年2月出版之后，引来不少质疑。有人认为单是人民币国际化就要超过10年时间。2010年2月，人民币国际化还是被一些人怀疑能否成功。

香港地区最先发展人民币离岸业务。虽然香港是中国的特别行政区，而且香港和中国内地在地理上紧密相联，可是，香港有自己的货币，人民币在香港的交易可以说是国内的离岸交易。伦敦和新加坡也想依葫芦画瓢。执笔的时候，即2011年9月17日，伦敦和新加坡表示希望加入人民币离岸市场，而且态度相当积极。这些全球重要金融中心的要求，有金融业竞争的感觉。9月举行的第四次中英经济财经对话中，伦敦金融城明确表达了利用伦敦金融中心的地位推动人民币离岸市场建设的意愿。英国财政大臣奥斯本随后在新闻发布会上表示，中英两国将携手在伦敦开发人民币离岸市场。伦敦是全球最主要的外汇交易中心，在伦敦自由买卖的话，可以说是成功国际化。伦敦的交易时段填补了人民币交易时段的空白，人民币在伦敦交易意味着人民币可以进行 24 小时无间断交易。另外，欧盟是中国的最大贸易伙伴，人民币在伦敦交易可以进一步扩展欧洲市场。

人民币国际化的速度令很多国际金融专家目瞪口呆。人民币离岸市场的发展可以用“爆炸”来形容。国际化进程远远超越市场预期，同时也超过中国计划的速度。人民币国际化的进度快到连中国还未做好开放资本账户的准备，伦敦已经鼓励当地银行在伦敦金融城推出以人民币计价的金融产品。看来，中国并没有急于将人民币国际化，国际社会却急于看到人民币国际化。执笔时，人民币离岸业务的障碍在于中国本身，而非海外市场不配合。人民币进行国际化，先要开放国内市场的人民币汇率和利率，才可以进行大规模的离岸交易，否则会有较大风险。

中国没有容许新加坡建立离岸人民币交易市场，只是给新加坡的银行 1,500 亿元人民币的互换额度。这样做是防止新加坡和香港直接竞争。香港的离岸人民币市场仍然在发展初期，任何在亚洲地区的直接竞争都要避免。新加坡是东盟成员国，很明显，中国对东盟开拓人民币市场的态度“不够热情”。

中国在伦敦设立人民币离岸交易市场之后，德国法兰克福、法国巴黎、日本东京和美国纽约肯定会急于加入。相信在不久的将来，人民币会在全球金融市场中扮演重要角色。

14.3 人民币汇率

人民币不是自由兑换货币，但是有离岸人民币中心，香港的金融机构有很多人民币存款服务和金融工具，街上有兑换人民币的店铺，甚至有些地方可以直接使用人民币。某种程度上，人民币可以在香港自由兑换成港元或者美元。

人民币汇率一直与美元挂钩，1997—2005 年，1 美元兑 8.27 元。到了 2005 年 7 月，人民币汇率改为参考一揽子货币，并且容许在某一范围内浮动。这一揽子货币主要是美元、欧元、日元和韩国元，另外还有少量英镑、泰铢、俄罗斯卢布、澳大利亚元、加元及新加坡元。汇率浮动范围只有 0.3%，2007 年才扩大至 0.5%。当时的汇率是 1 美元兑人民币 8.11 元。到了 2011 年 8 月，1 美元兑人民币 6.38 元。中国外汇交易中心公布，2011 年 9 月 21 日银行同业人民币兑美元汇率中间价为 6.3772，再创汇率改革以来新高。按照 2005 年汇率改革启动前 1 美元兑人民币 8.27 元的汇率计算，汇率改革以来人民币已累计升值 29.68%。

人民币兑美元汇率创出新高的同时，欧元兑人民币汇率中间价报 8.7084，创下两年来新高。人民币相对美元、欧元等主要货币持续走强。中国应该以人民币升值来缓解国内的通胀压力。

人民币汇率改为参考一揽子货币，意味着中国要将外汇储备由美元改为一揽子货币。这样做是将美元抛出，买入其他货币。对于那些被中国买入的货币来说，相对美元的汇率会被推高，因为中国一边卖出美元，同时又买入这些货币。国际市场是竞争相当激烈的地方，货币汇率被推高就难以做生意，本国企业会因为货币汇率太高而倒闭，推高失业率。各国政府为了压低汇率而购入美元资产，例如美国国库债券。这样做虽然压低本国货币汇率，但是，美国债息会被推低。2011 年 9 月 15 日，美国 10 年期国债息率只有 2% 。

谈到人民币汇率，各位一定会想到美国政府指责中国操控人民币汇价，并且认为人民币汇率应该是 1 美元兑 3.8 元才对。请各位想一想，美国政府什么时候开始指责人民币汇率太低？那是中国开始进军高科技产品市场的时候。2000 年之前，美国对华贸易有很大的贸易逆差，但是，当时美国政府没有强烈指责中国操控人民币汇率，甚至认为人民币汇率偏低有助减低美国通胀。那时候，中国的产品以廉价日用品为主，例如纺织品和家庭用品，没有和美国货竞争。美国人早在 20 年前就已经放弃了纺织业和轻工业。中国玩具大量销往美国之前，美国零售市场上的玩具都是香港制造。可是，中国进军高科技市场，和美国货直接竞争，美国人就害怕起来了，要求中国提高人民币汇率，压低中国货在国际市场上的竞争力，增强美国货的竞争力。这样做对日本非常成功。2011 年，日元汇率创下历史新高，美国人开始购买美国汽车。2011 年 8 月，通用汽车的销量急升 18% 是最好的例子。

以老大哥的身份对外国人指指点点是美国的文化。2011 年 9 月 17 日，美国财政部长盖特纳出席欧元区国家财政部长会议，讨论欧债危机。盖特纳竟然“指导”欧元区国家如何利用欧洲的金融稳定机制“杠杆化”缓和欧债危机。欧洲各国财政部长被盖特纳的一番狂言惊呆了。奥地利财政部长直接地说，美国的经济基本面比欧元区还差，美国没有资格对欧洲各国说东道西。

美国连年巨额赤字，国债增长速度是欧元区国家从未有过的。美国的两轮量化宽松政策毫无效果，反而推高了全球商品价格。说到理财，美国并不高明，与会的欧洲各国财政部长可以说是啼笑皆非。盖特纳在美国陷入严重经济危机时指导欧洲各国财政部长如何理财，可以说是近代经济史上一大闹剧。

美国的另一文化是由美国人决定外国的东西值多少钱。例如，全球三大评级机构都是美国公司，它们有权决定外国政府的信用评级，外国公司值多少钱。当然，美国的评级机构是采用美国的评级标准。事实上，美国没有评级标准，纯粹用美国人的直觉。从美国人的思维去看，美国货在国际市场上应该有竞争力，美国汽车造得有没有日本汽车那么好，美国人不关心。日本汽车销路比美国汽车好，日元汇率肯定就是原因。到了 2011 年 9 月，日元汇率把日本经济拖到全盘崩溃的边缘，美国人才有点儿满意。在这样的日元汇率水平上，美国汽车可以和日本汽车在市场上“公平竞争”，美国人当然满意喽，日本人可就苦不堪言了。

人民币汇率应该是多少，美国人心里有数，看到人民币汇率不合意，他们当然要发出声音。美国人对人民币汇率标准的看法是中美贸易达到平衡，人民币汇率就是合理的。如果真的要达到这样的人民币汇率水平，人民币汇率要涨个不停，一直涨到美国人满意为止。情况就像日本那样。1 美元兑人民币 0. 5 元，美国制造的球鞋就可以卖到中国去。中国要在人民币汇率方面满足美国人的要求是不切实际的想法，也绝对办不到。

从中国政府的角度去看，情况相当不妙，因为美元和欧元不停地贬值，人民币不能不贬值，否则就会鹤立鸡群，变成日本的翻版。人民币跟着贬值，中国就会遭到输入型通胀的威胁。而且，无论人民币贬不贬值，外汇储备都会折损一大截。中国持有美债超过 1 万亿美元，美元贬值一半就是美国人重整债务，把中国持有的 5,000

亿美元债务撇掉，中国人就得为美国人的联邦赤字埋单。美国在2008年金融风暴之后的两轮量化宽松就是向持有美元资产的国家要钱。美元是国际储备货币又是贸易货币，美元供应量大升，商品价格跟着急升，连未持有美元资产的国家也受到拖累。非洲国家因为美元急升引起的粮食价格上涨而饿殍遍野，惨不忍睹。中东国家出现政变和社会动荡。讽刺的是，美国是这场经济灾难的罪魁祸首，却有收益，因为美国欠下的巨额债务出现减值，即美元贬值引起的美债减值。粮食价值以倍数升值，美国出口粮食能够赚取更多美元。美元贬值令外国货在美国的销量下降，尤其是日本货。相对地，美国的贸易赤字下降。

2011年的全球经济情况可以说是被美元打劫的全球经济。以日本为例，本国的经济问题可以放下，优先解决美元贬值的问题，即日本人说的日元升值。日本千方百计压低日元汇率，即是想办法提高美元汇率，为美国经济尽心尽力，却对日本的经济困境置之不理。中国也是一样，美元大幅度贬值，中国仍然持有大量美债，没有抛售。以市场经济而言，中国早该卖掉全部美债，但是，中国不能这样做，除了担心会破坏美国经济之外，美国始终是中国的最大市场，最惨是卖了美元之后没有其他可以选择的合适的外汇储备。欧元和美元是难兄难弟，却是全球两大储备货币。中国其实是没有选择，不能不持有美元资产，即使美元继续贬值，中国仍然会持有大量美债，承担美国人的债务。

美国财政部于2011年9月16日公布的数据显示，中国在7月份连续第四个月增持美债。增持金额是80亿美元，持有美债总额达到11,735亿美元。中国是美国最大的债主。美国主权信用等级被标普降级之后，市场担心中国会抛售美债，所以对中国持有多少美债十分关心。

美国经济不稳的时候，中国还要增持美债，可以说是现代经济架构的怪现象。

14.4 人民币成为全球第三大储备货币

执笔的时候，人民币已经是一些国家的储备货币。西非尼日利亚将人民币纳入外汇储备。南美智利正在商讨这一可能性。马来西亚计划发行人民币伊斯兰债券。

香港汇丰银行曾经预测，2011 年人民币将会成为全球第三大储备货币。笔者也有同感，只要人民币能够自由兑换，很快就会成为全球第三大储备货币。主要原因是美元和欧元靠不住，日元又是阴阳怪气。全球缺乏可以信赖的储备货币，人民币的可靠性肯定超过美元、欧元和日元。问题是现在的人民币欠缺作为全球储备货币的流通性。

可以预见，只要人民币成为全球性储备货币，不少弱势货币会和人民币挂钩，主要原因是贸易需要。这对于中国来说有好处也有坏处。好处是中国的经济影响力增强，对外贸易时不用再向美国支付铸币税，反而要美国给中国铸币税。中国有了强大的货币，可以更加容易控制通胀。坏处是人民币会被投机者推高汇率，直接打击中国商品的出口竞争力，从外国输入失业。

人民币成为全球第三大储备货币的最大忧患是美元贬值，因为美元储备会被换成人民币储备。美元遭到抛售，人民币被追捧。人民币又是在自由兑换的情况下，美元和人民币一兑一的汇价很快就会出现。接着，美元贬值会急速加剧。对中国的经济而言，那是一场噩梦，因为中国仍然依赖美国市场。美国通胀恶化，消费能力下降，对中国的经济和出口肯定是沉重打击。更加可怕的是中国持有的2万亿美元资产可能要泡汤。

人民币单独成为全球第三大储备货币有较高风险，最好是联合其他亚洲地区、国家成立以人民币为核心的区域性储备货币“亚元”。这样做的好处是避免了全球性采用人民币时引起的美元贬值。最初，亚元只会是结算用的虚拟货币，好像以前的欧洲货币单位。亚元成员国各自发行亚元是高风险的事情，最好是由核心货币国家统一发行并实行中央管理。这样做，可以避免投机性质的大额亚元买卖，同时又可以管理亚元区内各国的经济发展。用简单的话来说，人民币不应该急于成为全球第三大储备货币，最好只是担任亚洲区的储备货币。

欧元区因为欧洲债务纠缠不休，随时会解散。最初，欧元根本不应该以这样的形式成立。既无强有力的中央管理，又没有任何成员国经济出现事故时的救助机制。现在的欧元是天生短命，不能长期维持下去的货币。欧洲五国的经济情况完全无法长期符合欧元区3%的年度赤字和60%的国内生产总值国债上限。到了有成员国支持不住的时候，欧元区国家又无法团结起来解决问题。

有了这样的历史教训，以人民币为核心的亚元绝对不会步欧元的后尘，成立乌合之众的亚元。亚元区成员国会有退出及重新加入的机制，亦有权使用本国货币，本国货币与亚元汇率由中央机构管理。这样做可以利用本国货币的汇率及利率调节各国之间的经济落差。对于欧元区国家来说，欧元是绝对稳定的货币。对于亚元区国家来说，亚元是相对稳定的货币，不是绝对稳定。这是调节各国经济差距的重要工具。

日本和韩国的情况有点儿不同，日本和韩国都是以出口为主的国家，一定要保留日元和韩元的主权。这方面可以通过谈判及市场情况而决定。日本和韩国参加亚元区的好处是免除美元贬值的坏影响，又可以通过稳定的亚元汇率和商贸协议，拓展中国市场。

14.5 商品挂钩的货币

还记得陶渊明不愿为五斗米折腰的故事吗？中国古代以米粮作为政府官员的薪金，而非支付货币。时至今日，香港人仍然将“支付薪金”称为“出粮”。基本上，中国历朝没有真正意义上的货币，直接采用真金白银作为货币。古代的铜钱只是代表某一零碎数量黄金或者白银的代币，供找赎之用。所以铜钱的单位是重量单位的钱和分。

实际的解决方法是以一揽子商品挂钩的货币作为全球储备货币及贸易货币，通胀和货币危机都可以避免。以不能兑换的主权货币作为全球储备货币和贸易货币本身是一大错误。即采用中国古代的货币制度原理，只是实际运用方面，现代化一点儿而已。

一揽子商品挂钩的货币作为全球储备货币及贸易货币，可以避免主权货币危机扩散到其他国家去，又可以预防货币战争。以现在的情况而言，美国滥发美元，非洲和中东国家持有的储备货币，即美元，大幅度贬值，推高粮价，产生饥荒。如果非洲和中东国家持有的储备货币不是美元，而是一揽子商品挂钩的货币，无论美元如何大幅度贬值，粮价相对储备货币也不会大升，不会产生因为粮价上升而引起的饥荒。采用一揽子商品挂钩的货币作为全球储备货币及贸易货币之后，只有天灾人祸才会引发全球性经济灾难。个别国家无论怎样滥发钞票都是这个国家内部的事情，不会扩散到其他国家去。

要创立商品挂钩货币一点儿也不困难，难处反而是如何将商品挂钩货币用做流通货币。商品挂钩货币是不会贬值的货币，利率一定很低，因为无需顾虑通胀。持有商品挂钩货币是最佳的保值投资。其他资产，例如房地产，就会失去保值吸引力，因为房地产价值只能随着经济发展速度上升。现在的不能兑换货币贬值严重，这里说的贬值即是通胀，通胀升得多，房地产的投资价值就会上升。房地产价格上升的原动力主要来自不可靠的货币制度。货币贬值一半，楼价就上升一倍。所有人都认为货币会持续贬值，房地产价格就会涨个不停。股票也是一样，要是货币不会贬值，谁去买那些低派息的股份？请看看中国股票市场上的股票，没有多少股票有合理派息。如果没有派息的股票就没有人买，市场上还有多少股票？使用商品挂钩货币之后，房地产和股市将会是一潭死水，全无生气。金融业会萎缩至难以想象的程度。只要出现商品挂钩的货币，所有人会将手上的不能兑换货币换成商品挂钩的货币。这也说明了为何美国放弃黄金本位之后，全世界货币立即跟随。

但是，以上说的不是难以使用商品挂钩货币作为储备货币的原因，最重要的问题在于商品供应的不稳定性和货币的稳定性。发行商品挂钩货币是有系统的事情，今天发出去的货币，要在多年之后，才能够买到一定数量的商品，例如，一个单位货币可以买到一个单位的白米。白米歉收的话，已经发行的货币就无法换到货币发行组织保证的白米数量。反过来，情况也是一样，白米丰收，货币没有跟着增加，于是，超额生产的白米没有销路。不是市场上白米供应过剩，只是市场上没有足够的货币做白米买卖生意。

因此，商品挂钩货币应该只会和贵金属挂钩。这样的商品挂钩货币并不理想，因为我们不吃贵金属，日常生活也不使用贵金属。

从现实的经济环境去看，最理想的做法是成立参考商品价格的“半商品挂钩货币”。一方面可以避免出现商品挂钩货币的坏影响，又可以通过货币政策压制通胀。我觉得全球储备和贸易货币应该是这样的东西，而不是主权货币甚至超主权货币。和一揽子不能兑换货币挂钩的超主权货币，其本质也是不能兑换货币。不能兑换货币是经济灾难的根源，是赤字、国债无止境增长的根本所在。我绝对不赞成这样的东西作为全球储备货币和贸易货币。

[第十五章]

中国的经济开发

第二次世界大战之后，人类有了原子弹，单是美国的核武器就足以将地球炸成星尘好几次。但是以战争作为雄霸全球的手段已经是不可能的事情了。

第二次世界大战之后，人类有了原子弹，单是美国的核武器就足以将地球炸成星尘好几次。但是以战争作为雄霸全球的手段已经是不可能的事情了。无论一个国家有多强大的军事实力，无论武器如何了不起，发动全面战争的话，最终只能和敌人同归于尽。于是，雄霸天下的手段由军事上的强抢和杀戮转为经济上的垄断及欺诈。

以朝鲜为例，朝鲜战争之后美国封锁朝鲜经济，令朝鲜成为美国金融霸权之下的牺牲品。1950 年 6 月至 1953 年 7 月的朝鲜战争，伤亡人数约为 100 万人。可是，1995—2008 年朝鲜发生严重的粮食短缺。朝鲜在和平时期的经济灾难死亡人数不少于战争时期。由此可见，美国的经济制裁比战争更加可怕，死亡人数远远超过一场全面战争。

美国在全球各地实行经济扩张。以前的经济强国，除了美国之外，只有欧盟和日本，都和美国站在同一经济战线上。

15.1 中国出口不是依靠廉价劳工

中国的经济扩张是非常明显的事情。中国出口强劲，几乎所有和中国有贸易关系的国家都有对华贸易赤字。很多老外误以为中国依靠廉价劳动力和人民币超低汇率霸占海外市场。我在西非尼日利亚一家化工厂当厂长时，发现很多尼日利亚的日用品都是中国制造，而当时的中国工人工资比尼日利亚工人的工资要高。这一点证明了中国商品在海外市场畅销不是因为廉价，而是物超所值。中国商品在非洲市场畅销的另一原因是中国产品适合发展中国家的需要。欧美日等国家和地区的产品都设计新颖并拥有各式各样的功能，但完全不适合发展中国家。

先来看看中国工人的工资是否低廉。2010 年国际货币基金组织公布了各国的人均 GDP。这里只列出部分国家和地区：

排名	国家或地区	美元
–	全球平均	10,725
3	新加坡	57,238
6	美国	47,123
–	中国香港	45,277
7	瑞士	41,765
11	加拿大	39,033
19	德国	35,930
20	英国	35,053
21	中国台湾	34,743
23	法国	34,092
24	日本	33,828
25	韩国	29,791
51	俄罗斯	15,807

（续表）

排名	国家或地区	美元
58	马来西亚	14,603
89	泰国	8,643
93	中国	7,518
122	印尼	4,380
124	菲律宾	3,725
127	印度	3,290
133	巴基斯坦	2,789
140	尼日利亚	2,398
150	肯尼亚	1,784
156	坦桑尼亚	1,497
161	缅甸	1,246

这个列表非常有误导性。首先，这是购买力平价，表中的金额不是实际的人均国内生产总值金额。中国的农村和城市工资差距极大，不同城市的工资差距也很大。如果排除了农村及偏远地区，因为中国出口的工业产品应该不会出自农村或者僻远地区，中国工人的工资排名应在前40位，远高于全球平均值。本章的分析使用表中的数据，算是低估了中国工人的收入。从表中的数据可以看到，中国的出口市场之中，不少地区的工资低于中国。我曾经工作过的尼日利亚是非洲国家之中工资高的地方，但是，尼日利亚工人的收入只及中国工人的1/3。肯尼亚和坦桑尼亚等国家的工人收入和中国工人的差距更大，只有中国工人收入的1/5。中国轻工业产品和纺织品出口非洲，绝对不是因为中国工人工资低廉。巴基斯坦的地毯业被中国产品打垮，从好的方面去看，巴基斯坦不再有童工问题。巴基斯坦工人的收入不及中国工人的一半。

长期以来，日本将对华关系视为日本照顾中国，充满轻视中国的态度。中国经济崛起，经济向外扩张，不断蚕食日本的市场。日本经济太差，政客如果不和中国搞好关系，日本经济就会出现严重问题，日本政党就会垮下来。从政治的角度去看，日本政客不得不亲中。为此，日本执政民主党前干事长小泽一郎于 2009 年 12 月 10 日率领 143 名民主党国会议员和 400 多位经济界巨头组成的 630 人访华团出访。小泽一郎竟然带了将近半个日本国会去访问中国，遭到日本媒体和舆论狠狠地批评，成为中日双方媒体嘲笑的“朝贡团”。俗语说得好，“人穷志短，马瘦毛长”，国家也是这样。

鸠山由纪夫安排日本天皇于 2009 年 12 月 14 日接见访问日本的中国国家副主席习近平。

韩国《朝鲜日报》驻日记者辛贞录引用宫内厅官员的话说：“会谈一直在友好气氛中进行。习近平向天皇问候时几乎没有低头。”

习近平副主席与明仁天皇握手致意时“几乎没有弯腰低头”，意思是习近平充其量只是向明仁天皇“礼貌地点点头”。现在，中日关系已经是平起平坐的对等局面。

15.2 在非洲的经济开发

中国成功地在非洲开发经济的因素之一是历史原因。我在尼日利亚工作时发现尼日利亚黑人对欧洲白人和印度人的态度远不及对中国人那样亲切。很可能是欧洲人曾经和印度人一起在非洲搞殖民主义和抓非洲人做奴隶，也有可能中国人的样子没有欧洲人那样红须绿眼的感觉，也没有印度人那样格格不入的样子。尼日利亚人将非黑人称为“艾尔保”，但是，他们没有这样称呼我，即没有将我视为“老外”。我在尼日利亚的市集看到的明星海报，多是东亚明星，即中国内地、香港、台湾地区及日本和韩国明星。当地明星也有，但是数目上不及东亚明星那么多。我在尼日利亚工作时，相当年轻，应该只有二十来岁吧。在市集内走来走去，经常惹来尴尬的围观。白人出现在市集反而没有那么“轰动”。在厂长室内，当时我担任化工厂的厂长，只有我和3位年轻女职员。她们经常走到我的背后抓我的头发，起初我以为那是非洲人替朋友“抓头虱”的善意礼仪，后来才知道她们想了解我的头发为何那么直，甚至老实不客气地问我，身体其他部位的毛发是否都直，把我气得差点哭出来。这群女孩子曾经告诉我，如果她们要到海外去旅行，首选是中国。她们对中国的向往超过了欧洲的意大利和法国。

非洲国家人民的亲华态度是中国企业进军非洲的一大助力，再加上中国的产品和生产模式比较适合非洲国家，中国在非洲的经济开发非常迅速，而且投资的形式也有转变。据中国商务部统计，2010年中国企业对非洲直接投资达21.1亿美元，较2009年增长46.8%。非洲已经成为中国企业海外投资最主要的目的地之一。中国在非洲投资将逐渐转向制造业。中国的投资者在非洲进行产品的初级加工或者装配，帮助非洲产业转型。

中国企业在非洲的迅速发展，让美国人有点儿看不下去。根据中国商务部统计，截至2010年底，中国对非洲50多个国家2000多家企业进行了投资，累计投资金额达到400亿美元，直接投资130.4亿美元。

截至2010年底，中国企业在非洲共签订承包合同额2189亿美元，完成营业额1325亿美元。其中2010年，中国企业在非洲承包业务完成营业额358亿美元，同比增长27.5%。非洲是中国企业在全球开展工程承包业务的第二大市场。

中国与非洲国家之间的贸易量也大幅度上升。2010 年的中非贸易总额达到 1,269 亿美元。中国在非洲的经济开发直接威胁到美国在非洲国家的利益。以赞比亚为例，中国大量投资在该国的采矿业，令欧美国家采矿业失去赞比亚市场。

2011 年 6 月，美国国务卿希拉里进行非洲五日之行。针对中国在非洲快速提升的影响力，她在赞比亚首都卢萨卡警告非洲国家，随着非洲国家与中国的经济关系日益扩大，中国不会永远重视非洲国家的利益。她说，美国应该是个更好的选择。

赞比亚总统鲁皮亚班达立即反驳希拉里针对中国的言论。他说："非洲与北京的关系是健康和持久的，1964 年独立之前到现在，我们的国家一直与中国保持着亲密关系。北京帮助许多非洲国家渡过了最近的金融危机。"

希拉里的非洲之行没有得到预期的效果，即拉拢非洲国家靠向美国那一边，反而碰了一鼻子灰。美国人很难接受 2011 年就将在非洲的老大哥地位让给中国。

15.3 中国被动在中东开发

中东的亲美国家都是科威特和沙特那样的人口稀少、石油资源丰富的小国。他们与伊拉克和伊朗等野心勃勃的强邻一起，完全没有安全感，只能依附美国的军事实力。1990 年 8 月 2 日，伊拉克军队入侵科威特，推翻科威特政府，残杀科威特平民，并且宣布吞并科威特。1990 年 11 月 29 日，联合国安理会就海湾战争决议案进行表决时，中国投了弃权票。1991 年 1 月 16 日，以美国为首的 34 个国家的多国部队进攻伊拉克，战争爆发。这场战争被称为“海湾战争”，或者“第一次波斯湾战争”。经过联军42天的空袭和100小时的陆战，伊拉克军大败。伊拉克接受联合国660号决议案，从科威特撤军。美英联军由于为科威特复国，令美英等国家在中东的影响力大大增强。由于中国不支持美英发动第一次波斯湾战争，中国的中东政策惹来中东亲美国家的仇视，直接令中国丧失在中东本来已经不多的影响力。

自此之后，中东的亲美国家将资金投到欧美去，经济模式也跟随欧美。从那时候开始，中国被大部分中东国家忽略掉。这也难怪，那是20年前的事，中国当时的经济实力没有现在那么强大，给人落后国家的感觉。

中东小却富有的产油国到欧美投资。沙特阿拉伯王子阿尔瓦德于1990年以平均每股12.46美元的价格，买下当时花旗总股本4.9%的普通股，耗资2.07亿美元。花旗集团是当时美国最大规模的商业银行，可是资金短缺，被迫私募10亿美元资金。1991年2月，阿尔瓦德斥资5.9亿美元增持花旗新发行的优先股份令持股量达到14.9%。短短数年时间，阿尔瓦德近6亿美元投资变成100亿美元的股权。在整个20世纪90年代，花旗集团的股东回报率高达40.8%。2000年8月，花旗股价高达584美元。阿尔瓦德王子就是凭着对花旗的投资得到中东股神的称号。这件事驱动了其他中东财团大举进军美国市场，甚至有阿拉伯人期望总有一天由阿拉伯人主导美国华尔街，而不是美国的犹太人。

接下来的事情叫人大吃一惊。美国接连爆发严重经济灾难，包括科网股泡沫、安然造假账事件、麦道夫骗案、次贷危机和金融风暴。这些经济灾难是一个接一个扑来。花旗银行犯下大错，将次贷证券的风险视为少到可以忽略，完全没有评估过次贷证券的风险，结果被杀了个措手不及，2008 年 11 月，花旗集团得到美国政府的 250 亿美元纾困资金，但是，仍然资不抵债。这场金融风暴将花旗集团的市值由 3,000 亿美元减至 60 亿美元。执笔时，花旗集团的股价只有 29 美元。跟着阿尔瓦德王子进军美国市场的中东投资者就没有那么幸运。过去 20 年，进军美国的中东资金大都化为乌有，不少阿拉伯人将事情看成华尔街抛砖引玉，将阿拉伯国家的资金带到美国去，让华尔街大户把这些资金吃掉。

即使未到美国去投资的中东财团也要吃欧美财团的闷棍。2009 年 11 月 25 日，阿联酋负债累累的迪拜酋长国宣布延迟 6 个月偿还到期的债务。迪拜没有足够资金发展穷奢极侈的 400 多个工程项目，于是依赖来自欧美金融机构的资金。这些耗资超过 3,000 亿美元的项目包括千米高的世界第一摩天大楼，2,000 栋豪华别墅的人工岛棕榈岛项目，世界上唯一的七星级酒店。它们全都以烂尾收场。

2008 年金融风暴之后，中东投资者对欧美市场有了戒心，希望将投资转到发展潜力较大、财政较为稳健的中国去。中国社会科学院西亚非洲研究所发布的《中东非洲发展报告》指出，当前中东国家的石油美元投资有向中国等东方国家转移的趋向。中国的股市和楼市都没有向外开放，中东投资者无论怎么渴望在中国投资，都是很困难的。即使如此，科威特、阿拉伯联合酋长国和卡塔尔的主权财富基金投资负责人表示愿意到中国投资。他们有些把亚洲总部搬到中国去，有些频繁来中国考察。

只要中国发展出适合中东财团投资的环境，中东国家将会视中国为最佳投资市场，将欧美的资金调到中国去。中东国家向中国经济扩张的动作，可以被视为中国向中东进行经济扩张的被动行为。

[第十六章]

东南亚地区的经济开发

中国—东盟自由贸易区的成立是中国开发日本盘踞已久的东南亚地区的重要一步。东南亚一向是日本的经济势力地盘，在日本设定的“新大东亚共荣圈”之内。日本意识到中国在东南亚扩大影响会令日本在亚洲的经济影响力减弱，于是想尽办法将中国踢出东南亚地区之外。

16.1 中国—东盟自由贸易区

中国—东盟自由贸易区的成立是中国开发日本盘踞已久的东南亚地区的重要一步。东南亚一向是日本的经济势力地盘，在日本设定的“新大东亚共荣圈”之内。日本意识到中国在东南亚扩大影响会令日本在亚洲的经济影响力减弱，于是想尽办法将中国踢出东南亚地区之外。中国和日本较上劲之后，中国为了加速开发中国西部，极力争取东盟的合作，在中国西南面为西部打开对外门户。东盟是指东南亚国家协会，成员国包括文莱、柬埔寨、印尼、老挝、马来西亚、缅甸、菲律宾、新加坡、泰国和越南。虽然东盟只有10个国家，但是，人均收入几乎是由全球上限一直伸展到下限。例如，新加坡的人均收入高达3万美元，缅甸只有199美元。社会政治制度和宗教方面也是应有尽有，几乎包括了所有政体和宗教，例如，西方民主制度和社会主义制度，伊斯兰教、佛教、天主教等。

东盟10国之中，没有能够带领东盟的大国。东盟的大国都经济极差，例如，2亿人口的印尼，人均收入只有约900美元，经常伸手拿经济援助，当然不能担任盟主。

东盟的小国虽然富裕，但是国力有限，例如，人均收入高达 3 万美元的新加坡，人口只有 400 万。400 万人口的新加坡当然无法担任 5 亿人口的东盟盟主。东盟 10 国在没有老大的情况下，只是一盘散沙。

每次日本首相与东盟进行领导人会议都会签署经济合作文件或者发表宣言，这成为会议的惯例。2002 年 10 月，日本与东盟举行名人会议，提出《关于日本东盟全面经济伙伴关系报告书》；2003 年 10 月 8 日的会议签署了《日本东盟全面经济伙伴关系的基本框架》；2003 年 12 月，日本邀请东盟 10 国领导人到东京举行日本东盟领导人特别会议。会后，共同发表了《为实现新千禧年活跃而持久的日本东盟伙伴关系的东京宣言》；2005 年 12 月 13 日的会议发表了《日本东盟首脑会议共同声明》；2007 年 11 月 29 日的会议签署了《日本东盟全面经济伙伴关系协定》（AJCEP）。2008 年 4 月，东盟各国和日本正式签署《日本东盟全面经济伙伴关系协定》。日本和东盟签的协定之中，很多都是不同成员国有不同的生效日期，有时还有不同成员国的个别条款。

第二次世界大战后，东盟各国将欧美视为经济盟友，死心塌地追随美国和日本。1997 年的金融风暴中，东盟成员国货币多次遭到欧美对冲基金重创。东盟各国尽全力反扑，并且得到世界银行的支持，但是还是不敌美国资金为主的对冲基金，最终仍然被对冲基金击败，东盟各国货币像多米诺骨牌那样倒下，经济崩溃。东盟各国感到被美国出卖，不再将欧美视为经济盟友。东南亚金融风暴之后，马来西亚总理马哈蒂尔狠批对冲基金，认为对冲基金掠夺其他国家的资产。美国在此一役，被东盟成员国形容为金融业的海盗巢穴。

中国经济崛起，而且在 1997 年金融风暴中，力抗美国对冲基金，还在捍卫港元联系汇率上取得了重大胜利。东盟开始构思以中国为主力的亚洲自由贸易区。2001 年，中国总理朱镕基和东盟 10 国领导人达成协议，建立全球最大自由贸易区。同年，东盟峰会在文莱举行时，东盟各国决定和中国一起建立拥有将近 20 亿人口的自由贸易区。2008 年金融风暴之下，东盟各国感到货币危机一触即发，东盟有意尽快与中国组成自由贸易区，中国也积极地配合。拥有 19 亿人口、6 万亿美元国内生产总值和 4.5 万亿美元贸易总额的中国—东盟自由贸易区于 2010 年 1 月 1 日全面成立。

中国—东盟自由贸易区只是亚洲自由贸易区的开始。这个新的中国—东盟自由贸易区成立之后，中国将会成为雄霸亚洲的经济大国。亚洲地区经济将会脱离欧美的控制成为独立的经济体系。相信很快，中国—东盟自由贸易区将不再以美元作为储备和贸易货币，亚洲元的出现只是时间问题。

16.2 中国和日本的东盟争夺战

2001 年 11 月，在文莱首都斯里巴加湾市召开的第五次东盟中国领导人会议上，中国与东盟达成共识，一起建立拥有 17 亿消费者的自由贸易区。中国积极地扩大在东盟各国的投资，东盟成为继美国之后的中国第二大海外投资地区。

日本感到中国扩张到自己的地盘上去，于是全力反扑。2002 年 1 月，日本首相小泉纯一郎专程访问东盟 5 国，发表“小泉构想”。日本正式向东盟提出建立日本—东盟自由贸易区的建议。小泉此行，目的是要将东盟从中国的怀抱中拉出来，建立日本东盟合作关系。

2002年11月4日，在柬埔寨首都金边召开的第六次东盟中国领导人会议上，11个国家（东盟10国加上日本）领导人签署《全面经济合作框架协定》，建立中国—东盟自由贸易区。日本政坛立即出现恐慌，翌日，2002年11月5日，日本在会议之后发表《日本东盟领道人关于全面经济伙伴关系构想的共同宣言》。

2008年4月，东盟各国和日本正式签署《日本东盟全面经济伙伴关系协定》（AJCEP），这份协定只是关税协定。东盟各国和日本之间基本上没有对等的贸易关系，日本和东盟的经济差距太大，日本商品大都是高价货，不适合东盟成员国的市场。日本又拒绝开放农产品市场。日本和东盟的贸易量比中国大，约为900亿美元，但是主要双边贸易集中在几个国家，例如泰国和新加坡。日本与东盟各国签署的协定并不一致，日本与较为发达的东盟国家，例如马来西马、新加坡、泰国、印尼和菲律宾，签署全面经济伙伴协定，和越南、老挝、柬埔寨、缅甸和文莱只是签署普通协定。东盟成员国之中，不少国家对日本的歧视深感不满。

中国云南和广东等边境省份邻近东南亚国家，这些省份自古以来都与东南亚国家有密切往来，自由贸易区会加强双边经济和贸易发展。东盟成员大部分是人均收入极低的国家，需要中国的低价消费品，同时又需要向中国出口水果和蔬菜。中国是东盟的工业品供应国，也是重要的市场，双方合作关系有坚实的基础。东盟是中国在发展中国家中最大的贸易伙伴，中国又是东盟的第四大贸易伙伴。

2003年，中国与东盟双边贸易（不包括香港）达到780亿美元，东盟与中国的贸易顺差180亿美元。东盟和日本做生意出现逆差100亿美元。从东盟的角度去看，和中国交易是赚钱的事情，和日本交易是亏本的生意。从经济合作的角度来看，中国和东盟国家之间的经济差距较日本小，中国又能与东盟互补贸易上的需要。

日本知道东盟没有理由向日本开放市场、取消关税，于是向东盟提供经济援助。2002 年日本对东盟付出 17 亿美元的经济援助。东盟各国在日本的利诱之下，与日本签订《日本东盟全面经济伙伴关系协定》。2005 年，日本政府为日本东盟一体化基金提供6,200万美元资助，用做经济援助资助受到环球经济衰退影响的东盟成员国。日本也为东盟赈灾管理合作计划提供 1,350 万美元的资助。

中国凭借同文同种的优势，大力与新加坡发展经济合作关系。2006 年，中国是新加坡的第四大贸易伙伴。新加坡则是中国的第七大贸易伙伴。日本看到中国与新加坡的合作关系，觉得不是滋味，于是通过日本贸易振兴会（JETRO）大力招揽新加坡公司的投资，并且协助新加坡和日本公司进行商业接触。2007 年 3 月 19 日，新加坡总理李显龙和日本首相安倍晋三签署《日本新加坡经济伙伴关系协定》（Japan-Singapore Economic Partnership Agreement，JSEPA）的修订版，增加双边贸易的减免关税安排及让新加坡的银行业向日本开放。可是，到了 2007 年，新加坡在日本的投资只有约 46 亿美元。日本当时是新加坡第六大贸易伙伴（中国排第四）。新加坡则是日本在亚洲的第八大贸易伙伴。

2002 年 1 月，日本首相小泉纯一郎访问菲律宾、马来西亚、泰国、印尼和新加坡等东南亚 5 国，刻意不去东盟之中影响力最小、与日本合作关系没有基础的另外 5 个国家。小泉纯一郎分别与 5 位东盟领导人讨论日本与东盟展开全面经济合作的构想，即“小泉构想”。小泉纯一郎故意分别与 5 位东盟领导人讨论“小泉构想”，因为他有 5 套完全不同的“小泉构想”。小泉纯一郎向菲律宾和印尼抛出经济援助的利诱，争取这些国家加入以日本为首的大东亚共同体。新加坡不需要日本的经济援助，但是想和日本发展金融业，即互相开放银行业。小泉纯一郎向新加坡提议可以互相开放金融业，拉拢新加坡加入日本阵营。马来西亚、泰国和日本有大量贸易往来，降低关税可以吸引对方建立合作关系。要是马来西亚和泰国不就范，日本就以撤资和增加关税作为报复。

被日本遗忘的东盟其他 5 国当然感到不高兴，即使和日本会谈的东盟 5 国也感到为难。日本推销的构思是以东盟为合作伙伴，自己只是东盟 10 国的成员国之一，没有能力为东盟决定与日本的合作关系。再说，东盟本身是分化极为严重的组织，日本的做法是明摆着进一步分化东盟各国之间的关系。以新加坡为例，如果单独与日本订立互相开放金融业的协定，绝对没有问题，问题是新加坡不能以东盟的名义订立这样的协定。小泉纯一郎的做法是要东盟的各国以东盟的名义取得个别国家的利益。东盟 5 国直接表示对“小泉构想”的大东南亚共同体没有兴趣。即使表示有兴趣的国家也坚持要以个别国家名义和日本签约，不能用东盟的名义。

小泉纯一郎的“小泉构想”失败之后，2009 年日本首相鸠山由纪夫重新包装“小泉构想”，成为“鸠山构想”，但是，骨子里还是小泉的大东南亚共同体。日本政府派遣日本外务大臣冈田克也于 2009 年 9 月 28 日访问中国，与中国外长杨洁篪举行中日外长会谈并向中国推销以日本为核心的“大东亚共同体”。冈田克也参加日中韩三国外长会议，向韩国推销日本的“大东亚共同体”。中韩两国对日本的“大东亚共同体”构思没有积极的回应。

2009 年 10 月，日本首相鸠山由纪夫在联合国说要按照欧盟的形式建立世界第三极的“大东亚共同体”。大东亚共同体建议只是引来各国反对，除了澳大利亚之外，竟然没有一个国家同意。

中国与东盟成立中国东盟自由贸易区，并且在2010年1月1日开始运作。日本在东南亚的霸权地位宣告终结。

16.3 中国西部开发和东南亚开发

中国政府计划开发的大西北包括陕西、青海、甘肃、宁夏和新疆，面积共计304.3万平方公里，占西部总面积的57.7%，占中国全国陆地面积的31.7%、人口约9,000万。西北地区矿藏丰富，煤炭、石油和天然气的存量都是中国最多的地区。

中国东盟的经济合作战略布局相当清晰。中国的开发路线是沿广西、南宁到新加坡的经济走廊，右边是广西“泛北部湾经济合作”，左边是云南参加亚银的“大湄公河次区域合作”。这是中国西南国际走廊的入口，从新加坡通过马来西亚、泰国和缅甸进入中国的广西和云南地区，然后去到中国西部。要成功开发西部，就要将西部对外开放，中国东部城市与西部距离太远。中国西部位于亚洲大陆的中间，被群山环抱，西南面是喜马拉雅山山脉和青藏高原，是著名的天险。西部的产品要出口到中国以外地区，需要千山万水地送到香港或者上海，再由海路出口。这样做完全不利于经济效益。从地理环境而言，中国西部和欧洲地区的最近港口不是中国东岸的港口，而是新加坡。西部需要有自己的对外开放门户，不能依靠中国东部的港口。地理上，缅甸直接连接中国西部，可以利用缅甸作为出口渠道。缅甸有陆路直达泰国，泰国又有陆路连接马来西亚，马来西亚有陆路通往新加坡。这些国家都是东盟成员国，而且需要中国西部的市场，又能为中国西部大开发提供交通及资源。中国西部的天然气等资源又可以输送到东盟各国去。这条西南走廊是西部大开发的生命线，可以源源不断地向西部输送物资，又可以将西部的产品送到中国以外的地区去。

对于东盟各国来说，中国开发西部会带来无限商机。东盟各国邻接中国西南部，有良好的道路交通。双方有合作的优势，可以互补长短，互相得益。东盟和中国建立自由贸易区之后，整个东盟都会受惠。不像东盟和日本合作那样，只有东盟少数国家受惠。除了中南半岛的东盟国家之外，即使印尼等国家也可以靠输送物资到新加坡转往中国西部而得到好处。

从 1993 年开始，中国与东盟的贸易金额不断上升，到了 2008 年，贸易额为 2,311 亿美元，升幅达到 20 倍。同一时期，中国贸易量占东盟的总贸易额由 2% 急升至 10.5%。同一时期，美国贸易量占东盟的总贸易额由 17% 跌至 12%。2008 年，美国和东盟的贸易额只有 2,000 亿美元。中国与东盟的贸易额已经超越美国。

东盟各国要发展经济，最大的障碍是缺乏合适的市场。中国西部是个很大的市场，足以吃掉东盟所有输出的农作物、工业产品和原材料。中国西部又可以向东盟提供东盟急需的能源。中国和东盟的合作可以打开西部对外的门户。在这样的合作基础上，东盟自然地投向中国，与中国联手开发西部。

因为缅甸紧贴着中国西部的地理环境，成为中国开发西部的战略伙伴。中国最大的石油公司，中国石油天然气集团公司，正在兴建从中国西南部直达缅甸的油管，全长 771 公里。另外，中国海洋石油有限公司正在为缅甸开发石油资源。中缅两国的贸易额估计为每年 26 亿美元。

附 录

1. 美国的银行系统

美国第三任总统又是美国《独立宣言》起草人的托马斯·杰斐逊（Thomas Jefferson）有一名句："银行系统是我们的宪法中的缺失，如果不处理的话，它会带来毁灭……我衷诚地相信银行比常规军队更加危险；而现在花钱由后世付账的原则……是大规模地瞒骗后世。(The system of banking [is] a blot left in all our Constitutions, which, if not covered, will end in their destruction... I sincerely believe that banking institutions are more dangerous than standing armies; and that the principle of spending money to be paid by posterity, under the name of funding, is but swindling futurity on a large scale.)"

■ 银行可以创造钞票

看完杰斐逊总统的名句之后各位或许觉得杰斐逊之言太过分，何以一家银行比一支军队还要可怕，难道银行可以毁灭一个国家吗？让笔者详细解释杰斐逊总统的至理名言。

接受过经济及公共事务科教育的人都以为银行接受客户存款之后，将钱借给有需要的人，赚取息差。例如A君走进银行将1万美元存进定期账户1年，赚取3%定存利息；B君走进银行借取1万美元1年，支付8%利息。银行将A君的1万美元借给B君，赚取息差5%。如果你相信这样的事情，你就是被骗。上述的情况只会发生在黄金本位时代，即是1971年之前的美国。现在不是这样。请不要将社会科学或者经济学的教科书拿给笔者看，那些书的部分内容不尽不实。

美国的银行，每接受1,000美元存款就会放款3万至7万美元。银行收下那1,000美元存款，不是用来放款，而是用作流动资金。当B君走进银行借取1万美元的时候，银行不是从保险箱中提取1万美元借给B君。银行根本没有那1万美元，只是确认1万美元的信贷。那么，钱从何来？那是B君的钱。各位不要捧腹大笑，事实确是如此。笔者研究银行运作时，最初也不相信。银行放款，要求借款人提供抵押品，例如价值10万美元的房产。B君从银行借取的1万美元，其实是来自B君拥有的抵押品。银行收取B君借款金额的每年8%利息，银行根本没有支付过任何利息，原则上，银行根本没有借过钱给B君。难怪有些美国人将银行家称为以钢笔行劫的歹徒。

现在看看没有抵押的贷款，例如次级贷款，银行也是没有将钱借出去。这次用的方法有点不同，因为没有抵押品。银行可以创造钞票，即是货币，因为美国的货币是不能兑换货币，要创造多少货币都可以。美国发钞机构是美联储，美联储是中央银行，属下有无数商业银行。用更加简单的话来说，银行可以发钞，即是无中生有地创造钞票，借给客户，赚取利息。即使银行不发钞，也可以发行票据或者证券，放到证券市场上去卖钱，一样是无中生有地创造钞票。

各位一定会认为世上没有那么便宜的事情。正确，世上确实没有那么便宜的事情。银行创造钞票的代价是通胀，钞票流通量越大，通胀越高。通胀是钞票贬值的意思。

美国联邦储备局

美国的钞票和国库债券都由美国联邦储备局发行。美联储是美国的中央银行，独立于美国政治架构之外而且是私人拥有。

管理委员会

管理委员会（Board of Governors）负责管理美联储，由 7 人组成，任期 14 年。现任管理委员会主席是柏南克（Ben Bernanke）。美联储主席须由总统提名及参议院通过委任，任期 4 年。主席需要每年两次向国会汇报联邦储备货币政策的目标。管理委员会成员不可担任任何银行或者信托机构的职位，亦不可持有任何银行或者信托机构的股份。

2009 年的管理委员会成员：主席柏南克（Ben Bernanke）、副主席科思（Donald Kohn），沃尔什（Kevin Warsh），克罗兹纳（Randall Kroszner），杜克（Elizabeth A. Duke），塔鲁洛（Daniel Tarullo）及一个空缺。

联邦公开市场委员会

联邦公开市场委员会（Federal Open Market Committee，简称 FOMC）决定联邦储备利率（Fed Funds Rate）和货币供应的机构。

纽约储备银行负责执行开放市场操作的交易。公开市场操作是在公开市场上买卖美国政府的票据和债券。

2011 年的联邦公开市场委员会成员如下：

· （主席）本·伯南克（Ben Bernanke），联邦储备委员会主席

· （副主席）提莫西·盖斯纳（Timothy F. Geithner），纽约联邦储备银行行长

· （委员）罗格·弗格森（Roger W. Ferguson），联邦储备委员会副主席

· （委员）爱德华·格兰里奇（Edward M. Gramlich），联邦储备委员会委员

· （委员）苏珊·施密特·比丝（Susan Schmidt Bies），联邦储备委员会委员

· （委员）马克·奥尔森（Mark W. Olson），联邦储备委员会委员

· （委员）本·博兰克（Ben S. Bernanke），联邦储备委员会委员

· （委员）唐纳德·科恩（Donald L. Kohn），联邦储备委员会委员

· （委员）托马斯·霍利格（Thomas M. Hoenig），堪萨斯城联邦储备银行行长

· （委员）卡西·麦汉（Cathy E. Minehan），波士顿联邦储备银行行长

· （委员）桑德拉·皮亚拉脱（Sandra Pianalto），克利夫兰联邦储备银行行长

· （委员）威廉·玻尔（William Poole），圣路易斯联邦储备银

行行长

联邦储备银行

联邦储备银行（Federal Reserve Banks）由12个分区组成，即由12家联邦储备银行组成。阿拉斯加和夏威夷属于第12区，加之旧金山市联储银行，这些联储银行是私人银行，每家银行有9位董事组成的董事局，任期3年。每分区有大量成员银行。

众议院房屋及金融服务委员会

众议院房屋及金融服务委员会（United States House Committee on Financial Services，又称House Banking Committee）负责监管全美国的金融业包括证券、保险、银行及房屋业，同时负责监管美联储（Federal Reserve）、美国财政部（United States Department of the Treasury）、美国证券及交易委员会（US Securities and Exchange Commission）和其他金融服务业监管人员。2009年的委员会主席是民主党众议员邦尼·弗兰克（Barney Frank）。

众议院房屋及金融服务委员会之下有次级委员会（Subcommittee）：

资本市场、保险及政府资助企业委员会（Capital Markets, Insurance, and Government-Sponsored Enterprises）

金融机构及消费信贷委员会（Financial Institutions and Consumer Credit）

房屋及社区机会委员会（Housing and Community Opportunity）

国内货币政策及技术委员会（Domestic Monetary Policy and Technology）

国际货币政策及贸易委员会（International Monetary Policy and Trade）

监管及调查委员会（Oversight and Investigations）

2008 年金融风暴证明了这个委员会和属下的次级委员会全盘失败。次贷危机在他们的监管之下形成及爆发，金融风暴扩散等。若要问责，第一个要负责的人肯定是众议院房屋及金融服务委员会主席法兰众议员。

美国参议院银行、住宅及市事务委员会

美国参议院银行、住宅及市事务委员会（The United States Senate Committee on Banking, Housing, and Urban Affairs）在以下各方面有管辖权：银行及银行业、价格控制、存款保险、出口推广及控制、联邦货币政策、工商业的财政资助、赎回票据、流通货币及硬币、政府及私人住宅、市区发展及集体运输、政府合约。

2009 年的美国参议院银行、住宅及市事务委员会主席是克里斯多夫·多德（Christopher Dodd）。多德参议员在美国国际集团的 2 亿美元分花事件中被指在振兴经济方案中删除限制受到政府注资机构的高层人员薪酬而让该集团高层名正言顺地收取政府的注资，即纳税人的钱，作为分红。美国国际集团在国会山的游说工作非常到位，很多政客都收取该公司的巨额捐献，多德是收钱最多的人。收钱第二多的人是美国总统奥巴马。

美国参议院银行、住宅及市事务委员会之下有次级委员会：

证券、保险及投资委员会（Securities, Insurance, and Investment）

金融机构委员会（Financial Institutions）

房屋、交通及社区发展委员会（Housing, Transportation, and

Community Development）经济政策委员会（Economic Policy）

国际贸易及金融委员会（International Trade and Finance）

美国参议院银行、住宅及市事务委员会和众议院住房及金融服务委员会一样，在2008年的金融风暴中丑态百出，没有做好本分。

■ 财政部的货币审查官办事处

美国财政部的货币审查官办事处（The Office of the Comptroller of the Currency，简称OCC）负责监管所有美国银行和外国银行代理机构。货币审查官办事处的总部设于华盛顿，美国全国有4个分区办事处，在伦敦亦有办事处负责监管美国银行在海外的业务。货币审查官办事处人员在银行现场检查及监管银行运作，向银行提供规范、法律条文的解释及某些银行业务的决定。货币审查官办事处的考核员负责分析银行的贷款及投资组合、资金管理、资本、盈利、流通性、市场风险的敏感程度和核实银行业务遵照消费者银行法律。

货币审查官由总统委任，参议院通过才能担任，任期5年。货币审查官同时兼任联邦存款保险公司（Federal Deposit Insurance Corporation，简称FDIC）董事。2009年的货币审查官是约翰·杜根（John Dugan）。

货币审查官的权力极大，有权拒绝任何银行结构上的改动申请、撤换银行高层职员及董事、发出银行业务规例、关闭银行或者向银行实施罚款。从法律及政治层去看，货币审查官是确保银行业体系健全及运作良好的重要官员。管理银行业的官员名叫货币审查官的原因是美国发钞的机构不是美国政府而是私营银行组成的联邦储备局。理论上，管理银行的官员同时管理货币发行。可是，货币审查官的权力不能凌驾于美联储主席。那是因为美联储主席不是政府官员，不从属于货币审查官。货币审查官没有审查货币发行的权力，货币政策由美联储全权负责。用更简单的话来说，货币审查官只能监管联储银行之下的商业银行。美国的 12 家联储银行不归入货币审查官办公室的监管之下。

■ 层层叠加的监管机制

看完以上各节之后，各位可能会有点混乱，美国银行体系到底由谁监管？名义上，那么多机构有权监管银行，但是银行本身又有自己的中央银行系统凌驾于监管机构之上。各位的混乱可以说是理所应当，很多美国政客和财经专家也会在这问题上感到混乱。

美国财政部长、美联储主席、货币审查官、联邦公开市场委员会主席、参议院银行住宅及市事务委员会主席、参议院银行住宅及市事务委员会之下的金融机构委员会主席、众议院房屋及金融服务委员会主席、众议院房屋及金融服务委员会之下的金融机构及消费信贷委员会主席等人都有某程度上的银行业立法、监管或者管理权力。可是，上述的人之中，没有一个人能够全权决定金融业或者货币政策。

以利率为例，美联储主席有权决定重要的联储利率，但是商业银行的实际信贷利率方面，货币审查官监管，参议院银行住宅及市事务委员会之下的金融机构委员会主席或者众议院房屋及金融服务委员会之下的金融机构及消费信贷委员会主席，甚至美国财长都有管理或者立法/司法权。2008 年年中，美联储大手减息，希望减低供楼的利息负担，协助楼市复苏，怎料到房屋抵押贷款息口不降反升。

美国人的管理概念是在出现问题之后立即成立新的机构或者部门，定立新的法律填补管理上的缺陷。他们不会花时间理清问题的根源和因果关系，随便搞个部门，定条法律，接着就将整件事抛到脑后。久而久之，管理上出现危险的层层叠架构，管理上出现重复和混乱，最后变成管理不善。

2007 年的次贷危机和 2008 年的金融风暴印证了中国人的一句至理名言：一个和尚挑水吃、两个和尚抬水吃、三个和尚没水吃。

■ 美国国会的鸵鸟政策

早在 1992 年，当时的美国总会计办公室（General Accounting Office，现为政府问责办公室 Government Accountability Office）在呈交给美国国会的报告中就指出："联邦财政预算已经出现结构性失衡。这样的情况会不断增加对美国经济的损害，而且这样的财政预测不能长时间维持。无论采取何种方法应付这个问题，必须尽快做出有意义的行动。拖延时间越长，结局会越惨痛。强化经济的措施必须在 2010 年之前完成。2010 年是婴儿潮美国人开始退休的时期。"

过去 17 年，美国国会不曾为减债做过任何事。相反，国会不断要求增加福利和政府开支。

2008 年，政府问责办公室再次提出警告"政府问责办公室的长期估计显示美国赤字持续扩大，联邦债务最终会失控。即使在最乐观的情况下，美国未来经济情况的风险高至无法接受。"

2. 美国东岸日期和时间

除非特别声明，美国公布数据的时间通常以东岸时间为准，书中关于美国公布数据的日期和时间都是美国东岸日期和时间，需要换算成香港日期和时间，请读者留意。

笔者保留美国东岸时间的原因是避免混乱，因为不少传媒及外电不会将数据公布日期转换成香港时间，即使转换也会注明两项时间。

美国于每年 3 月的第 2 个星期日凌晨 2 时拨快 1 小时至夏令时间，于 11 月第 1 个星期日拨回标准时间，即拨慢 1 小时。

美国东岸夏令时间加 15 小时是香港时间；美国东岸标准时间加 16 小时是香港时间。例如夏季的美国东岸时间 2009 年 9 月 22 日下午 2 时 15 分，是香港时间 2009 年 9 月 23 日早上 5 时 15 分。

由于美联储公布新利率的时间通常是星期二或者星期三，即香港时间星期三或者星期四。

年份	夏令时间上午 2：00 开始	标准时间上午 2：00 开始
2009	3 月 8 日	11 月 11 日
2010	3 月 14 日	11 月 7 日
2011	3 月 13 日	11 月 6 日
2012	3 月 11 日	11 月 4 日

3. 股票评级系统（Stock Rating System）

美国各评级机构对股票的评级有本身的系统，出现混乱情况。为了统一评级，美国评级机构在向外发表股票评级时，会以 3 级制的评级为标准：买入 Buy（1）、持有 Hold（2）和出售 Sell（3）。

综合星号评级（Morningstar）

综合星号评级是以股价对比分析员评估的合理价格（评价）作出的 5 星制评级。股价与评价接近的股份得到 3 颗星。股价对比评价有折让的可以得到 4 至 5 颗星。股价对比评价有溢价的股份会得到 1 至 2 颗星。如果你深信巴菲特的价值投资法，综合星号评级是最佳的选股指标。另外，综合星号评级简单易明，而且每交易日更新，非常适合散户选股。

评价对比股价（即评价是 1 的情况下，股价是多少）：

风险	5 星	4 星	3 星	2 星	1 星
低于平均	< 0.85	0.85 ~ 0.90	0.90 ~ 1.10	1.10 ~ 1.20	> 1.20
平均	< 0.75	0.75 ~ 0.85	0.85 ~ 1.15	1.15 ~ 1.30	> 1.30
高于平均	< 0.65	0.65 ~ 0.80	0.80 ~ 1.20	1.20 ~ 1.50	> 1.50
投机性质	< 0.55	0.55 ~ 0.75	0.75 ~ 1.35	1.35 ~ 1.80	> 1.80

综合星号评级	相当于标准评级
5 星	1 – 买入（Buy）
2 星、3 星、4 星	2 – 持有（Hold）
1 星	3 – 出售（Sell）

综合星号评级对股票的评级

根据风险调整后的业绩与分析员意见评估股票的未来价值。每天评价股票的合理价值。不会将股票分类或者每类股份有一定比例的股票。

综合星号评级对基金的评级

综合星号评级对基金的评级与股票不同，是把基金互相比较，然后分成不同级别，每级别有一定比例的评级。比较的标准是综合回报与风险，只参考过往的业绩，不加入分析员的意见，每月评估 1 次。5 星级是 10%，4 星级是 22.5%，3 星级是 35%，2 星级是 22.5%，1 星级是 10%。

摩根士丹利投资研究（Morgan Stanley Investment Research）的股票级

股票评级：

增持（Overweight）（O）：以风险调整后计算，预期在未来12至18个月，该股份的总回报超过所属行业的平均回报水平。

持股观望（Equal-weight）（E）：以风险调整后计算，预期在未来12至18个月，该股份的总回报与所属行业的平均回报水平一致。

减持（Underweight）（U）：以风险调整后计算，预期在未来12至18个月，该股份的总回报低过所属行业的平均回报水平。

没有评级（Not-rated）（NR）：进行研究的时候，分析员未能根据风险调整后计算该股份相对所属行业平均回报水平的未来12至18个月总回报。

NAV、NA或者++：根据摩根士丹利投资研究的政策，无法表示这家研究对象公司的评级。

有吸引力（Attractive）（A）：在是次研究报告中，分析员预期在未来12至18个月，相对其他同行业机构的表现，该股份的表现具有吸引力。

与所属行业一致（In-line）（I）：在是次研究报告中，分析员预期在未来12至18个月，相对其他同行业机构的表现，该股份的表现与所属行业一致。

审慎（Cautious）（C）：在是次研究报告中，分析员预期在未来12至18个月，相对其他同行业机构的表现，需要审慎关注该股份的表现。

摩根士丹利投资研究的评级	相当于标准评级
增持（Overweight）	1 – 买入（Buy）
持股观望（Equal – weight）	2 – 持有（Hold）
减持（Underweight）	3 – 出售（Sell）

花旗投资研究（Citigroup Investment Research）的股票评级

花旗投资研究的评级分为两部分：

a. 投资评级：买入（Buy）（1）、持有（Hold）（2）和出售（Sell）（3）

分析员评估12个月的目标价，然后和市价对比，再计算1年的预计派息，得出结论。

b. 风险评级：低（Low）（L）、中等（Medium）（M）、高（High）（H）和投机（Speculative）（S）

评级—风险—回报的关系

发达国家市场：美国、英国、欧盟、澳大利亚/新西兰和日本

分类	低风险（L）	中等（M）风险	高风险（H）	投机（S）
买入（BUY）（1）	R >10	R >15	R >20	R >35
持有（HOLD）（2）	0 <R <10	0 <R < 15	0 < R <20	0 < R < 35
出售（SELL）（3）	R <0	R <0	R <0	R <0

新兴市场：亚洲太平洋地区、欧洲中东及非洲地区、南美洲

分类	低风险（L）	中等（M）风险	高风险（H）	投机（S）
买入（BUY）（1）	R >15	R >20	R >30	R >40
持有（HOLD）（2）	5 <R < 15	10 < R < 20	15 < R < 30	20 < R < 40
出售（SELL）（3）	R >5	R >10	R >15	R >20

R＝预计总回报（12个月）＝［（目标价－市价）/市价］＋预计12个月派息

封闭式基金的评级

由于分析员不会为封闭式基金（Closed-end Fund）评估目标价，

评级标准是与同类基金的表现作一个比较。

封闭式基金的投资评级

1 =跑赢大盘（Outperform）。预期该基金的总回报高于同类基金，及/或预期该基金提供稳定至增加的派息。

2 = 与大盘一致（In-line）。预期该基金的总回报与同类基金一致，及/或预期该基金提供稳定的派息。

3 = 跑输大盘（Underperform）。预期该基金的总回报低于同类基金，及/或预期该基金提供下降的派息。

封闭式基金的风险评级：

L = 低风险（Low Risk）。该基金投资于高质素和流通性证券，没有财政杠杆或者外汇风险。

M = 中等风险（Medium Risk）。该基金投资于中等至高质素和流通性证券。财政杠杆合理而且外汇风险主要是美元。

H = 高风险（High Risk）。该基金可能投资于低质素和流通性的证券，可能有高水平财政杠杆或者外汇风险。

S = 投机（Speculative）。该基金可能投资于低质素和流通性证券及/或价格波动大的证券，可能有高水平财政杠杆或者外汇风险。

标准普尔（Standard & Poor）的股票评级

标准普尔的股票评级名叫“STARS”，全名是股票评估等级系统（Stock Appreciation Ranking System），使用 1 至 5 颗星作为评级，和综合星号评级相似但是不一样。标准普尔的 5 颗星与标普“500 S&P 500”指数挂钩。

5 颗星：总回报远高于标普 500 指数的总回报，预期股价会上升。

4 颗星：总回报高于标普 500 指数的总回报，预期股价会上升。

3 颗星：总回报与标普 500 指数的总回报相近，预期股价会上升。

2 颗星：总回报低于标普 500 指数的总回报，不预期股价会上升。

1 颗星：总回报远低于标普 500 指数的总回报，预期股价会下跌。

标准普尔的 STARS 评级	相当于标准评级
5 颗星 – 买入	1 – 买入
4 颗星 – 买入	1 – 买入
3 颗星 – 持有	2 – 持有
2 颗星 – 出售	3 – 出售
1 颗星 – 出售	3 – 出售

摩根大通（JP Morgan）的股票评级

跑输大盘（Underweight）：

在未来 6 至 12 个月，预期这股份的总回报低于分析员研究的全部股份的总回报平均数值。

中等（Neutral）：

在未来 6 至 12 个月，预期这股份的总回报与分析员研究的全部股份的总回报平均数值一致。

跑赢大盘（Overweight）：

在未来 6 至 12 个月，预期这股份的总回报高于分析员研究的全部股份的总回报平均数值。

保险公司的评级

美国对保险公司的评级主要由 3 家公司进行，分别是标准普尔、莫迪和 A. M. Best。

标准普尔（Standard & Poor）的评级信用评级

信用评级是评定一家公司或者团体的履行付款责任能力和财政实力。

评级后面的 正号（+）或者负号（-）代表该公司在评级中的位置，例如 AA+就是 AA 级中较高位置，接近 AAA 级但是未达到 AAA 级的水平。

评级后面有 q 字母，代表评级的计算是根据评级对象公司向国家保险委员联盟（National Association of Insurance Commissioners）依照法例申报的财政资料。只适用于保险公司。

标准普尔的信用评级

可靠：

AAA	财政上极度可靠，最安全稳健。
AA	财政上非常可靠，安全稳健。
A	财政上可靠。相对较高评级的公司，评级对象公司较易受到经济情况转变的影响。
BBB	财政上有足够的可靠度，相对较高评级的公司，评级对象公司较易因为经济情况转变而受到打击。

易受冲击：

BB	财政上可能有足够的可靠度，但是长期的履行责任能力易受冲击。

B	财政上易受冲击。
CCC	财政上极易受到冲击。除非良好因素持续存在，否则履行责任的能力成疑。
R	有强制性行动，被判令改组或者清盘。

A. M. Best 的信用评级	A. M. Best 的评级
A++、A+	绝佳
A、A-	极佳
B++、B+	优良
B，B-	尚好
C++，C+	一般
D	低于最低要求
E	已由州政府接管
F	已被清盘

评级说明：

p	组合评级 Pooled Rating
r	再保险评级 Reinsured Rating
e	母公司评级 Parent Rating
x	修订评级 Revised Rating
w	评级监察明单 Rating Watch List
g	集团评级 Group Rating
s	综合评级 Consolidated Rating
q	量化评级 Qualified Rating

“不予评级（Not Assigned）”类别：

NA-1	特别数据申报

NA－2	小于最低规模
NA－3	经营经验不足
NA－4	评级程序不适用
NA－5	实质转变
NA－6	由未评级的保险公司进行再保险
NA－8	财务资料不完整
NA－9	公司要求
NA－11	评级被中止

财政表现评级（Financial Performance Rating，简称 FPR）：

财政表现评级只是针对规模细小的 NA－2 或者新成立的 NA－3 公司。它们无法得到正式的评级，所以得到数字评级。

可靠：

9,8	可靠性极佳
7,6	可靠性高于平均水平
5	一般水平的可靠性

易受冲击：

4	承受冲击的能力属于一般
3,2	承受冲击的能力低于一般水平

不予评级：

1	不予评级

莫迪（Moody）的评级：

Aaa	绝佳的可靠性，不易受到环境变化的影响。
Aa	优良的可靠性。低于 Aaa 评级的原因是长期风险看来稍高。
A	可靠性尚好，有机会将来出现困难。
Baa	有足够的可靠性。将来出现困难方面，有些保障。
Ba	可靠性成疑。履行责任的能力可能只是一般。
B	可靠性差劣。长期而言，准时履行付款责任的可靠性较低。
Caa	可靠性很差。履行付款责任方面，可能有危险因素。
Ca	可靠性极差，这样的公司通常已经出现无法履行付款责任的情况。
C	最低的可靠性，提供财务保证的能力极低。

■ 惠誉国际（Fitch Ratings）的信用评级

惠誉国际和莫迪及标普一起是三大信用评级机构。惠誉国际评级是 1 组英文字母，意义如下：

AAA	稳定及可靠
AA	高质素但是风险略高
A	整体经济情况会影响评级对象公司的财政状况
BBB	中等、可接受的风险
BB	易受整体经济影响
CCC	易受整体经济冲击，受制于现在的经济情况
D	曾经出现违约拒付，高风险至再次违约拒付

债券评级（Bond Rating）：

莫迪（Moody）	标准普尔（S&P）	级别（Grade）	风险（Risk）
Aaa	AAA	投资级	最低风险
Aa	AA	投资级	低风险
A	A	投资级	低风险
Baa	BBB	投资级	中等风险
Ba，B	BB，B	垃圾级	高风险
Caa/Ca/C	CCC/CC/C	垃圾级	最高风险
C	D	垃圾级	已出现违约拒付

4. 时间波浪曲线

《易经》又名《周易》，是预测变易的中国古书，具备中国古典文化的哲学和宇宙观。早在 17 世纪，《易经》就已传到西方并且译成欧洲文字。那时候，《易经》的 64 卦已被编成二进制。

20 世纪 70 年代，电脑时代刚开始，一位美国学者特尼斯·麦肯纳（Terence McKenna）将《易经》的 64 卦象编成电脑程式，64 卦重复 64 次，构成 4096 年的连续数值，像是波浪形曲线，称为时间波浪零（Timewave Zero）或者简称时间波浪。零代表版本，时间波浪的最新版本是 Timewave 1。由于《易经》的实际撰写时代已不可考，将时间波浪曲线的起落配合历史大事，找到时间波浪曲线的起点。数值大上大落代表重大转变，不一定好，也不一定坏。

这条曲线和过去 4000 年人类文明的变迁配合。那就是说，这条曲线显示了人类文明的重要变迁时刻。

麦肯纳接受电视访问时，讲解了《易经》电脑程式的技术资料。麦肯纳一直没有将电脑程式的细节公开，也没有在任何权威刊物发表他的伟论。很多人怀疑麦肯纳写电脑程式构成与已知历史配合的《易经》64 卦，之后以曲线表达出来。技术上，要做这样的事后诸葛实在不困难。麦肯纳在 2000 年因脑癌病逝。问题是 70 年代的电脑程式显示的时代转变由始至终都准确。以 2008 年股灾为例，时代波浪曲线显示 2008 年 11 月和 2010 年 10 月有重大事件发生。2008 年 11 月正是股灾跌得最急的时候。

■ 时间波浪与笔者的预测一致

时代波浪曲线显示 2010 年 10 月有重大事件发生。笔者研究美国总统奥巴马滥发国债和美元对经济的影响，结论是美国经济可能在 2010 年 10 月金融灾难的转折点。以下是 2008 年 9 月出版的《大国衰落》杜指走势预测图。当时笔者的预测和麦肯纳的时代波浪曲线转折点配合。

另外，时间波浪曲线显示 2009 年是多灾多难的一年，重大事件发生日期包括 2009 年 4 月 19 日、8 月 29 日及 10 月 23 日。结果和笔者的预测亦是一致。

请勿误会，笔者绝对不会根据《易经》的电脑程式结果写财经预测，只是巧合而已。事实上，笔者写所有财经预测都没有参考时代波浪曲线。

《大国衰落》的预测中，即笔者的预测之中没有 2009 年 8 月 29 日的转折点。时间波浪曲线的预测和笔者的预测不谋而合，可以说是巧合，也可以说是离奇神化。更加神化的事情还陆续而来。

2012 年之谜

请先看看麦肯纳绘制的时间波浪曲线：

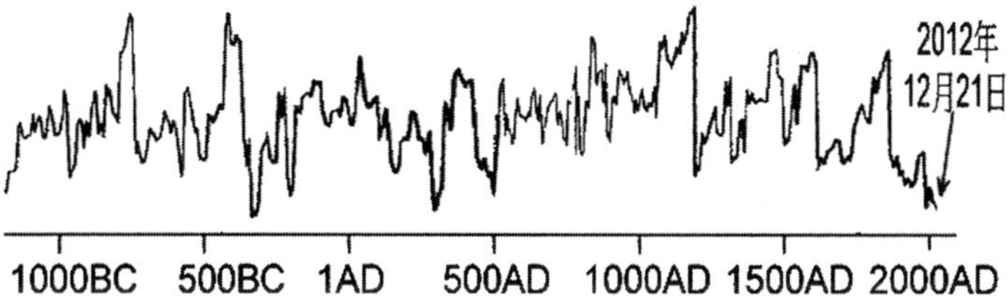

上图是完整的时间波浪曲线，它只显示某一时间的变迁程度，没有标示地点和事件。时间波浪曲线的完结点是 2012 年 12 月 21 日。玛雅人的历法中，时间完结于 2012 年 12 月 23 日，两者不谋而合。很多人就将 2012 年视为人类灭亡的时刻。

一些“先知”曾经预言 1998 年、1999 年、2000 年、2001 年至 2047 年全都是世界末日。看来，末日预言源源不绝，单是 1999 年世界末日的预言就有 41 宗，全部落空。预言 1999 年世界末日的组织包括陈康明（Hon-Ming Chen）创办的美国得州神的救世教会（God’s Salvation Church）。该教会相信 1999 年，地球因为核战而被摧毁。他们认定了一位 9 岁的男孩子是耶稣基督转生的“东方基督”，只要找到在加拿大温哥华市的“西方基督”就可以拯救一亿人的生命。大部分的末世预言和陈教主的差不多，各位读者不必对于末世预言太认真。

5. 美国财经新术语

经济衰退之下，出现不少美式英文新词语，或者旧有名词的新意义。

Staycation：是 stay 和 vacation 合在一起的新词，意思是放长假时没有去旅行，留在家中。

Recessionista：是 recession 和 fashionista 合在一起的新词，意思是紧缩消费之下，仍然能够保持衣着光鲜的人。

Zombie bank：丧尸银行，指那些拥有大量不良或者有毒资产的银行，已失去经营银行业务的能力，只是依靠政府的注资，才能毫无意义地继续存在。

Bailout：原意是指被警察捉了之后，保释出外的法律程序。现在成为极为常见的财经词语，意思是某机构被困于财政困境，政府付钱拯救这家机构。

Decremental：价值或者数量慢慢减少。

Furloughs：这是加州人最害怕看到的名词。意思是政府或者公营机构雇员被迫放无薪假期，现在包括私人机构雇员放无薪假时也会用到这个词。

Mini-madoff：财经骗子。

Shovel ready：这个名词是由奥巴马推广开去，而得到广泛应用，意思是可以即时动工的基建项目。

Growth recession：2007 年美国楼市出现问题之后，经济学者争论美国是否已经陷入衰退。当时，有人用 2003 年已经出现的这个名词，意思是经济增长率不及 3% 的经济扩张标准，同时又高于经济衰退的经济负增长。

Jobless recovery：失业问题开始改善的过程，意思是有新的就业机会，但是职位的增长不及职位流失的速度，失业率还在上升。